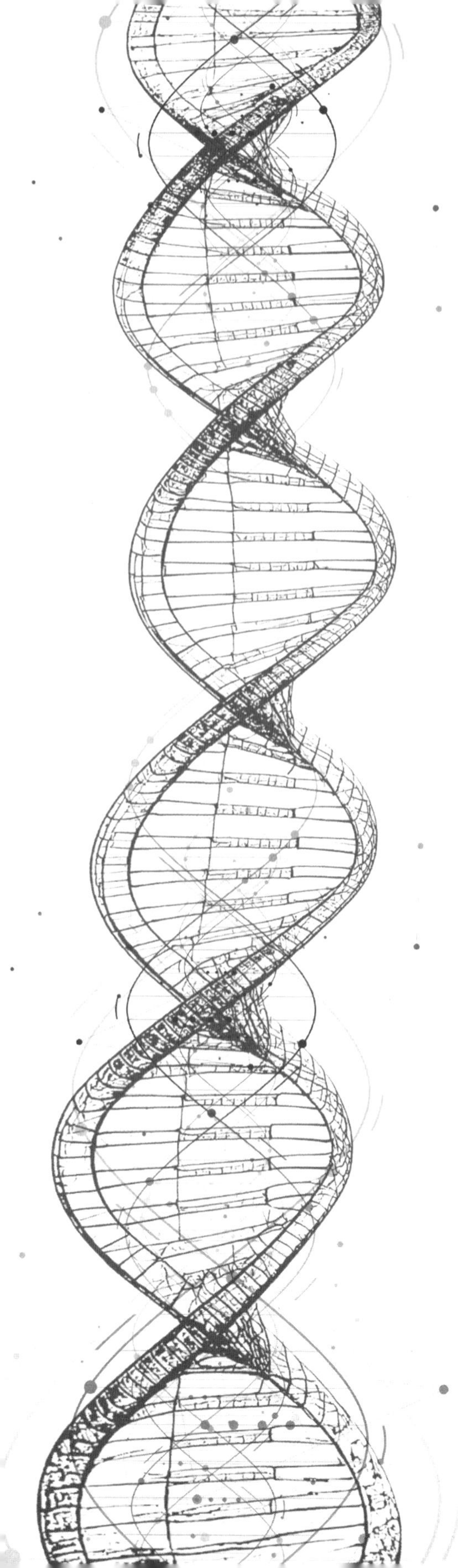

重构

RECONSTRUCTION

生物医药业在新质生产力驱动下的创新与变革

刘玉莹 张亚卫 姚永斌 著

SPM 南方传媒 | 广东经济出版社

· 广州 ·

图书在版编目（CIP）数据

重构：生物医药业在新质生产力驱动下的创新与变革 / 刘玉莹，张亚卫，姚永斌著. --广州：广东经济出版社，2025. 4. --ISBN 978-7-5454-9608-6

I. F426.7

中国国家版本馆 CIP 数据核字第 2025960SJ8 号

责任编辑：毛一飞
责任校对：汪宗跃
责任技编：陆俊帆
封面设计：吴东贤

重构：生物医药业在新质生产力驱动下的创新与变革
CHONGGOU：SHENGWUYIYAO YE ZAI XINZHISHENGCHANLI QUDONG XIA DE CHUANGXIN YU BIANGE
出版发行：广东经济出版社（广州市水荫路 11 号 11～12 楼）
印　　刷：广州市豪威彩色印务有限公司
（广州市增城区宁西街新和南路 4 号）

开　　本：787 mm×1092 mm　1/16　　印　　张：23.75
版　　次：2025 年 4 月第 1 版　　印　　次：2025 年 4 月第 1 次
书　　号：ISBN 978-7-5454-9608-6　　字　　数：400 千字
定　　价：80.00 元

发行电话：（020）87393830
编辑电话：（020）38306079
编辑邮箱：664703063@qq.com
如发现印装质量问题，请与本社联系，本社负责调换

序

重构、创新与变革

在加速迈进智能时代的关键时期，科技创新正以前所未有的效率重塑着各个产业的面貌。生物医药产业，这一关乎人类生命健康的关键领域，更是处于革新的前沿。为了更好地推动生物医药产业的发展，本书深入剖析了生物医药产业在新质生产力驱动下的创新路径与变革方向。

新质生产力，是高质量发展的必然要求，具有高科技、高效能、高质量的特征，颠覆了传统的生产方式、组织形态和创新模式。对于生物医药产业来说，新质生产力也带来了前所未有的机遇，并加速推动了产业的发展。从基因编辑技术的突破到人工智能在药物研发中的应用，从生物大数据的深度挖掘到精准医疗的兴起，每项创新都在激发着生物医药产业迈向新的高度。

重构，是生物医药产业在新质生产力驱动下的必然选择。传统的生物医药产业格局已难以适应快速发展的科技与不断变化的市场需求。从研发模式到生产流程，从市场布局到产业链整合，都亟待重新构建。新的技术，如大数据、人工智能、基因编辑等，为生物医药产业提供了前所未有的机遇，使我们能够以全新的视角审视产业的各个环节。通过重构研发体系，我们可以加速新药的发现和开发过程，提高研发效率和成功率；重构生产流程，能够实现精益性、智能化生产，确保药品质量的稳定性和可靠性；重构市场布局和产业链，则有助于优化资源配置，提升产业的整体竞争力。

创新，是生物医药产业面向未来突破的核心动力。新质生产力为创新提供了肥沃的土壤。在技术创新方面，不断涌现的前沿科技为生物医药产业带来了革命性的突破。新型药物递送系统的完善、生物制药技术的进步、精准医疗的发展等，都为疾病的治疗提供了更有效的手段。在产品创新上，医药企业不断推出具有创新性的药品和医疗产品，从根本上提高了疗效并满足不同患者的个性化需求。此外，管理理念和方法的创新也提高了医药企业的运营效率，而新的商业模式则拓展了生物医药产业的市场空间，为企业带来了全新的增长机遇。

变革，是生物医药产业顺应智能时代发展的必由之路。随着社会的进步和人们健康意识的普遍提高，生物医药产业面临着诸多变革压力。从政策法规的趋严到市场竞争的加剧，从患者需求的不断变化到国际格局的急剧变化，生物医药产业必须积极应对这些不确定性带来的机遇和挑战。变革意味着打破旧的思维定式和行为模式，勇于探索新的发展路径。这需要医药企业具备敏锐的行业洞察力和果敢的经营决策力，及时调整战略，适应市场变化。同时，变革也需要政府、企业、科研机构等各方勠力同心，营造良好的产业发展氛围，最终实现生物医药产业的高质量发展。

此书深入探讨了新质生产力如何重构生物医药产业的各个环节。在研发领域，它揭示了新技术如何加速药物发现的过程，提高研发的效率和成功率；在生产环节，新质生产力带来了更高效、更稳健、更高质量的生产方式，确保药品的质量和供应稳定性；在临床应用方面，创新的治疗手段和个性化的医疗方案为患者带来了新的希望。

同时，本书也关注到新质生产力驱动下生物医药产业所面临的挑战。技术的快速迭代需要产业界不断地学习和适应，监管当局也需要与时俱进以应对新的商业模式。此外，产权保护、人才培养等问题也亟待解决。

通过对生物医药产业创新与变革的全面分析，本书为行业从业人员、政策制定者、投资人以及对生物医药领域感兴趣的读者提供了宝贵的参考。它不仅有助于我们更好地理解新质生产力在生物医药产业中的作用机制，更能激发我们积极探索创新之路，共同推动生物医药产业的可持续、高质量发展，为人类的健康福祉做出更大的贡献。

相信在新质生产力的驱动下，生物医药产业将迎来更加璀璨的未来。

吴武清
中国人民大学商学院教授
2024 年 10 月 28 日

目录
Contents

引 言 …… 1

第1章 新质生产力的概念与内涵

1.1 新质生产力的缘起 …… 6
1.1.1 核心特征 …… 6
1.1.2 关键要素 …… 6
1.1.3 重要意义与发展要求 …… 6
1.2 新质生产力的概念和内涵 …… 7
1.2.1 概念 …… 7
1.2.2 内涵 …… 7
1.3 新质生产力的特点 …… 8
1.3.1 创新性 …… 8
1.3.2 融合性 …… 8
1.3.3 高效性 …… 9
1.3.4 智能性 …… 9
1.3.5 可持续性 …… 9
1.4 新质生产力的具体体现 …… 10
1.4.1 新科技 …… 10

1.4.2 新材料 …… 11
1.4.3 新产品 …… 13
1.4.4 新数智 …… 14
1.4.5 新营销 …… 15
1.4.6 新管理 …… 17
1.5 新质生产力与传统生产力的区别和比较 …… 20
1.5.1 驱动要素不同 …… 20
1.5.2 生产方式不同 …… 20
1.5.3 产业结构不同 …… 21
1.5.4 对环境的影响不同 …… 21
1.5.5 发展潜力不同 …… 21
1.6 医药产业新质生产力 …… 22
1.6.1 概念 …… 22
1.6.2 内涵 …… 22
1.6.3 特点 …… 24
1.6.4 应用 …… 25

第2章 生物医药产业的发展现状与挑战

2.1 全球医药产业的规模和增长趋势 …… 28
2.1.1 全球医药市场的总体概述 …… 28
2.1.2 市场驱动因素及主要增长动力 …… 32
2.1.3 主要趋势与挑战 …… 42
2.2 我国生物医药产业的发展现状与特点 …… 46
2.2.1 我国医药市场的现状 …… 46
2.2.2 产业结构与产业链分析 …… 49
2.2.3 研发与创新现状 …… 53
2.2.4 政策与法规环境 …… 57

2.3　生物医药产业面临的科技进步与创新趋势 …… 62
2.3.1　新兴技术与前沿领域 …… 62
2.3.2　创新药物与治疗方法 …… 67
2.3.3　面临的挑战和机遇 …… 71

第 3 章
新质生产力在生物医药产业中的应用

3.1　新质生产力的定义与范畴 …… 80
3.1.1　新质生产力的定义 …… 80
3.1.2　生物医药领域中的关键新质生产力要素 …… 80
3.1.3　新质生产力与传统生产力模式的区别 …… 81
3.1.4　总结 …… 85
3.2　基因编辑技术与合成生物学：重塑生命科学的基石 …… 86
3.2.1　基因编辑技术：优化“生命体”的工具 …… 86
3.2.2　合成生物学：生物系统的设计与优化 …… 89
3.2.3　总结 …… 90
3.3　数字化转型：从研发到市场的全面渗透 …… 91
3.3.1　生物医药研发流程的数字化转型 …… 91
3.3.2　智能制造技术在生物制药生产中的应用 …… 92
3.3.3　数字化营销与患者管理：个性化医疗、远程医疗服务的兴起 …… 94
3.4　人工智能与大数据：驱动精准医疗的引擎 …… 97
3.4.1　人工智能在药物研发中的应用 …… 97
3.4.2　案例研究 …… 98
3.4.3　总结 …… 101
3.5　案例分析：成功实践与启示 …… 101
3.5.1　案例一：基于人工智能的加速药物研发——AlphaFold与药物设计 …… 101
3.5.2　案例二：个性化医疗的典范——23andMe 与遗传病筛查 …… 104

3.5.3 案例三：区块链在药品追溯与防伪中的应用——Medi-Ledger …… 106
3.5.4 案例四：精准医疗的突破——CAR-T 细胞疗法在癌症治疗中的应用 …… 110
3.5.5 案例五：数据在决策驱动中的应用 …… 112
3.5.6 案例六：智能工厂在生物药物生产中的应用 …… 113
3.5.7 案例七：智能供应链管理在原材料采购中的应用 …… 113
3.5.8 总结 …… 114
3.6 生物医药产业面临的挑战与应对策略 …… 114
3.6.1 法规政策适应性：如何在新技术快速迭代中保持法规的灵活性与有效性 …… 114
3.6.2 数据安全与隐私保护：生物数据、患者信息的保护策略 …… 118
3.7 结论与展望 …… 123

第 4 章 新质生产力对生物医药生产制造的影响

4.1 自动化技术的应用对生产效率的影响 …… 128
4.1.1 实验室自动化与中试放大的连接 …… 128
4.1.2 机器人技术在生产线效率提升中的应用 …… 130
4.1.3 自动化技术对生产周期和产品一致性的影响 …… 133
4.2 数据驱动制造与智能决策 …… 137
4.2.1 大数据分析在生产工艺优化中的应用 …… 137
4.2.2 数据集成与实时监控对生产质量的提升 …… 140
4.2.3 基于数据的预测性维护对生产连续性的保障 …… 146
4.3 人工智能与机器学习在生产中的变革 …… 150
4.3.1 人工智能在产量预测和工艺优化中的应用 …… 150
4.3.2 机器学习在质量控制与缺陷检测中的实践 …… 151
4.3.3 人工智能如何提升生产线的灵活性和适应性 …… 153

4.4 新材料与工艺改进对生产的影响 …… 155
4.4.1 纳米技术如何改变药物制造和递送 …… 155
4.4.2 3D 打印技术在生物医药生产制造中的应用与效果 …… 162
4.5 数字化转型与智能制造系统 …… 164
4.5.1 数字孪生技术在生产模拟和优化中的应用 …… 164
4.5.2 智能制造系统在提升生产效能和响应能力中的作用 …… 166
4.5.3 物联网在生产监控和管理中的革新 …… 168
4.6 合规与质量管理的提升 …… 171
4.6.1 智能合规系统对法规遵循的自动化 …… 171
4.6.2 质量管理体系在新质生产力中的演进 …… 174
4.6.3 风险管理智能化对生产安全性的保护 …… 176
4.7 成本效益分析与市场竞争力提升 …… 178
4.7.1 创新生产力带来的生产成本下降及经济效益分析 …… 178
4.7.2 快速响应市场需求与提升生产灵活性 …… 180
4.7.3 生产技术创新对市场占有率和竞争力的影响 …… 182
4.7.4 总结 …… 184
4.8 案例研究：新质生产力在生物医药中的成功与挑战 …… 184
4.8.1 领先企业应用新质生产力的典型案例 …… 184
4.8.2 从失败案例中吸取经验教训 …… 185
4.9 展望与未来趋势 …… 186
4.9.1 前沿技术对未来生产制造的潜在影响 …… 186
4.9.2 对新质生产力在生物医药领域应用的长期展望 …… 187
4.9.3 跨技术集成带来生产制造新机遇 …… 188
4.10 结论 …… 188
4.10.1 新质生产力对生物医药生产制造影响的总结 …… 188
4.10.2 对未来研究与实践的建议 …… 189

第5章 新质生产力推动生物医药营销与市场的变革

5.1 电商平台与药品销售 …… 192
5.1.1 电商平台的类型与特色 …… 192
5.1.2 线上药品销售的法律及监管环境 …… 194
5.1.3 电商平台的数据管理与安全保障 …… 197
5.2 远程医疗与药品配送 …… 200
5.2.1 远程医疗 …… 200
5.2.2 药品配送 …… 204
5.2.3 综合应用与未来趋势 …… 208
5.2.4 总结 …… 210
5.3 数字化营销与患者教育 …… 210
5.3.1 数字化营销在医疗健康领域的应用 …… 210
5.3.2 患者教育的数字化工具与策略 …… 213
5.3.3 数字化营销与患者教育的未来趋势 …… 215
5.4 新的商业模式与市场格局 …… 218
5.4.1 数字健康平台的崛起 …… 218
5.4.2 互联网医院与线上诊疗 …… 221
5.4.3 健康保险与金融服务 …… 224
5.4.4 医药电商与O2O模式 …… 226
5.4.5 健康管理与随访服务 …… 229
5.5 精准医疗与个性化药物的市场需求 …… 233
5.5.1 精准医疗的定义与重要性 …… 233
5.5.2 个性化药物的定义与重要性 …… 234
5.5.3 精准医疗与个性化药物的市场需求 …… 234
5.5.4 精准医疗与个性化药物的技术支撑 …… 237
5.5.5 精准医疗与个性化药物的发展趋势 …… 238
5.6 跨界合作与创新模式的探索 …… 239
5.6.1 跨界合作的形式与市场变革 …… 240

5.6.2 创新模式的探索与市场变革 …… 242
5.6.3 跨界合作与创新模式的案例分析 …… 245
5.7 提升竞争力的战略部署 …… 246
5.7.1 技术创新与研发投入 …… 246
5.7.2 加强市场拓展与业务布局 …… 249
5.7.3 优化供应链管理与运营效率 …… 252
5.7.4 推行可持续发展与履行社会责任 …… 255
5.7.5 提升品牌建设与市场影响力 …… 257

第6章 新质生产力推动生物医药产业的政策支持

6.1 国家层面的产业政策与规划 …… 262
6.1.1 《中国制造2025》规划 …… 262
6.1.2 《“十四五”医药工业发展规划》 …… 262
6.1.3 《“十四五”生物经济发展规划》 …… 263
6.2 地方政府的扶持政策与优惠政策 …… 264
6.2.1 北京市 …… 264
6.2.2 上海市 …… 267
6.2.3 广东省 …… 268
6.2.4 江苏省 …… 270
6.2.5 河北省 …… 272
6.2.6 山东省 …… 273
6.3 政策对创新的激励与保障 …… 276

第7章 生物医药产业中企业的新质生产力成本战略

7.1 成本优化的基本原则 …… 280
7.1.1 成本与质量平衡 …… 280
7.1.2 创新驱动 …… 282

7.1.3 全员参与 …… 285
7.1.4 持续改进 …… 288
7.1.5 数据驱动 …… 291
7.1.6 环保与可持续发展 …… 294
7.2 成本驱动因素：研发投入、生产效率、供应链管理 …… 297
7.2.1 研发投入 …… 298
7.2.2 生产效率 …… 300
7.2.3 供应链管理 …… 303
7.3 价值链重组与利润最大化策略 …… 306
7.3.1 价值链重组的必要性 …… 306
7.3.2 价值链重组策略 …… 308
7.3.3 利润最大化策略 …… 311
7.4 成本战略成功案例分析 …… 315

第8章 新质生产力对生物医药产业未来发展的展望

8.1 预测未来的技术趋势和市场走向 …… 320
8.1.1 个性化医疗 …… 320
8.1.2 人工智能与大数据 …… 322
8.1.3 再生医学与组织工程 …… 325
8.1.4 生物传感器和远程医疗 …… 328
8.1.5 生物制药与生物技术药物 …… 331
8.1.6 全球市场走向分析 …… 335
8.2 对社会健康和医疗体系的影响 …… 339
8.2.1 技术创新对医疗体系的影响 …… 339
8.2.2 人口老龄化对社会健康的影响 …… 342
8.2.3 突发公共卫生事件对社会健康和医疗体系的影响 …… 345
8.2.4 政策和经济环境对医疗体系的影响 …… 349

第9章 结论

9.1 新质生产力对生物医药产业的重要意义 …… 354
9.2 持续创新和合作的重要性 …… 355
9.2.1 持续创新的重要性 …… 356
9.2.2 合作的重要性 …… 356
9.2.3 持续创新与合作的实际案例 …… 357
9.3 成本战略对生物医药发展的重要性 …… 357
9.3.1 研发成本控制 …… 358
9.3.2 生产成本控制 …… 358
9.3.3 供应链优化 …… 358
9.3.4 产品生命周期管理 …… 359
9.3.5 应用新兴技术 …… 359
9.3.6 政策和监管环境适应 …… 360
9.4 对未来生物医药产业发展的思考 …… 360
9.4.1 推动数字化转型 …… 360
9.4.2 加强多学科融合 …… 361
9.4.3 优化产业政策环境 …… 361
9.4.4 注重人才培养与交流 …… 361
9.4.5 加强药品和医疗器械的市场监管 …… 362
9.4.6 关注伦理和合规 …… 362

第10章 结语

10.1 核心观点与实施建议 …… 364
10.2 积极响应新质生产力的挑战 …… 364

引　言

新质生产力这一概念，反映了技术进步和创新在推动社会生产力发展的新趋势。在经济扎根于传统资源和化石能源的背景下，生产力的增长常常受限于自然资源的供给与环境承载能力，但随着信息技术、生物技术、人工智能（AI）等先进科技的发展，我们正迎来生产力的质变时代。

当今社会，人类面临着前所未有的多重挑战，比如全球气候变化、人口老龄化，以及传染病疫情的频繁暴发等。在这种背景下，新质生产力不仅是解决这些全球性问题的关键，也是推动经济可持续发展的必然选择。

2023 年 5 月 12 日，习近平总书记在石家庄市国际生物医药园规划展馆考察时发表了重要讲话。他强调，生物医药产业是关系国计民生和国家安全的战略性新兴产业，要加强基础研究和科技创新能力建设，把生物医药产业发展的命脉牢牢掌握在我们自己手中，要坚持人民至上、生命至上，研发生产更多适合中国人生命基因传承和身体素质特点的“中国药”，特别是要加强中医药传承创新发展。

总书记的讲话为石家庄市国际生物医药园的发展指明了方向，提出了明确要求，强调了生物医药产业的重要性，并强调了加强基础研究和科技创新能力建设的重要性。同时，总书记还特别提到了要研发生产适合中国人特点的药物，这体现了对人民健康的高度关注和重视。总书记的讲话不仅是对石家庄市国际生物医药园的鼓励和鞭策，也是对整个生物医药产业的期望与要求。

通过技术创新，实现精准医疗、个性化治疗，能够有效克服传统医疗模式中的局限性，提升全球健康水平。例如，基因组学和个体化医学的迅速发展，让我们有能力深入理解疾病的根源，并开发针对性的治疗方案。这种在科学研究基础上实现的生产力跃升，使得我们能够在更短的时间、以更低的成本，实现对复杂疾病的精准干预。新质生产力不再局限于传统的成本效益，而是关注技术的创新、商业模式的颠覆以及人类生活质量的提升。

因此，理解新质生产力的重要性不仅体现在理论层面，更有助于我们树立新的发展理念，以应对生物医药产业面临的多种挑战与机遇。

1. 生物医药产业当前面临的主要挑战与机遇

生物医药产业正处于一个动荡和转型的时期。在机遇方面，全球对创新药物和生物技术的需求不断提升，随着人口结构的变化与慢性病患者的增加，针对目标人群的个性化医疗成为新的市场热点。此外，全球知识结构的日渐完善，以及各国对于生物医药创新支持政策的逐步出台，也为行业的发展注入了新的动力。

然而，这些机遇并没有消除生物医药产业面临的挑战。首先，研发的高成本和高风险依然是制约行业进一步发展的瓶颈，导致很多研发项目难以实现商业化。其次，国际市场的不确定性以及法规政策的快速变化，往往会使企业在研发和市场推广的过程中陷入困境。此外，技术的迅速发展变化也可能导致人才短缺、创新能力不足等问题，限制了产业的整体进步。

更为严峻的是，在面对快速变化的市场环境时，企业面临的竞争压力空前增强。如果无法及时调整战略、优化资源配置，将很可能被市场淘汰。这些挑战不仅考验着生物医药产业的灵活应变能力，更暴露出其在新质生产力视野下的变革需求。

在这一关键时刻，新质生产力的引入与应用，可以为生物医药产业提供全新的解决思路与方法。凭借先进的技术、创新的管理模式和高效的人力资源配置，生物医药企业能够在多变的市场环境中找到新的发展契机。比如，利用人工智能加速药物的研发与筛选，借助大数据优化临床试验设计，或通过区块链技术提高数据透明度与安全性等，都是新质生产力所能带来的深远影响。

2. 新质生产力如何推动生物医药产业的创新与变革

在新质生产力的驱动下，生物医药产业正迎来一场前所未有的创新与变革。通过技术的突破、管理模式的优化以及人才培养方式的革新，这一领域正在逐步实现高效、高质量和可持续的发展。以下几个方面展示了新质生产力如何在生物医药产业中发挥关键作用：

（1）技术创新引领药物研发转型。

随着生物技术和信息技术的迅猛发展，生物医药产业的研发模式正在发生根本性变化。基因组学、蛋白质组学和代谢组学等技术的发展，使得科学家可以深入理解疾病机制，精准识别潜在的药物靶点。同时，人工智能和机器学习工具正在被广泛应用于药物筛选，显著缩短了药物研发周期。

例如，已有企业利用深度学习模型分析海量的化合物数据，成功预测出新药的活性和安全性，大幅度提高了药物研发的成功率。此外，虚拟临床试验的概念也在逐步落地，利用计算机模拟真实世界的临床试验环境，有望降低成本和风险，推动新药快速上市。

（2）管理创新提升生产效率。

在新质生产力的框架下，生物医药企业越来越注重管理创新，以提升整体的运营效率。企业通过实施精益管理、敏捷开发和创新生态系统建立，能够更好地响应市场变化，快速调整产品和服务。

例如，一些领先的生物医药公司通过建立跨学科团队，整合不同专业的知识和技能，打破传统药物研发的壁垒，从而提高创新能力。此外，数字化转型使企业能够实时监控生产流程和市场反馈，通过数据驱动决策，优化资源配置，提高市场响应速度。

（3）人才培养与多元化合作促进可持续发展。

新质生产力强调人才是实现创新和变革的核心资源。生物医药企业正在积极投资人才培养，致力于培养具备多学科背景的人才，以适应快速变化的行业需求。通过与高校和科研机构合作，企业不仅能够吸引顶尖人才，还能促进理论研究与实际应用的结合，形成良性循环。

此外，开放创新的理念正在改变生物医药产业的传统格局。企业与初创公司、科研机构、政府和非营利组织之间的合作愈发密切，形成了以共享资源、知识和共担风险为基础的创新网络。这种开放、高效的合作模式，有助于加速研究成果的转化，助推整个行业的快速发展。

（4）以市场导向的产品开发模式。

新质生产力的应用也促使生物医药企业更加关注市场需求与患者体验，推动产品开发从研发驱动向市场驱动转变。企业通过大数据分析、患者反馈与市场调研，深入理解不同患者群体的需求，从而开发出更加符合市场需求的产品。

例如，个性化药物的兴起正是市场导向的一种体现。根据患者的基因组信息定制治疗方案，提高了治疗的有效性和安全性，满足了患者对医疗服务个性化的期待。通过优化市场导向的开发模式，生物医药产业能够更好地满足患者需求，实现可持续增长。

综上所述，新质生产力为生物医药产业的创新与变革带来了新的视角和动力。从技术到管理、从人才培养到市场导向，所有这些要素的紧密结合，正推动着整个生物医药产业向着更高效、更智能化和更人性化的方向发展。借助新质生产力的推动，生物医药产业有望在未来实现更为宏伟的目标，为人类健康作出更大的贡献。这些转型驱动的不仅是技术的提升，更是对医疗行业的深刻反思与重塑。

重构

第 1 章

新质生产力的概念与内涵

1.1 新质生产力的缘起

新质生产力是2023年9月习近平总书记在黑龙江考察调研时提出的新概念，它是由技术革命性突破、生产要素创新性配置、产业深度转型升级而催生的当代先进生产力。2024年7月，党的二十届三中全会对新质生产力作了重要阐述。

1.1.1 核心特征

新质生产力是以高技术、高效能、高质量为特征的先进生产力质态。这意味着新质生产力在技术水平、效能发挥以及产出质量等方面都具有较高的水准，区别于传统的生产力模式。

1.1.2 关键要素

劳动者角度：知识型、技能型、创造型的新型劳动者队伍不断壮大，有的队伍能在颠覆性、突破性技术创新方面作出贡献，有的队伍能熟练运用新型生产资料和新型生产工具。

劳动资料角度：新一代信息技术、先进制造技术、新材料技术的融合运用，催生出更加低碳、智能的新型生产工具，使生产活动呈现无人化、可视化、网络化、智能化等特征。

劳动对象角度：科技革命和产业变革的深入发展，不仅将生产资料的空间范围拓展至深空、深海、深地等更为广阔的领域，也拓宽了生产资料的种类，大量新的人造材料、合成材料被开发出来并转化为劳动对象。同时，生产要素的配置组合也实现了跃升，推动新的生产力质态蓬勃发展。

1.1.3 重要意义与发展要求

重要意义：发展新质生产力是推动高质量发展的内在要求和重要着力点，是推动经济结构转型升级，提升生产效率、增强经济竞争力和可持续发展能力的关键。与此同时，新质生产力还有利于更好地实现经济与环境的协调发展。

发展要求：要通过进一步全面深化改革，破除阻碍新质生产力发展的体制机制障碍，不断塑造发展新动能新优势；努力寻求科技的突破性创新，将科技创新更为高效地转化为产业创新，加快绿色发展。

总的来说，党的二十届三中全会强调了新质生产力对于中国经济社会发展的重要性，并为其发展指明了方向和路径。这对于中国在新时代实现经济的高质量发展、提升国家综合实力具有重大的战略意义。

1.2 新质生产力的概念和内涵

新质生产力是一种具有创新性、引领性和可持续性的生产力形态。

1.2.1 概念

新质生产力是在新一轮科技革命和产业变革背景下，以创新为核心驱动力，由新技术、新产业、新业态、新模式等要素融合而成的新型生产力。它突破了传统生产力的发展模式和边界，代表着未来经济社会发展的方向。

1.2.2 内涵

1. 技术创新驱动

新质生产力以先进的科学技术为支撑，如人工智能、大数据、区块链、生物技术、量子计算等。这些新兴技术的应用推动了生产方式的变革，提高了生产效率和产品质量。技术创新不仅带来了新的生产工具和生产方法，还创造了新的产品和服务，满足了人们不断升级的消费需求。

2. 产业融合发展

新质生产力促进了不同产业之间的深度融合。传统产业与新兴产业相互渗透、相互交叉，形成了新的产业生态系统。例如，制造业与互联网融合发展，催生了智能制造、工业互联网等新业态；农业与旅游、文化等产业融合，形成了休闲农业、乡村旅游等新模式。

3. **绿色可持续发展**

新质生产力强调生态环境保护和资源的高效利用，追求经济、社会和环境的协调发展。它推动了绿色技术的研发和应用，促进了循环经济、低碳经济等发展模式的形成，实现了生产过程的绿色化与清洁化。

4. **人才智力的支撑**

新质生产力的发展离不开高素质的人才队伍。创新型人才、复合型人才、高技能人才等成为推动新质生产力发展的关键力量。这些人才具备创新思维、专业技能和跨领域知识，能够在新的生产领域中发挥重要作用。

5. **制度创新保障**

新质生产力的发展需要良好的制度环境和政策支持。政府应加强制度创新，完善知识产权保护、科技金融、人才激励等政策体系，为新质生产力的发展提供有力保障。同时，企业也应积极探索新的管理模式和组织形式，适应新质生产力的发展要求。

1.3 新质生产力的特点

1.3.1 创新性

技术创新：新质生产力依托于新兴技术的不断涌现和突破，如人工智能、大数据、区块链、量子计算等，这些技术为生产方式的变革提供了强大动力，可创造出全新的产品和服务。

模式创新：包括商业模式创新、管理模式创新等。例如，共享经济模式改变了传统的资源配置方式，平台化管理模式提高了企业的运营效率。

思维创新：新质生产力要求人们具备创新思维，敢于突破传统观念的束缚，以全新的视角看待问题和解决问题。

1.3.2 融合性

技术融合：不同领域的技术相互融合，能够产生协同效应。比如，生物技术与信息技术的融合，催生了精准医疗等新兴产业。

产业融合：新质生产力促进了不同产业之间的深度融合，形成新的产业生态系统。例如，制造业与服务业的融合，产生了服务型制造等新业态。

区域融合：新质生产力打破了地域限制，促进了区域之间的协同发展。通过跨区域的资源整合与合作，实现优势互补，提高整体生产力水平。

1.3.3 高效性

生产效率高：新兴技术的应用使得生产过程更加智能化、自动化，大大提高了生产效率。例如，工业机器人的广泛应用可以实现高精度、高效率的生产作业。

资源利用效率高：新质生产力注重资源的高效利用和循环利用，能有效减少资源浪费和环境污染等现象的发生。通过绿色技术的研发和应用，实现可持续发展。

决策效率高：大数据分析和人工智能等技术为企业提供了更加准确、及时的市场信息以及决策支持，提高了企业的决策效率。

1.3.4 智能性

智能化生产：新质生产力推动了生产设备的智能化升级，实现了生产过程的自动化、智能化控制。例如，智能工厂可以实现无人化生产，提高生产的精度和质量。

智能化服务：在服务领域，人工智能、大数据等技术的应用为用户提供了更加个性化、智能化的服务体验。例如，智能客服可以快速准确地回答用户的问题，提高服务效率。

智能化管理：企业通过智能化管理系统，实现对生产、销售、财务等各个环节的实时监控和管理，提高管理效率和决策水平。

1.3.5 可持续性

绿色发展：新质生产力强调生态环境保护和资源的可持续利用，推动绿色技术的研发和应用，实现经济发展与环境保护的良性互动。

循环经济：通过资源的循环利用和再生，减少对自然资源的依赖，降低环境污染。例如，发展循环经济产业，可以实现对废弃物的资源化利用。

社会责任：新质生产力要求企业不仅关注经济效益，还要承担一定的社会责任，如积极参与公益事业，推动社会的可持续发展。

1.4 新质生产力的具体体现

1.4.1 新科技

新质生产力中的新科技主要是指具有创新性、突破性和革命性的科学技术，主要体现在以下几个方面：

1. **人工智能与大数据**

人工智能技术能够模拟人类智能，实现自动化决策、智能推荐、机器翻译等功能。例如，在医疗领域，人工智能可以辅助医生进行疾病诊断，提高诊断的准确性和效率；在金融领域，智能客服可以为客户提供 24 小时不间断的服务，解答各种问题。

大数据技术则可以对海量数据进行收集、存储、分析和挖掘，为企业和社会提供有价值的信息。通过对大数据的分析，企业可以了解消费者的需求和行为，优化产品与服务；政府可以进行精准决策，提高公共服务的质量和效率。

2. **生物技术与基因编辑**

生物技术的发展为新质生产力带来了巨大的潜力。例如，基因编辑技术可以精确地修改生物体的基因，为治疗遗传病、提高农作物产量等提供了新的途径。生物医药领域的创新成果也在不断涌现，如新型疫苗、抗体药物等，为人类健康带来了新的希望。

3. **量子计算与量子通信**

量子计算具有强大的计算能力，能够在短时间内解决传统计算机难以解决的复杂问题。例如，在密码破解、优化问题、材料科学等领域，量子计算有望带来重大突破。量子通信则具有高度的安全性，可以实现信息的安全传输，防止信息被窃取和篡改。

4. 新能源与新材料

新能源技术的发展对解决能源危机和环境问题至关重要。例如，太阳能、风能、水能等可再生能源的利用，可以减少对传统化石能源的依赖，从而减少碳排放。新材料的研发也为新质生产力提供了技术支撑，如高性能复合材料、纳米材料等具有优异的性能和广泛的应用前景。

5. 智能制造与工业互联网

智能制造通过引入先进的传感器、机器人、自动化设备等，实现生产过程的智能化和自动化。工业互联网则将生产设备、企业管理系统等连接起来，实现数据的实时共享和协同工作，提高生产效率和质量。

总之，新质生产力中的新科技涵盖多个领域，这些科技的发展将推动经济社会快速发展，为人类创造更加美好的未来。

1.4.2 新材料

新质生产力中的新材料是指新近或正在研发、具有优异功能和特殊功能的材料，主要包括以下几类：

1. 高性能复合材料

碳纤维复合材料：具有高强度、高模量、低密度等特点，广泛应用于航空航天、汽车、体育用品等领域。例如，在航空航天领域，碳纤维复合材料可用于制造飞机机身、机翼等部件，可以减轻飞机重量，提高燃油效率。

玻璃纤维复合材料：具有良好的绝缘性、耐腐蚀性和机械强度，常用于建筑、船舶、管道等领域。比如，在建筑领域，玻璃纤维复合材料可用于制造外墙板、屋面板等，具有美观、耐用、保温等优点。

2. 纳米材料

纳米金属材料：如纳米金、纳米银等，具有独特的光学、电学、催化等性能。纳米银可用于制造抗菌材料、导电油墨等；纳米金可用于生物传感器制造、药物输送等领域。

纳米陶瓷材料：具有高硬度、高耐磨性、耐高温等特性，可用于制造刀具、发动机部件等。例如，纳米陶瓷刀具比传统刀具更加锋利、耐用，能够提高加工效率和质量。

纳米高分子材料：具有优异的力学性能、阻隔性能和生物相容性，可用于包装材料、医疗器械等领域。比如，纳米高分子包装材料可以有效地阻隔氧气、水分等，延长食品的保质期。

3. **新型能源材料**

锂离子电池材料：包括正极材料、负极材料、电解液等。新型正极材料（如三元材料、磷酸铁锂等）具有高能量密度、长循环寿命等优点，推动了电动汽车等新能源产业的发展。

太阳能电池材料：如硅基材料、钙钛矿材料等。钙钛矿太阳能电池具有高效率、低成本等优势，有望成为未来太阳能电池的主流技术之一。

燃料电池材料：如质子交换膜、催化剂等。这些材料的研发对于提高燃料电池的性能和降低成本至关重要，有助于推动氢能产业的发展。

4. **智能材料**

形状记忆合金：具有在一定条件下能够恢复到原始形状的特性，可用于航空航天、医疗器械等领域。例如，形状记忆合金制成的血管支架可以在体内自动扩张，使血管恢复通畅。

压电材料：能够将机械能和电能相互转换，可用于传感器、驱动器等领域。例如，压电传感器可以检测压强、加速度等，因此被广泛应用于工业自动化、汽车电子等领域。

磁致伸缩材料：在磁场作用下能够产生长度变化，可用于高精度定位、微位移驱动等领域。例如，磁致伸缩致动器可以实现纳米级的位移控制，在精密加工、光学仪器等领域具有重要应用。

5. **环保材料**

可降解材料：如生物降解塑料、可降解纤维等，能够在自然环境中逐渐分解，减少对环境的污染。例如，生物降解塑料袋可以在一定时间内被微生物分解，不会对土壤和水源造成长期污染。

绿色建筑材料：包括节能保温材料、环保装饰材料等。这些材料具有低能耗、无污染、可回收等特点，有助于实现建筑行业的可持续发展。例如，节能保温材料可以降低建筑物的能耗，减少能源消耗以及碳排放。

1.4.3 新产品

新质生产力中的新产品是指基于新科技、新材料以及创新的生产方式和理念所创造出的具有创新性、高附加值与市场竞争力的产品。通常指以下几类：

1. 基于科技创新的产品

智能硬件产品：如智能手表、智能手环、智能家居设备等。这些产品融合了传感器技术、通信技术和人工智能等先进科技，能够实现健康监测、远程控制、智能交互等功能。例如，智能手表可以实时监测心率、睡眠等健康数据，并与手机等设备进行连接，提供便捷的信息服务。

高端装备产品：包括工业机器人、数控机床、航空发动机等。这些产品具有高精度、高可靠性、高效率等特点，是制造业转型升级的关键支撑。例如，工业机器人可以在生产线上替代人工完成重复性、高强度的工作，提高生产效率和质量。

新能源汽车：以电动汽车、混合动力汽车为代表的新能源汽车，具有节能环保、低噪音等优势。新能源汽车的发展不仅推动了汽车产业的变革，也有助于减少对传统化石能源的依赖，降低环境污染。

2. 满足新需求的产品

个性化定制产品：随着消费者需求的日益多样化和个性化，个性化定制产品逐渐成为市场的新宠。例如，定制服装、定制家具等，可以根据消费者的身材、喜好等进行量身定制，满足消费者的独特需求。

健康养生产品：随着人们对健康的关注度不断提高，健康养生产品市场需求持续增长，这些产品包括保健食品、运动器材、康复辅助器具等。例如，保健食品可以补充人体所需的营养成分，增强免疫力；运动器材可以帮助人们进行体育锻炼，保持身体健康。

文化创意产品：具有独特的文化内涵和创意设计的产品，如文创文具、工艺品、动漫周边产品等。这些产品不仅具有实用价值，还能满足人们的精神文化需求。例如，故宫文创产品将传统文化与现代设计相结合，受到了广大消费者的喜爱。

3. **绿色环保产品**

可回收利用产品：如可回收塑料瓶、再生纸制品等。这些产品在使用后可以通过回收再加工的方式，实现资源的循环利用，减少对环境的污染。

节能环保产品：包括节能灯具、高效家电、新能源设备等。这些产品具有低能耗、高效率等特点，可以降低能源消耗，减少碳排放。例如，节能灯具相比传统灯具能够节省大量电能，可为用户降低用电成本。

生态友好产品：如有机食品、天然护肤品等。这些产品在生产过程中采用环保、可持续的方式，不使用化学农药、化肥和有害添加剂，对人体健康和环境更加友好。

1.4.4 新数智

新质生产力中的新数智是指以新一代数字技术和智能技术为核心驱动的全新生产要素和能力体系，主要指以下几个方面：

1. **新数字技术**

5G 通信技术：具有高速率、低延迟、大容量等特点，为万物互联提供了坚实的基础。它能够实现超高清视频传输、远程医疗、智能交通等应用，极大地提升了信息传输和处理的效率。例如，在工业领域，5G 通信技术可以支持工厂内的设备实时通信和协同工作，提高生产效率和质量。

物联网（IoT）技术：通过将各种设备和物品连接到互联网，实现智能化识别、定位、跟踪、监控和管理。物联网可以广泛应用于智能家居、智能城市、智能农业等领域，为人们的生活和工作带来便利。例如，智能家居系统可以通过物联网实现家电的远程控制、环境监测和自动化管理。

区块链技术：具有去中心化、不可篡改、可追溯等特点，能够为数据安全和信任建立提供新的解决方案。区块链可以应用于金融、供应链管理、知识产权保护等领域，提高交易的安全性和透明度。例如，在供应链金融中，区块链可以确保交易的真实性和可追溯性，降低融资风险。

2. **智能化应用**

智能数据分析：利用大数据和人工智能技术，对海量数据进行深度分析和挖掘，为企业和社会提供决策支持。智能数据分析可以应用于市场预测、风险评估、客户关系管理等领域，帮助企业优化运营管理和提高竞争力。例如，通过对消费者行为数据的分析，企业可以精准地进行市场定位和产品推荐。

智能生产制造：将人工智能、物联网等技术应用于生产制造过程，实现智能化的生产调度、质量控制和设备维护。智能生产制造可以提高生产效率、降低成本、提升产品质量。例如，智能工厂可以通过自动化生产线和机器人实现高效的生产，同时利用传感器和数据分析技术实时监控生产过程，确保产品质量。

智能服务：利用人工智能和自然语言处理技术，为客户提供个性化、智能化的服务。智能服务可以应用于客服、金融、医疗等领域，提高服务效率和质量。例如，智能客服机器人可以通过自然语言理解和对话管理技术，为客户提供快速、准确的解答与服务。

总之，新质生产力中的新数智代表了数字技术与智能化应用的深度融合，将为经济社会的发展带来新的机遇和挑战。

1.4.5 新营销

新质生产力中的新营销是指在新的经济环境和技术条件下，运用创新的理念、方法与手段来推广产品和服务，以实现更高效的市场拓展和价值创造的营销方式。主要指以下几个方面：

1. 数字化营销

社交媒体营销：利用社交媒体平台（如微信、微博、抖音等）进行品牌推广、产品宣传以及与客户互动。通过发布有吸引力的内容、举办线上活动、与用户进行实时互动等方式，提高品牌知名度和用户参与度。例如，企业可以在抖音上发布短视频，展示产品特点和使用方法，吸引用户关注和分享。

搜索引擎营销：包括搜索引擎优化（SEO）和搜索引擎广告（SEA）。通过优化网站内容和结构，提高网站在搜索引擎中的排名，增加网站流量；同时，利用搜索引擎广告平台进行精准投放，提高广告效果和投资回报率。例如，企业可以通过优化网站关键词，提高其网站在百度等搜索引擎中的排名，吸引潜在客户访问。

内容营销：通过创造有价值的内容，如创作小红书图文、视频、短剧等，吸引目标客户建立品牌信任和忠诚。内容营销注重提供有用的信息和解决方案，满足客户的需求与兴趣。例如，企业可以撰写与行业相关的科普性文章，分享专业知识和经验，吸引潜在客户关注并将其并转化为实际客户。

2. 体验式营销

沉浸式体验：利用虚拟现实（VR）、增强现实（AR）等技术，为客户创造沉浸式的购物体验。客户可以通过 VR 设备试穿虚拟服装、试驾汽车等，提高购买决策的准确性和满意度。例如，房地产开发商可以利用 VR 技术让客户参观虚拟房屋，感受房屋的布局和装修效果。

互动体验：通过举办线下活动、设立体验店等方式，让客户亲身参与产品体验并与商家进行互动。客户可以在活动中了解产品的特点和优势，与品牌商家进行深入的沟通与交流。例如，手机厂商可以在商场设立体验店，让客户亲自体验手机的性能和功能，提高客户品牌认知度与购买意愿。

个性化体验：根据客户的需求和偏好，为客户提供个性化的产品与服务。通过数据分析和人工智能技术，了解客户的行为和喜好，为客户提供定制化的推荐与解决方案。例如，电商平台可以根据客户的浏览历史和购买记录，为客户推荐个性化的商品和优惠活动。

3. 社交化营销

口碑营销：通过客户的口碑传播，扩大品牌影响力和市场份额。企业可以通过提供优质的产品和服务，激发客户的口碑传播，同时利用社交媒体平台进行口碑管理，及时回应客户的反馈和评价。例如，客户在购买了一款满意的产品后，会主动向朋友和家人推荐，从而扩大品牌的影响力。

社群营销：建立和运营品牌社群，将有共同兴趣和需求的客户聚集在一起，进行品牌推广和客户互动。企业可以通过线上论坛、微信群、QQ 群等途径建立社群，并通过在社群中发布有价值的内容、举办活动、提供专属优惠等方式，提高客户的参与度和忠诚度。例如，运动品牌可以建立跑步社群，组织线下跑步活动，增强客户的品牌认同感和归属感。

网红营销：与网红、博主等意见领袖合作，进行品牌推广和产品宣传。

网红具有较高的粉丝量和影响力，能够快速传播品牌信息，从而提高品牌知名度和产品销量。例如，美妆品牌可以与美妆博主合作，进行产品试用和推荐，吸引粉丝关注和购买。

4. **数据驱动营销**

数据分析：利用大数据分析技术，对客户数据进行深入挖掘和分析，了解客户的需求、行为和偏好，为营销决策提供数据支持。通过数据分析，企业可以精准地定位目标客户、优化营销策略、提高营销效果。例如，企业可以通过分析客户的购买历史和浏览行为，预测客户的购买需求，进行个性化的推荐和营销。

营销自动化：利用营销自动化软件，实现营销流程的自动化和智能化。营销自动化可以帮助企业提高营销效率、降低营销成本、提升客户体验。例如，企业可以通过营销自动化软件实现营销邮件的自动发送、客户细分和个性化内容推送等功能。

效果评估：建立科学的营销效果评估体系，对营销活动的效果进行实时监测和评估。通过效果评估，企业可以及时调整营销策略，优化营销资源配置，提高营销投资回报率。例如，企业可以通过分析网站流量、转化率、销售额等指标，评估营销活动的效果，为下一步的营销决策提供参考。

1.4.6 新管理

新质生产力下的新管理是指在新的经济发展形势和技术变革背景下，运用创新的管理理念、方法和工具来提升组织效率、激发创新活力、实现可持续发展的管理模式。主要包括以下几个方面：

1. **数字化管理**

数据驱动决策：利用大数据分析技术，收集、整理和分析企业内外部数据，为管理决策提供准确、及时的信息支持。通过对销售数据、客户行为数据、市场趋势数据等的分析，管理者可以更好地了解市场需求、优化产品策略、制定精准的营销方案。例如，电商企业可以通过分析用户的浏览记录和购买行为，为用户推荐个性化的商品，提高销售转化率。

智能流程管理：借助人工智能和自动化技术，对企业的业务流程进行优化和智能化管理。例如，采用自动化的订单处理系统、智能库存管理系统等，提高业务流程的效率和准确性，减少人为错误和资源浪费。同时，通过对业务流程的实时监控和数据分析，及时发现流程中的瓶颈和问题，并进行优化调整。

远程协作管理：在新质生产力的驱动下，远程办公和分布式团队成为趋势。新管理需要借助数字化工具和平台，实现远程协作的高效管理。例如，使用视频会议软件、项目管理工具、在线文档协作平台等，确保团队成员之间沟通顺畅、信息共享及时、任务分配明确，提高远程团队的协作效率和工作质量。

2. **创新管理**

鼓励创新文化：营造鼓励创新的企业文化氛围，激发员工的创新热情和创造力。管理者要树立创新导向的价值观，鼓励员工敢于尝试新方法、新思路，对创新失败给予包容和理解。同时，建立创新激励机制，对有突出创新贡献的员工进行奖励，提高员工的创新积极性。例如，一些科技企业设立创新奖项，鼓励员工提出创新项目和解决方案。

开放式创新：打破企业内部的创新边界，积极与外部合作伙伴进行合作创新，包括与高校、科研机构、创业公司等进行产学研合作，共同开展技术研发和创新项目。通过开放式创新，企业可以整合外部的创新资源和知识，拓展创新视野，提高创新效率。例如，汽车企业与科技公司合作开发智能驾驶技术，实现优势互补，共同推动行业的创新发展。

创新风险管理：创新过程中必然伴随着风险，新管理需要对创新风险进行有效的管理和控制。管理者要建立创新风险评估机制，对创新项目的技术风险、市场风险、财务风险等进行全面评估，制定相应的风险应对策略。同时，要合理分配创新资源，避免过度投入高风险项目，确保企业的创新活动在可承受的风险范围内进行。

3. **人才管理**

人才多元化：新质生产力下，企业需要具备多元化背景和技能的人才。管理者要注重招聘和培养不同专业、不同文化背景的人才，以满足企业创新和发展的需求。例如，科技企业不仅需要技术人才，还需要市场营销、设计、管理等方面的人才，通过人才的多元化组合，激发创新活力。

人才发展与激励：为员工提供持续的学习和发展机会，帮助员工提升自身能力和素质。建立完善的培训体系、职业发展通道和晋升机制，鼓励员工不断进步。同时，采用多元化的激励方式，如股权激励、绩效奖金、弹性福利等，提高员工的工作积极性和忠诚度。例如，一些企业为员工提供在线学习平台，鼓励员工自主学习和提升；还有某些企业实行股权激励计划，让员工分享企业发展的成果。

灵活用工：随着新质生产力的发展，灵活用工模式逐渐兴起。管理者可以根据企业的实际需求，采用灵活的用工方式，如兼职、项目制用工、外包等，提高人力资源的配置效率。同时，要加强对灵活用工人员的管理和保障，确保他们的权益得到维护，工作质量得到保证。

4. **可持续发展管理**

绿色管理：将环境保护和可持续发展理念融入企业管理的各个环节，包括推行绿色生产、减少能源消耗、降低废弃物排放、推广可再生能源等。通过绿色管理，企业可以降低环境成本，提高资源利用效率，增强企业的社会责任感和竞争力。例如，制造业企业采用节能环保的生产工艺和设备，减少对环境的污染；物流企业推广新能源车辆，减少碳排放。

社会责任管理：积极履行企业的社会责任，关注社会问题，参与公益活动。管理者要将社会责任纳入企业的战略规划和日常管理中，通过企业的经营活动为社会创造价值。例如，企业可以开展扶贫助困、教育支持、环境保护等公益项目，提升企业的社会形象和品牌价值。

长期价值管理：在新质生产力的背景下，企业管理要注重长期价值的创造，而不能仅仅关注短期的经济效益。管理者要有长远的发展眼光，制定可持续的发展战略，平衡经济、社会和环境效益。通过长期价值管理，企业可以实现可持续发展，为股东、员工、社会等各利益相关方给予长期的价值回报。

1.5 新质生产力与传统生产力的区别和比较

1.5.1 驱动要素不同

传统生产力主要依靠土地、资本、劳动力等传统生产要素。土地和自然资源的开发利用程度对生产的规模与经济效益有较大影响。资本投入在扩大生产规模方面起着关键作用，而劳动力的数量和技能水平也在一定程度上决定生产的效率。例如，在传统的制造业中，大量的资金投入用于建设工厂、购买设备，劳动密集型的生产方式较为常见，主要依靠工人的手工操作和简单机械来进行生产。

新质生产力更加注重科技创新、数据信息、高端人才等新要素。科技创新是新质生产力的核心驱动力，不断推动着产业升级和产品创新。数据信息成为重要的生产资料，通过对海量数据的分析和挖掘，可以创造新的价值和商机。高端人才具备创新思维和专业技能，能够引领技术创新与管理创新。比如，在新兴的人工智能、大数据等领域，科技创新带来了全新的生产方式和商业模式，数据的价值被充分挖掘，高端人才的创新能力成为企业竞争的关键。

1.5.2 生产方式不同

传统生产力往往采用规模化、标准化的生产方式。大规模生产可以降低单位成本，提高生产效率。标准化的生产流程确保了产品的质量稳定性，但也在一定程度上缺乏灵活性和个性化。例如，传统的汽车制造企业通过大规模的生产线，生产出大量相同规格的汽车产品。

新质生产力倾向于智能化、个性化、柔性化的生产方式。智能化生产借助先进的技术设备和软件系统，实现自动化、高效化的生产过程。个性化生产能够满足消费者多样化、个性化的需求，通过定制化的产品和服务提高用户满意度。柔性化生产则可以快速响应市场变化，调整生产计划和产品结构。例如，3D 打印技术可以根据客户的个性化需求，快速制造出独一无二的产品；智能制造系统可以根据市场需求的变化，灵活调整生产流程和产品类型。

1.5.3 产业结构不同

传统生产力以传统制造业、农业、基础服务业等为主导产业。这些产业通常具有成熟的技术和生产模式，但增长速度相对较慢，附加值相对较低。例如，传统农业主要依靠人力和简单机械进行生产，农产品的附加值相对较低；传统制造业面临着产能过剩、成本上升等问题，发展面临瓶颈。

新质生产力以高新技术产业、数字经济、现代服务业等新兴产业为引领。这些产业具有高附加值、高增长性和创新性，能够带动经济的快速发展和转型升级。比如，互联网、人工智能、大数据等高新技术产业的兴起，创造了新的商业模式和经济增长点；现代服务业如金融科技、文化创意、健康养老等领域的发展，满足了人们日益增长的多样化需求。

1.5.4 对环境的影响不同

传统生产力通常对环境造成较大的压力。传统的工业生产过程通常会产生大量的污染物，如废气、废水、废渣等，会对生态环境造成破坏。同时，传统的农业生产方式也可能导致土地退化、水资源污染等问题。例如，一些传统的化工企业排放的废气和废水若不能得到妥当的处理，会对周边环境造成严重污染；过度使用化肥和农药的传统农业种植方式会对土壤和水源造成破坏。

新质生产力更加注重绿色发展和可持续性。新质生产力中的新兴产业往往具有较低的环境负荷，通过采用清洁能源、节能环保技术等方式，减少对环境的影响。同时，新质生产力也强调资源的高效利用和循环利用，实现经济与环境的协调发展。比如，新能源汽车的发展减少了传统燃油汽车对环境的污染；循环经济模式下的产业通过资源的回收和再利用，降低了对自然资源的依赖。

1.5.5 发展潜力不同

传统生产力由于受到资源、环境、市场等因素的限制，发展潜力相对有限。传统产业在经历了长期的发展后，市场逐渐饱和，增长速度放缓，面临着转型升级的压力。例如，传统的钢铁、煤炭等行业在产能过剩、环保压力等因素的影响下，面临着困境。

新质生产力具有巨大的发展潜力和创新空间。新质生产力中的新兴产业处于发展的初期阶段，市场需求不断增长，技术创新不断涌现，未来发展前景广阔。比如，人工智能、生物技术、新能源等领域的发展，将为经济社会带来巨大的变革和发展机遇。

1.6 医药产业新质生产力

医药产业新质生产力是指在医药领域中，以创新为核心驱动力，融合先进技术、新型管理模式和可持续发展理念，所形成的具有高效、精准、安全、绿色等特征的新型生产力形态。

1.6.1 概念

医药产业新质生产力是在传统医药生产基础上，随着科技进步和社会发展而产生的一种全新的生产力模式。它涵盖了从药物研发、生产制造到流通销售的整个医药产业链，旨在提高医药产品的质量和疗效，满足人们日益增长的健康需求。

1.6.2 内涵

1. 技术创新

先进制药技术：包括基因工程、细胞工程、蛋白质工程等生物技术，以及纳米技术、3D 打印技术等新型制药技术，这些技术的应用可提高药物的研发效率和生产质量。

智能制药装备：引入自动化、智能化的制药设备，实现生产过程的精准控制和高效运行，降低人为误差，提高产品稳定性。

数字化管理：利用大数据、人工智能、物联网等技术，实现医药生产的全流程数字化管理，提高生产效率和增强质量追溯能力。

2. 管理创新

质量管理体系（QMS）：建立严格的质量管理体系，确保医药产品的安全性和有效性。采用国际先进的质量标准，如药品生产质量管理规范（GMP）等，加强对生产过程的监控和管理。

供应链管理：优化医药供应链，提高物流效率，降低库存成本。通过信息化手段实现供应链的可视化和协同管理，确保药品的及时供应。

创新研发模式：采用开放创新、合作研发等模式，整合各方资源，加快药物研发速度。鼓励企业与高校、科研机构进行合作，共同开展创新研究。

3. 可持续发展

绿色制药：推行绿色生产理念，采用环保的生产工艺和原材料，减少对环境的污染。发展生物制药、植物提取等方向的绿色制药技术，降低能源消耗和废弃物排放。

资源可持续利用：合理利用医药资源，提高资源利用率。加强对中药材等天然资源的保护和开发，推广可持续的种植和养殖技术。

社会责任：医药企业要积极履行社会责任，关注公众健康，参与公益活动。加强药品安全宣传和教育，提高公众的用药安全意识。

4. 精准医疗

个性化治疗：根据患者的基因特征、生理状态等个体差异，制定个性化的治疗方案。采取精准诊断技术，如基因检测、分子诊断等，为患者提供更精准的治疗服务。

靶向药物研发：加大对靶向药物的研发投入，提高药物的特异性和疗效，减少副作用。发展新型抗体药物、小分子靶向药物等，满足不同患者的治疗需求。

5. 安全保障

药品安全监管：加强药品安全监管，严格执行药品审批制度和质量标准。建立健全药品不良反应监测和预警体系，及时发现和处理药品安全问题。

生产安全管理：强化医药生产企业的安全生产管理，确保生产过程的安全可靠。加强对危险化学品、易燃易爆物品等的管理，防止安全事故的发生。

数据安全保护：重视医药数据的安全保护，加强对患者隐私和医疗数据的保护。采用加密技术、访问控制等手段，确保数据的安全性和完整性。

1.6.3 特点

1. **创新性**

研发创新：医药产业新质生产力高度依赖科技创新，在药物研发方面，不断探索新的作用机制、靶点和治疗方法，例如，基因编辑技术、免疫疗法等，为疑难病症的治疗带来了新的希望。

技术创新：先进的制药技术（如纳米技术、3D 打印技术等）被应用于药物制剂，提高了药物的疗效和安全性，实现精准给药。

管理创新：医药企业采用创新的管理模式，如数字化管理、敏捷开发等，以提高研发效率和生产质量。

2. **精准性**

诊断精准：随着生物技术的发展，精准诊断技术（如基因检测、分子诊断等）能够更准确地识别疾病的类型和病因，为个性化治疗提供科学依据。

治疗精准：医药产业新质生产力推动了精准医疗的发展。根据患者的基因特征、生理状态等制定个性化的治疗方案，可提高治疗效果，减少副作用。

药物精准：新型药物制剂能够实现药物的靶向输送，提高药物在病灶部位的浓度，降低对正常组织的损害。

3. **高效性**

研发高效：创新的研发模式和技术手段加快了药物研发的速度，缩短了研发周期。例如，人工智能在药物研发中的应用可以快速筛选潜在的药物分子，提高研发效率。

生产高效：自动化、智能化的生产设备和先进的生产工艺提高了药品的生产效率和质量稳定性。

治疗高效：新的治疗方法和药物能够更快速地缓解症状、治愈疾病，提高患者的生活质量和生存率。

4. **安全性**

药物安全：借助严格的质量控制体系和先进的检测技术可确保药品的安

全性和有效性。新的药物研发注重减少副作用，提高药物的耐受性。

治疗安全：精准医疗和个性化治疗可降低治疗过程中的风险，减少过度治疗和误诊误治的发生。

数据安全：医药产业新质生产力涉及大量的医疗数据和患者信息，要加强数据安全保护，确保患者隐私不被泄露。

5. **可持续性**

绿色制药：采用环保的生产工艺和原材料，减少对环境的污染。发展绿色制药技术，如生物制药、可再生资源利用等，实现可持续发展。

资源可持续：合理利用医药资源，提高药物的可及性。通过研发仿制药、开展药物再利用等方式，降低医疗成本，满足广大患者的需求。

产业可持续：医药产业新质生产力推动了医药产业的升级和转型，促进了产业的可持续发展。加强产学研合作，培养专业人才，为医药产业的长期发展提供支撑。

1.6.4 应用

在当今快速发展的时代，医药产业新质生产力正以蓬勃之势崛起，为人类的健康事业带来前所未有的变革。

医药产业新质生产力首先体现在科技创新方面。先进的生物技术，如基因编辑、细胞治疗等，为攻克疑难病症开辟了新的道路。科学家们通过精准的基因编辑技术，有望修正导致遗传病的基因缺陷，为患者带来重生的希望。细胞治疗则利用人体自身的免疫细胞或干细胞，对癌症、自身免疫性疾病等进行个性化治疗，极大地提高了治疗的有效性和安全性。

人工智能与大数据的应用也是医药产业新质生产力的重要体现。通过对海量的医疗数据进行分析，人工智能可以辅助医生进行疾病诊断和治疗方案的制定，提高诊断的准确性和效率。同时，大数据还可以帮助医药企业更好地了解疾病的流行趋势和患者需求，加速新药研发的进程。

新型药物研发平台的出现，为医药产业新质生产力注入了强大动力。例如，基于生物大分子的药物研发平台，能够开发出更加高效、特异性强的生物制剂，为治疗慢性病和重大疾病提供了新的选择。此外，纳米技术在药物递送中的应用，能够提高药物的靶向性和生物利用度，减少副作用。

医药产业新质生产力还推动了医疗模式的转变。远程医疗、移动医疗等新兴医疗模式的出现，使患者可以更加便捷地获得医疗服务。通过智能手机、可穿戴设备等，患者可以实时监测自己的健康状况，并与医生进行远程沟通，实现对疾病的早期诊断和干预。

要充分发挥医药产业新质生产力的作用，还需要政府、企业和科研机构的共同努力。政府应加大对医药科技创新的投入。

第 2 章

生物医药产业的发展现状与挑战

重

构

2.1 全球医药产业的规模和增长趋势

生物医药产业的发展不仅体现为技术的进步与创新，也体现在市场规模的持续扩张。随着全球人口结构的变化、医疗需求的增长和科技的飞速发展，医药产业正经历前所未有的变革。本节将着重分析全球医药市场的规模与增长趋势，为深刻理解医药产业的现状和未来奠定基础。

在全球医药市场中，市场规模与市场结构是两大关键方面。市场规模的扩大反映了医药产业对人类健康的贡献日益重要，而市场结构的演变则显示了医药产业内竞争的多样性与复杂性。接下来，我们将对全球医药市场进行总体概述，探讨其规模、结构及主导因素，以揭示这一行业的动态特点和潜在机会。

2.1.1 全球医药市场的总体概述

2.1.1.1 全球医药市场的规模和市场结构

全球医药产业是一个庞大且不断扩展的产业。据艾昆纬的预测，全球药品市场规模在 2021 年已经达到 1.4 万亿美元，并且预计将保持稳步增长，至 2025 年有望突破 1.6 万亿美元。医药市场由几个主要部分构成，包括处方药、非处方药（OTC）以及生物制品等，每个部分各具特色，均是推动整个市场增长的重要组成部分。

首先，处方药是全球医药市场中的主要组成部分，占总市场份额的近 85%。这些药物需要医生开具的处方单才能进行购买，通常用于治疗复杂和严重的健康问题，如癌症、糖尿病以及其他慢性病。随着全球人口的老龄化趋势加剧，人们对处方药的需求也在不断增加。

另一方面，非处方药不需要医生开具的处方单，可以直接从药房或者超市购买。这一市场尽管份额较少，但也显示出强劲的增长态势。尤其是在健康意识增强的背景下，人们对轻微疾病和日常健康管理的重视推动了 OTC 产品，如感冒药、止痛药、维生素及膳食补充剂等的需求。

近年来，生物制品在医药市场的地位显著上升。这类药物由生物源性物质制成，包括单克隆抗体、疫苗等。生物制品的复杂性和高效性使得它们在治疗一些难以治愈的疾病方面展现了巨大的潜力，如癌症、罕见病和自身免疫性疾病。

2.1.1.2 主要市场区域概述

全球医药市场按地理区域划分，主要集中在北美、欧洲、亚太地区以及其他新兴市场。

北美市场，尤其是美国，是全球最大的单一医药市场。美国的药品市场高度发达，拥有大量的医药企业、研发机构和技术创新中心，且政府在医疗保健方面的巨大投入使其保持领先地位。此外，美国人口对高端治疗药品的需求较高，专利药和高价值生物制品销售在全球占据主导地位。

欧洲市场，同样在全球医药市场中占据重要地位。欧洲各国，由于社会保障制度的完善和老龄社会现象的日益加剧，对医药产品的需求持续增长。在德国、法国、英国等欧洲核心国家，生物技术和制药公司众多，创新能力强，生命科学领域的发展也成为推动医药市场增长的关键因素之一。

亚太地区，则是全球医药市场增长的另一个重要驱动力。该地区包括中国、日本、印度、韩国等国家，其中中国市场因其巨大的人口基数和迅速发展的经济，在全球医药市场中占据越来越重要的位置。日本市场处于全球领先水平，以其强大的制药研发能力和成熟的市场环境著称。印度则逐渐成为全球药品制造和供应的重要基地，凭借其成本优势和丰富的原料药生产能力，在仿制药领域表现突出。

其他新兴市场，如巴西、俄罗斯、南非等国，尽管目前市场规模相对较小，但这些地区经济的发展和医疗需求的提升，使得其潜力巨大。这些新兴市场国家，对基础药品和疫苗的需求显著上升，并且随着政府对公共卫生的投资力度加大，这些市场的增长空间也比较广阔。

2.1.1.3 全球医药市场的增长动因

全球医药市场的持续增长受到多重因素的共同驱动：

（1）人口老龄化：全球人口老龄化是推动医药市场增长的重要因素。随着老年人口比例上升，与老龄相关的疾病，如心血管疾病、糖尿病、关节炎和阿尔茨海默病等的发病率也在增加，这些疾病都需要长期的药物治疗。

（2）慢性病的增加：现代生活方式导致慢性病的流行，如肥胖、高血压、糖尿病等疾病的患病率持续升高。这些疾病通常需要长期的药物治疗，推动了人们对相关药物的需求。

（3）技术进步：医药产业的技术进步是推动市场增长的另一个重要因素。基因编辑、细胞和基因疗法、人工智能和大数据分析等技术不仅提高了新药开发的速度，也提高了药物的疗效和安全性，吸引了更多的投资和关注。

（4）医疗支出的增加：全球各国政府和个人医疗支出的增加进一步推动了医药市场的发展。尤其是在发达国家，医疗保健支出占 GDP 的比重较大，而发展中国家也在逐步增加对公共卫生的投资。

（5）团体采购和合作：制药公司之间、制药公司与学术机构之间的合作，以及跨国药企与本地企业的合资合作，也在推动全球医药市场的发展。这些合作不仅有助于降低研发成本，还能更快地将新药推向市场。

2.1.1.4　医药市场中的主要企业与竞争格局

全球医药市场的竞争十分激烈，主要由几大跨国制药企业所主导，如辉瑞、强生、默克、诺华和罗氏等。这些公司不仅在研发投入上数以亿计，还拥有庞大的销售网络和强大的市场推广能力。

这些跨国企业通过合资、并购等方式，不断扩展自身的产品线和市场份额。例如，辉瑞公司近年来通过并购生物技术公司，增强了在生物制药领域的竞争力，而强生公司近年来则逐步扩展其在消费医疗保健品市场的份额。通过并购整合，这些企业不仅能够快速获得新技术和新产品，还能减少市场上的竞争压力，形成有利于自身的市场壁垒。

此外，新兴的生物技术公司和创新型制药企业也在不断涌现，尤其是在基因疗法、肿瘤免疫疗法等前沿领域表现突出。尽管这些新兴企业的规模和市场份额无法与传统跨国巨头相比，但他们在技术创新方面的突破为全球医药市场注入了新的活力。

2.1.1.5 医药市场的未来展望

展望未来，全球医药市场将继续保持稳健增长。随着医疗技术的不断进步、新药研发速度的加快，以及全球健康意识的提高，预计未来几年医药市场将迎来新的发展机遇。

首先，精准医疗和个性化治疗的兴起将显著改变医药市场的面貌。随着基因测序技术的成熟和成本的下降，越来越多的药物将针对个体基因特征进行开发，这不仅可以提高药物的疗效，还能降低副作用，提高患者的依从性。

其次，生物制药和基因治疗领域将继续成为医药市场成长的热点。近年来，基因编辑技术 CRISPR（Clustered Regularly Interspaced Short Palindromic Repeats，规律成簇的间隔短回文重复序列）、CAR-T 细胞疗法等新技术的突破，极大地推动了新型药物的研发，这些创新药物在临床上展现了巨大的潜力和广阔的应用前景。

再次，数字化技术的应用将进一步促进医药市场的发展。大数据、人工智能、区块链等技术在药物研发、临床试验、供应链管理等方面的应用，极大地提高了研发效率和透明度，加速了新药上市的速度。

最后，全球范围内的政策和法规环境将进一步完善和优化。各国政府对医药产业的支持力度不断加大，通过颁布和实施一些利好政策，推动医药产业的创新与发展。例如，美国的《处方药用户费用修正和再授权法案》和欧洲的《先进疗法法规》等法规，都为新药的研发和市场准入提供了政策支持。

2.1.1.6 小结

综上所述，全球医药市场作为一个高度动态和复杂的行业，不仅在现有的制度和技术框架下有着广阔的发展前景，而且随着未来新技术的不断涌现和政策环境的不断优化，必将迎来更加辉煌的发展机遇。这一市场的规模将继续扩大，而其结构和竞争格局也将在不断变迁中焕发新的生命力和活力。

2.1.2 市场驱动因素及主要增长动力

全球医药市场近年来显著增长，受到多种驱动因素的推动。下文分析这些驱动因素及其对市场的影响。这部分内容涵盖推动全球医药市场增长的关键驱动因素和主要增长动力，包括人口老龄化、慢性病发病率上升、技术进步、医疗支出的增加、政策与法规环境等。

2.1.2.1 人口老龄化

全球范围内，人口老龄化是推动医药市场增长的一个最重要的因素。随着医疗技术的发展和生活水平的提高，人类的寿命延长，老年人口的比例在不断升高。

1. 人口统计数据支持

根据联合国的数据，截至 2020 年，全球 60 岁及以上的老年人口约 9 亿人，约占全球总人口的 12%。预计到 2050 年，这一数字将增加到约 21 亿，约占全球总人口的 22%。老年人口数量的增加意味着患慢性病的潜在患者数量的增加，这直接带动了对相关药品的需求。

2. 老龄化引发的健康问题

老年人患各种慢性病和复杂疾病的概率显著增加，包括心血管疾病、糖尿病、癌症、关节炎和神经退行性疾病（如阿尔茨海默病和帕金森病）等。老年患者需要长期、持续的医疗和药物治疗，这在很大程度上推动了处方药和医疗服务的需求增长。

3. 影响医药研发方向

人口老龄化不仅增加了对相关药品的需求，也影响了医药企业的研发方向——制药公司越来越关注开发与老龄化相关疾病的治疗药物和管理方案。近年来，针对阿尔茨海默病和其他神经退行性疾病的研发投资显著增加，推动了相关药物市场的快速扩展。

2.1.2.2 慢性病发病率上升

慢性病是全球健康领域的主要挑战之一。高血压、糖尿病、心血管疾病及癌症等慢性病已经成为全球范围内导致死亡和疾病负担的主要原因。

1. **慢性病的流行**

据世界卫生组织（WHO）数据，慢性病导致的死亡人数占全球总死亡人数的 60%以上。这些疾病不仅影响老年人，也成为越来越多的中年人和年轻人的困扰。

2. **慢性病对药物需求的影响**

慢性病通常需要长期的药物治疗，以控制病情和防止并发症的发生。例如，高血压和糖尿病患者需要终身服用药物来管理病情，这大大增加了药物的需求量。同时，慢性病患者还常常需要多种药物的联合治疗，这进一步推高了药品的需求。

3. **慢性病管理的新趋势**

慢性病管理已成为医药企业和医疗服务提供商关注的重点领域。新的治疗方法和药物不断被研发出来，以更好地控制和管理这些疾病。例如，GLP-1 受体激动剂和 SGLT-2 抑制剂在糖尿病治疗中的应用，就是为了提供更多的控制血糖水平的选择。这些创新药物的开发和市场推广，为医药市场带来了新的增长点。

2.1.2.3 技术进步

科技的进步是推动医药市场发展的重要驱动力之一，新的科学发现和技术突破为医药产业带来了前所未有的机遇。

1. **基因疗法和细胞疗法**

基因疗法和细胞疗法是近年来备受关注的前沿技术。这些疗法通过修复或替换有缺陷的基因，或通过引入新的细胞类型来治疗或治愈疾病。例如，基因编辑技术 CRISPR 已在实验室和临床试验中展现出巨大的潜力，有望治疗包括遗传病、癌症在内的多种疾病。

2. **人工智能和大数据**

人工智能和大数据在药物研发、临床试验和个性化医疗中的应用也在迅速发展。人工智能可以帮助预测药物的疗效和副作用，提高药物研发的成功率。大数据可以提供关于患者反应的数据，帮助制药公司优化临床试验的设计和实施方案。

3. **3D 打印技术**

3D 打印技术在制药领域的应用正在扩大，特别是在药物制剂和个性化治疗方面。3D 打印可以更加精确地调配药物剂量，制备特殊设计的药片或药物传递系统，从而提高治疗的效果和患者的依从性。

4. **数字健康和远程医疗**

数字健康和远程医疗正在改变医疗服务的提供方式。可穿戴设备和移动健康应用程序可以实时监测患者的健康状况，并向医生传输数据。这使得慢性病和复杂疾病的管理更加高效，降低了患者的就医频率，减少了医疗成本。

2.1.2.4 医疗支出的增加

在全球范围内，医疗支出在过去几十年中不断增加，尤其是在发达国家和一些新兴经济体。政府与个人对医疗保健的投资增加，为医药市场的增长提供了强有力的支持。

1. **政府医疗预算的增加**

许多国家的政府正在增加医疗保健预算，以应对人口老龄化和慢性病流行等挑战。例如，美国每年在医疗保健上的支出超过 3 万亿美元，占 GDP 的近 18%。其他发达国家，如欧盟成员国和日本也有类似的趋势。这些政府支出的增加，直接推动了市场对医疗保健的需求。

2. **保险覆盖范围和健康计划**

医疗保险覆盖范围的扩大和健康计划的实施也是推动医疗支出的重要因素。国家医疗保险和私人医疗保险计划覆盖的扩大，使得更多人能够负担得起高品质的医疗服务和药品。例如，中国近年来实施的基本医疗保障制度覆盖了大部分人口，大大提高了药品的可及性。

3. **私人消费支出的增长**

随着全球经济的发展和人们收入水平的提高，个人和家庭在医疗保健上的支出也在增加。特别是在新兴市场国家，城市化推进和中产阶级的崛起，使得人们更加注重健康投资，愿意在高质量的医疗服务和药品上花费更多。

2. 1. 2. 5 政策与法规环境

政府的政策和法规对医药市场的健康发展起到重要的引导和促进作用。灵活合理的政策和监管措施可以激发市场活力并推动创新，保证药品的质量和安全。

1. **药品审批和监管**

药品的审批和监管制度对医药市场的影响巨大。各国药品监管机构，如美国食品药品监督管理局（FDA）和欧洲药品管理局（EMA），持续改进药品审批流程，加快创新药物的市场准入速度。例如，FDA 的突破性疗法认定和优先审评项目，都在加速新药物的研发和审批。

2. **知识产权保护**

知识产权保护政策对医药产业的发展至关重要。强有效的专利保护制度可以激励药企进行大量研发投入，开发具有高技术含量的创新药物。同时，仿制药政策的实施也促进了市场竞争，降低了药品价格，提升了药品的可及性。印度作为全球仿制药生产大国，通过强大的仿制药市场，使得许多发展中国家的患者能够负担得起关键药物。

3. **数据隐私和安全**

随着医疗数据的数字化和集成，数据隐私与安全成为重要议题。各国政府和相关组织正在通过立法和监管确保患者数据的安全，增进公众对医疗数据使用的信任。例如，欧盟的《通用数据保护条例》（GDPR）和美国的《健康保险携带和责任法案》（HIPAA）等法规，对所有持有或处理健康信息的机构提出了严格的数据保护要求。

4. **政策扶持和激励**

为了促进本国生物制药产业的发展，许多国家出台了针对性的政策扶持和激励措施。例如，中国在“十三五”规划中明确提出要大力发展生物医药产业，通过政策支持、资金投入和人才培养等多方面措施，助力产业升级和跨越式发展。

2. 1. 2. 6 新兴市场的崛起

新兴市场国家的迅速崛起也为全球医药市场带来了新的发展机会。随着经济水平的提升和医疗体系的改善，这些国家对药品和医疗服务的需求正在快速增加。

1. **人口和经济增长**

新兴市场国家通常拥有庞大的人口基数和较快的经济增长速度。中国、印度、巴西等国的经济快速发展，使得大量人口步入中产阶层，健康保健需求随之增加。预计未来这些国家将成为全球医药市场增长的主要动力之一。

2. **医疗基础设施的改善**

新兴市场国家在不断加大对医疗基础设施的建设和投入，提高医疗卫生服务的覆盖率。例如，中国大力推进医院和诊所建设，扩大基本医疗保险覆盖面，提升药品可及性，这些措施都极大促进了医药市场的发展。

3. **外资和国际合作**

随着新兴市场国家对外开放程度的提高，越来越多的国际医药企业进入这些市场，通过建立合资企业、合作研发、技术转移等方式，拓展业务版图。这不仅为新兴市场国家带来了先进的药品和技术，也推动了本地医药产业的发展。

2.1.2.7 生活方式的改变

现代生活方式的变化也成为推动医药市场增长的一个重要因素。高压的工作环境、不健康的饮食习惯、缺乏运动、吸烟和酗酒等不良生活方式，导致许多与不良生活方式相关的疾病（如肥胖症、糖尿病、心血管疾病和精神疾病）的发病率上升。

1. **工作压力和精神健康**

现代社会快速的节奏和高强度的工作压力，导致精神健康问题的普遍增加。据世界卫生组织估计，全球约有 3 亿人患有抑郁症，焦虑症患者人数也在逐年增加。人们对抗抑郁症、焦虑症等精神疾病的药物需求也随之上升，从而推动了精神健康领域药品市场的发展。

2. **不健康饮食和代谢疾病**

不健康的饮食习惯是代谢类疾病（如肥胖症、高血脂和糖尿病）增加的重要原因。现代社会高糖、高脂的饮食习惯普遍存在，导致肥胖率增加，以及由此引发的糖尿病、高血压等代谢疾病的发病率上升。治疗这些疾病的药物，如降脂药、降血糖药等，需求量随之增加。

3. 缺乏运动和心血管疾病

缺乏运动是导致心血管疾病的重要因素之一。缺乏锻炼会导致体重增加、血压升高、胆固醇水平上升，从而增加患心血管疾病的风险。心血管疾病药物包括降压药、他汀类药物、抗血小板药物等，这些药物的需求量也随心血管疾病发病率的上升而增加。

2.1.2.8 可持续发展和环境因素

可持续发展和环境因素也在不同程度上影响医药市场。全球气候变化、环境污染等问题不仅直接影响公共健康，也引发了对环境友好型药品和绿色制药技术的关注和需求。

1. 气候变化对健康的影响

全球气候变化引起的极端天气事件，可能导致某些传染病的传播和某些慢性病病情的恶化。例如，高温天气可能增加心血管疾病和呼吸系统疾病的发病率，引发对相关药品的需求增加。

2. 环境污染

环境污染问题，如空气污染、水污染和土壤污染，对人体健康的危害越来越严重。例如，空气污染会导致呼吸系统疾病和心血管疾病发病率上升，水污染会引发消化系统疾病和某些慢性病患者的增加，这些因素都会推动相关治疗药物的需求增加。

3. 绿色制药和环境友好型药品

社会对环境保护和可持续发展的重视，使得绿色制药技术和环境友好型药品受到关注。绿色制药技术旨在减少药品生产过程中对环境的污染和资源的消耗，符合可持续发展理念，对制药行业的未来发展有积极影响。

2.1.2.9 公众健康意识的提高

随着全球公众健康意识的提高，人们对自身健康的关注度明显增加。这种变化体现在定期体检、健康管理、预防性医疗和健康生活方式的普及。

1. **健康管理和预防医疗**

健康管理理念的普及，使得人们更加重视疾病的预防和早期发现。例如，定期体检和健康筛查的普及，可以及早发现潜在健康问题并相应采取预防措施。这推动了人们对预防性药品和健康管理服务的需求。

2. **健康生活方式的推广**

健康生活方式，包括合理膳食、适量运动、戒烟限酒等，得到了越来越多人的认可和实践。尽管这有助于降低某些疾病的发病率，但也推动了人们对维生素、矿物质补充剂等营养品的需求。

3. **健康信息的可及性**

信息技术的发展和互联网的普及，使得健康信息更加透明和可及。人们可以通过互联网获取健康知识，进行自我健康管理。这种对健康信息的高可及性也推动了医药市场的扩展，因为人们更容易获得并遵循健康建议，购买相关的药品和健康产品。

2.1.2.10 创新药物与治疗方法的开发

创新药物与治疗方法的开发始终是医药市场发展的核心驱动力。新药物、新疗法的出现不仅能满足未被满足的医疗需求，也能通过提供更有效和安全的治疗选择，推动医药市场的增长。

1. **新药的研发**

制药公司对新药研发的投入持续增加。近年来，许多全新的治疗药物与方法被开发出来，比如靶向治疗药物、免疫疗法、生物药物等。这些新药物通常价格偏高，但由于其高效性和针对性，市场需求强劲。

2. **个性化医疗**

个性化医疗（精准医疗）是未来医疗的重要发展方向。通过基因测序技术，可以根据患者的基因特征量身定制治疗方案，实现更精确和高效的治疗效果。这种个性化趋势需要大量的基因检测药物和专门的治疗方案，推动了相关市场的发展。

3. **罕见病药物**

罕见病药物（孤儿药）的开发也是医药市场的一个新增长点。尽管每种罕见病的患者人数不多，但总体上罕见病患者的数量巨大，且这些疾病通常缺乏有效的治疗手段。近年来，政府和企业对罕见病药物的研发和市场推广的投入增加，为罕见病患者提供了更多的治疗选择。

2.1.2.11 医药产业的全球化

医药产业的全球化进程也推动了医药市场的扩展。跨国制药公司在全球范围内的布局、国际合作和技术转移等都在促进医药市场的发展。

1. 跨国企业的市场布局

跨国制药公司通过进入不同国家和地区，扩展其市场份额。例如，辉瑞、诺华和强生等药企在全球各地建立了办事处、生产基地和研发中心，优化供应链管理，提高市场响应速度。

2. 国际合作和技术转移

国际合作和技术转移也在推动医药市场的发展。跨国公司之间、本地企业与国际企业之间的合作能够共享资源和技术，加速药品的研发和市场推广。例如，中国和美国的制药企业在多领域开展广泛合作，共同推进药物研发和技术创新。

3. 全球供应链的强化

全球供应链的打造和优化，提升了药品从研发到销售各个环节的效率。例如，通过建立全球原料药采购网络和生产基地，制药公司能够快速应对不同市场的需求变化，确保药品的及时供应。

2.1.2.12 医疗旅游的推动

医疗旅游作为一个新兴的健康产业现象，对全球医药市场产生了显著影响。随着全球化进程加速，越来越多的人选择跨国界寻求更为经济高效、优质的医疗服务。

1. 医疗旅游的概念与现状

医疗旅游是指人们为了健康保健、治疗疾病而跨越国界进行的旅游活动。近年来，医疗旅游的需求快速增长，催生了以医疗为主题的旅游市场。

2. 主要推动因素

医疗旅游的快速发展得益于多个驱动因素，包括：①医疗成本差异。在一些发展中国家，如印度、泰国和墨西哥等国家，因医疗成本相对较低，吸引了大量来自发达国家的患者。②技术与服务质量。一些发展中国家的某些医疗技术和服务质量已经达到甚至超过全球平均水平，吸引患者前往。③等待时间较短。一些国家的医疗服务等待时间较短，吸引急需治疗的患者。④康复旅游。一些地方景色优美，适合康复疗养，吸引患者在接受治疗的同时旅游放松。

3. 影响和效益

医疗旅游促进了相关医疗服务和药物市场的增长，也推动了医疗机构的国际化和服务水平的提升。与此同时，患者量的增加也带动了当地旅游业和相关产业的发展。

2.1.2.13 供应链与物流的优化

随着全球化进程的推进，医药产业的供应链和物流网络变得更加复杂和全球化。高效的供应链管理和优化的物流网络对医药市场的发展至关重要。

1. 供应链优化的重要性

医药产品的供应链从原材料采购、生产到分销，涉及多个环节。快速、准确、成本低的供应链有助于缩短药品上市时间，降低成本，增强市场竞争力。

2. 针对医药物流的特殊要求

医药物流需要特别注意药品的保质期、储存环境控制（如温度、湿度）以及运输的安全性。这些特殊要求推动了专门的医药物流服务的发展。

3. 新技术的应用

现代信息技术如物联网、区块链、人工智能和大数据分析等，被广泛应用于供应链管理。例如，通过区块链技术，可以实现药品全流程的可追溯性，提高供应链的透明度和安全性。

2.1.2.14 医药信息和互联网技术的融合

现代科技尤其是互联网技术的飞速发展，已经深刻改变了医药市场的运作模式。医药信息系统的建设与互联网技术的结合，为医药企业提供了新的发展平台。

1. **医疗大数据的应用**

医疗大数据涵盖了从患者健康记录、诊疗过程到药品使用反馈的各个方面。通过对这些数据的分析，可以更好地了解患者需求，优化药物研发过程，提升医疗服务质量。

2. **电子处方和线上药房**

电子处方和线上药房的兴起，改变了药品流通模式。患者不再需要去实体药房，只需通过在线平台先获取电子处方，再购买处方药品。这种购药方式方便快捷，并且降低了购药成本。

3. **移动医疗应用的普及**

随着智能手机的普及，移动医疗应用得到了广泛的运用。患者可以通过手机应用进行健康监测、获取医疗建议、管理药物使用等，这种模式进一步完善了患者健康管理体系。

2.1.2.15 生物制药和生物技术的突破

生物制药和生物技术的突破为医药市场带来了无尽的可能性。生物药物已经成为治疗许多重大疾病，尤其是治疗癌症和罕见病的重要手段。

1. **单克隆抗体药物的应用**

单克隆抗体药物在治疗癌症、自身免疫性疾病等方面展示出了卓越的疗效，市场规模不断扩大。具体案例包括治疗类风湿性关节炎的阿达木单抗和治疗乳腺癌的曲妥珠单抗。

2. **基因疗法的进展**

基因疗法指通过基因编辑技术直接修复或替换有缺陷的基因，以治疗遗传病和各种癌症。CRISPR 等基因编辑技术的发展，使得基因疗法的应用前景更加广阔。

3. **细胞疗法和再生医学**

细胞疗法和再生医学领域的突破，比如 CAR-T 细胞疗法，用于治疗血液癌症；干细胞治疗技术，用于修复或替换受损组织和器官，开辟了新的治疗途径。

2.1.2.16 商业模式的创新

医药产业不仅在技术上不断革新，在商业模式上也在不断探索新的路径，以更好地适应市场需求和变化。

1. 合作研发和联合投资

制药企业之间以及制药企业与学术机构、科技公司的合作研发和联合投资，成为开发新药的重要方式。这种模式可以分摊高额研发成本，提高研发成功率，加快药品上市速度。

2. 创新定价模式

传统的药品定价模式越来越不能适应市场需求。以结果为导向的定价模式（如基于疗效的支付、按使用情况支付等）正在成为新趋势，这种方式能够更合理地分配医疗资源，提升患者获得感。

3. 数字平台和医疗生态系统

建立基于数字平台的医疗生态系统，整合患者、医疗服务提供者、支付方和药品供应商，提供一站式的医疗解决方案。这种医疗生态系统能够通过数据共享提升效率，改善医疗服务，推动医药市场的发展。

2.1.2.17 小结

综上所述，全球医药市场的发展受到多种驱动因素的共同影响。这些因素既有宏观的，如人口结构变化、更新及优化；也有微观的，如技术进步、生活方式的转变。这些因素互相作用，共同推动医药市场的繁荣与发展。未来，随着技术的进一步突破、市场的不断扩展和商业模式的创新，全球医药市场将继续保持活力和增长。通过紧密关注这些驱动因素和增长动力，医药企业可以更好地抓住市场机遇，实现持续成长与发展。

2.1.3 主要趋势与挑战

在探讨全球医药产业的规模和增长趋势后，我们必须深刻理解这一领域面临的主要趋势和挑战。这不仅有助于行业从业者更好地应对未来的变化，也能为政策制定者和投资者提供有价值的见解。接下来，本小节将从技术创新、市场竞争、法律法规、成本控制、全球化趋势、市场准入以及环境和社会责任等多个角度，深入剖析这一主题。

2.1.3.1 技术创新驱动变革

1. 生物技术与基因疗法的崛起

生物技术和基因治疗正在快速成为医药产业发展的主要驱动力。通过基因编辑技术（如 CRISPR）与细胞疗法（如 CAR-T），科学家可以开发出更精准的治疗方案。这一趋势使得传统药物研发公司面临着激烈的竞争压力，同时也带来了前所未有的机会。然而，这些新技术也带来了高昂的研发成本和技术复杂性，这对中小企业和新兴公司来说是一个不小的挑战。

2. 数字健康与个性化医疗

数字健康和大数据的普及推动了个性化医疗的发展。通过整合患者的基因数据、病历资料和生活习惯信息，医疗服务可以变得更加精准、个性化和高效。然而，这也引发了关于数据隐私和安全的问题，如何在创新与隐私保护之间取得平衡，是行业亟待解决的重要问题。

2.1.3.2 市场竞争加剧

1. 全球化竞争与市场扩展

随着跨国药企在全球市场的扩展，竞争愈发激烈。而新兴市场国家的药企也在不断崛起，力图在全球市场中占据一席之地。这不仅使得药品价格和市场营销成为企业竞争的关键因素，也对药企的供应链管理提出了更高的要求。企业需要在全球不同的法律法规和市场需求中找到最佳的运营模式，以保持竞争优势。

2. 仿制药与生物类似药的影响

随着专利保护期的结束，仿制药和生物类似药的市场份额不断增加。虽然这些药物的成本较低，有助于提高药品的可及性，但也对原研药企的利润造成了巨大的冲击。原研药企必须不断创新，开发出新药或改良现有药物，以保持其市场优势。

2.1.3.3 法律法规的挑战

1. 日益严格的监管环境

全球范围内，药品监管机构对药物的安全性、有效性和质量要求日益严格。欧美国家在药品审批过程中引入了更多的科学数据和临床试验要求，而新兴市场国家也在不断完善其药品监管体系。对药企而言，这意味着更高的研发成本和更长的上市时间，但也有助于提高药物的整体质量和安全性。

2. 知识产权保护与专利争议

知识产权和专利保护是医药产业的核心问题之一。虽然强有力的专利保护能激励创新，但也可能导致出现高药价问题。各国正在不断调整其知识产权政策，以在鼓励创新和确保药物可负担性之间取得平衡。同时，专利争议和法律诉讼也成为企业面临的重要挑战，这些问题既耗费时间又增加成本。

2.1.3.4 成本控制与经济压力

1. 疾病负担与医疗支出

随着全球人口老龄化和慢性病的增加，医疗支出呈现快速增长的趋势。这对公共卫生系统和个人来说都是巨大的经济负担。医药企业需要开发出更具成本效益的疗法，以减轻患者的经济压力，同时确保自身的盈利能力。

2. 研发费用与药品定价

开发一款新药通常需要数亿美元的投入和数年的时间，这使得药品定价成为一个敏感而复杂的问题。一方面，药企需要通过药品销售回收研发成本并获利；另一方面，高昂的药价也可能引发公众的不满和政策上的干预。如何在合理定价和盈利之间找到平衡，是药企面临的重大挑战。

2.1.3.5 全球化趋势与市场准入

1. 国际合作与技术转移

全球化背景下，国际合作和技术转移成为趋势。一些西方国家的企业选择在新兴市场国家设立生产基地或进行技术合作，以降低成本和开拓市场。虽然国际合作有助于技术进步和市场扩展，但也面临文化差异、知识产权保护以及政治风险等挑战。

2. **市场准入壁垒**

在进入新的市场时，药企常常面临复杂的审批流程和当地的法规要求。不同国家或地区对药品的生产、销售和定价都有严格的规定，药企需要投入大量资源来应对这些准入壁垒。此外，一些国家居民的药品购买力较低，健康保险覆盖面不够广，这也对药企在这些市场中的盈利能力构成挑战。

2.1.3.6 环境和社会责任

1. **可持续发展**

随着全球对环境保护和可持续发展的关注不断增加，医药企业也需要承担更多的社会责任。药物研发和生产过程中可能产生有害的化学废料和高能耗，如何通过绿色生产技术和环保措施降低环境影响，已经成为医药企业必须面对的问题。同时，医药企业在疾病预防和公共卫生教育方面也需要承担更多的社会责任，以提高其行业形象和社会价值。

2. **社会公平与药品可及性**

保障药品的可及性和公平性是全球医药产业的重要目标。尽管许多发达国家已经建立了完善的医疗保障体系，但在贫穷和发展中国家，仍有大量病人无法获得必要的治疗。医药企业需要通过价格政策、药品捐赠和合作项目等方式，提高关键药物在落后地区的可及性，同时也要平衡企业的经济利益与社会责任。

2.1.3.7 小结

全球医药产业正在经历快速变革，这一过程中既充满机遇，也面临诸多挑战。技术创新、市场竞争、法律法规、成本控制、全球化趋势、市场准入以及环境和社会责任等方面的变化，将深刻影响医药产业的未来。医药企业和行业从业者需要紧跟时代步伐，灵活应对变化，以在激烈的市场竞争中立于不败之地。同时，各国政府和国际组织也需加强合作，共同构建一个更加公平、高效和可持续的全球医药体系，争取实现全人类的健康福祉。

2.2 我国生物医药产业的发展现状与特点

2.2.1 我国医药市场的现状

2.2.1.1 总体规模

我国生物医药产业在过去十年中经历了迅速的扩展和深刻的变革。生物医药市场的总体规模不断扩大，成为全球最具活力的市场之一。最近的数据显示，我国医药市场的总规模已达到万亿元人民币级别。从年均增长率来看，尽管近些年略有放缓，但仍保持在较高水平。如此高速的增长，反映出我国在人口老龄化、国家政策倾斜、居民健康意识增强等多方面因素的推动下，医药需求显著增加。

在全球市场中，我国医药市场的地位日益显著。根据相关统计，我国医药市场的规模已攀升至全球第二，仅次于美国。并且在某些子领域，如原料药生产和仿制药方面，我国拥有全球最大的生产出口份额。随着创新能力的不断增强，近几年我国在生物制药领域的新药研发和临床申请数量也表现突出，逐渐走向以技术和质量引领全球的发展路径。

我国医药市场迅速扩展的背后，有着多个关键驱动因素。首先，政策鼓励和制度改革是重要助推力。国家实施的《“健康中国2030”规划纲要》以及药品审评审批制度改革，为市场注入了强劲动力。其次，人口老龄化和慢性病高发率也增加了药品的需求，尤其是在心脑血管疾病、糖尿病、癌症等领域。第三，随着居民收入的提高和健康意识的增强，人们在医疗健康方面的支出比例逐年上升，为医药市场的扩展奠定了基础。

2.2.1.2 主要企业及其市场份额

中国的生物医药产业在国际市场中的份额逐年增加，凭借不断提升的研发能力和市场策略，涌现出一批具有重要影响力的医药企业。以下介绍一些具有代表性的主要企业及其市场地位和影响力。

1. **中国医药集团**

市场地位：中国医药集团有限公司是中国规模最大、最具影响力的医药企业之一，特别是在药品和医疗器械分销领域居于主导地位。其广泛的产品线覆盖了疫苗、化学药、生物药、中成药、医疗器械等多个领域。作为中央企业，它在国内医药市场上具有难以撼动的地位。

市场份额：凭借全国范围内庞大的分销网络，中国医药集团的市场份额巨大，占据着医药分销市场的重要份额。其持续扩展的业务和跨平台的综合服务能力，使其始终处于市场前列。

影响力：中国医药集团在国内外的影响力主要体现在公共卫生应急响应和疫苗研制方面。在全球新冠疫情期间，中国医药集团研发的疫苗获得广泛认可，极大地提升了其国际声誉和市场地位。

2. **华润医药**

市场地位：华润医药集团有限公司是中国另一个巨头企业，业务涵盖药品研发、生产、分销等多个环节。其业务运营广泛，并在多个医药领域均有重要布局。

市场份额：华润医药的医药分销网络覆盖广泛，并且其在药品零售领域也具有强大的竞争力。通过不断兼并收购和战略整合，华润医药的市场份额也在稳步提升。

影响力：华润医药的影响力不仅限于国内，在国际市场上，也通过各种并购和合作不断扩大其影响。特别是在生物医药创新和原研药制造方面，其国际化步伐显著加速。

3. **恒瑞医药**

市场地位：恒瑞医药在中国生物医药产业中以强大的创新能力著称，是目前中国上市公司中市值最高的企业之一。公司专注于抗肿瘤药物、麻醉药物和造影剂等高端药物的研发和生产。

市场份额：恒瑞医药的市场份额近年来逐步增加，特别是在肿瘤药物方面，其占有率逐渐攀升。强大的研发能力和专利药品让其在市场上保持了领先地位。

影响力：恒瑞医药通过不断的国际化布局，积极开拓欧美市场。其多项创新药物获得 FDA 和 EMA 的批准，不仅提升了企业的国际形象，也增强了其在全球市场中的竞争力。

4. **北大医药**

市场地位：北大医药是中国顶尖的生物制药企业之一，以研发和生产高附加值药物闻名，尤其是在抗感染药物和抗生素领域表现突出。

市场份额：北大医药在特定细分市场中占有重要份额。北大医药通过不断增强自主研发能力和有效的市场推广策略，在竞争激烈的医药市场中取得了显著的增长。

影响力：在国际市场上，北大医药也表现出强劲的竞争力。北大医药通过合作和技术引进，进一步增强了其在全球市场中的影响力，特别是在新兴市场国家的影响力。

2.2.1.3 集团动向及发展趋势

应注意以下几个发展趋势：

企业整合与并购：近年来，我国主要医药企业通过兼并收购，整合资源，提升市场竞争力。例如，复星医药不断收购海外企业，通过技术引进与合作，增强国际市场竞争力。

研发投入与创新：主要企业持续加大研发投入，推出高创新性药物。恒瑞医药、华润医药等都在不断推出高质量的生物药物和创新化学药物，使它们在国内外市场中保持领先地位。

国际化布局：通过并购和合作，主要企业积极拓展国际市场。恒瑞医药、复星医药等企业已经通过多种方式进入欧美市场，获得了国际认可。

2.2.1.4 小结

我国主要生物医药企业在国内和国际市场上均展示出强大的竞争力和影响力。通过不断的技术创新、市场扩展和战略合作，这些企业不仅在国内市场牢牢占据了显著份额，也在不断提升各自的国际地位，为中国生物医药产业的崛起贡献了重要力量。

2.2.2 产业结构与产业链分析

2.2.2.1 产业结构

1. 原液生产

生物医药产业中的原液生产指的是药物活性成分（Active Pharmaceutical Ingredients，API）的生产，这是一种高利润、高风险、高技术含量的行业，作为生物医药产业链的基础环节，有着极高的技术门槛和产业壁垒。我国的原液生产企业在全球市场占据重要地位。中国生产的 API 不仅满足了国内市场的需求，还大量出口到世界各地。例如，恒瑞医药、华海药业、九洲药业等均是这一领域的佼佼者。

原液生产的环节包括从化学合成到纯化过程，其生产技术和质量管理要求非常高，要具有相应的知识产权和专利保护意识，以确保产品质量和市场竞争力。在此环节，企业依托强大的研发力量和生产能力，不断优化工艺流程，提高产品质量，满足市场需求。

2. 成品制造

成品制造是将 API 进行加工，制成可供临床使用的各类药物，如片剂、胶囊剂、注射剂等。我国的成品药制造业具有显著的规模优势，并且在逐步向创新驱动型转变。我国有着较为完整的制药体系和众多的制药企业，如华东医药、复星医药等，它们不仅在国内市场占据重要地位，还通过国际合作和并购扩展国际市场。

成品制造环节要求企业具备严谨的生产管理体系和高效的市场响应能力。特别是近年来，随着国家对药品质量监管力度的加强和 GMP 的严格要求，制药企业不断提高自身的管理水平和技术能力，以保证药品的安全性和有效性。

3. 生物技术开发

生物技术开发是生物医药产业中最为核心的一环，涉及基因工程、细胞工程、发酵工程等高端技术的应用。我国在这一领域的投入和发展速度极为迅猛，从基础研究到应用开发不断取得突破。

生物技术开发离不开大量的研发投入和先进的设备设施。我国有许多科研机构和企业（如中国科学院生物物理研究所、金斯瑞生物科技等）在基因编辑、蛋白重组、疫苗开发等领域均取得显著成果。企业和科研机构不仅开发出一系列创新产品，还推动了国内生物医药产业的技术水平和市场竞争力的提升。

2.2.2.2 产业链分析

1. 上游构成

上游产业链主要包括原材料供应、生产设备制造和基础研究。原材料包括化学试剂、培养基、细胞株等；生产设备包括发酵罐、离心机、制药生产线等；基础研究则涵盖了高校和科研院所的基础科学研究，为产业链提供技术支撑和创新源泉。

原材料供应：原材料供应是整个生物医药产业链的基础环节，确保原材料的质量和供应的稳定性至关重要。例如，浙江医药、山东新华制药等公司在提供高质量的 API 等原材料方面有突出表现。

生产设备制造：生产设备的质量和先进性直接影响到生物医药产品的生产效率和质量。国内企业，如上海东富龙科技集团股份有限公司、楚天科技股份有限公司、山东新华医疗器械股份有限公司等，在制药设备制造领域有着较高的声誉。

基础研究：基础研究为产业链提供了源源不断的创新动力。高校和科研院所如清华大学、北京大学、中国科学院等单位，拥有一流的研究水平和先进的实验设施，不断为产业链输出最新的科研成果和高素质的人才。

2. 中游构成

中游产业链主要包括原液生产和成品药制造。原液生产主要集中在化学合成和生物发酵两个方面，涉及高精尖的技术和设备。而成品药制造则包含从原液到成品药的制备过程，涵盖了药品的剂型设计、临床试验、质量控制等多个环节。

原液生产：原液生产是中游的核心环节之一，需要高度的技术积累和稳定的生产能力。恒瑞医药、石药集团、浙江华海药业等都是这一领域的代表企业，它们在技术研发、生产工艺和市场拓展方面都具有较强的竞争力。

成品药制造：成品药制造连接了中游的原液生产和下游的市场销售。我国的成品药制造企业以其庞大的生产能力和完善的质量管理体系著称，如广药集团、华东医药、复星医药等，它们不仅覆盖国内市场，还通过国际认证开拓海外市场。

3. 下游：市场营销和销售

下游环节包括药品的市场营销、渠道分销以及最终销售。随着信息技术的发展，医药电商和互联网医疗逐渐成为下游环节的重要组成部分，使药品的分销渠道更为多元。

传统销售渠道包括医院、连锁药店和第三方医药分销公司。与医疗机构直接合作仍然是销售药品的重要方式，尤其对处方药而言。主要企业及角色：

华润医药：依托广泛的医院网络，进行药品销售和分销，覆盖全国大部分地区。

上药控股：在医药分销和零售领域具有广泛的业务覆盖，拥有完善的医药供应链服务管理体系。

现代化销售渠道主要包括医药电商、互联网医疗平台等。新冠疫情期间，医药电商和线上诊疗服务得到了迅猛发展，成为人们获取药品和医疗服务的新途径。主要企业及角色：

阿里健康：依托阿里巴巴的平台优势，推进线上药品销售和健康服务，并探索智慧医疗领域。

京东健康：通过京东电商平台，提供丰富的药品和医疗器械，并开展在线问诊等服务。

平安好医生：提供在线健康咨询、药品配送等服务，涵盖广泛的用户群体。

产业链的协同与整合是促进生物医药产业发展的重要方向。企业间的上下游合作、研发合作以及产业联盟的建立，有助于提升整体竞争力和创新能力。政府在产业链协同方面的政策支持，也为企业的整合提供了有力保障。

科研机构和企业之间的合作是生物医药创新的重要动力。高校和科研院所的基础研究与企业的应用研发和生产相结合，能够促进新药的开发和产业化。例如：清华大学通过与国内外大型医药企业的合作，推动多项新药研发项目实施，成功实现了基础研究向临床应用的转化；中国科学院生物物理研究所与多家企业合作，致力于基因编辑、生物治疗等前沿技术的研发。

产业联盟的建立和生物医药产业园区的发展，有助于资源的有效整合和协同创新能力的提升。

中国一些地区建立了生物医药产业园区，吸引了大量企业入驻，形成了产业集聚效应。例如：上海张江高科技园区聚集了众多生物医药企业和研发机构，形成了完善的产业服务体系和创新生态；武汉光谷生物城集聚了大量生物医药企业和科研机构，致力于打造国际一流的生物医药产业集群。

展望未来，中国生物医药产业链将继续朝着专业化、国际化、智能化方向发展。随着政策的持续支持和企业的不断创新，中国将在全球生物医药市场中占据更加重要的地位。

各个企业将更加注重细分领域的发展，通过专业化运营提升竞争力，例如，专注于特定疾病领域的新药研发或特定类型生物药物的生产制造。

随着中国生物医药产业技术水平的提升，越来越多的企业将加快国际化布局，积极拓展海外市场，通过并购和合作等方式进入全球产业链。

智能制造技术的应用，将显著提升生产效率和产品质量。通过大数据、物联网和人工智能的结合，打造智能化车间和智慧工厂，实现药品生产流程的全面优化。

2.2.2.3 小结

中国生物医药产业链的上、中、下游构成，涵盖了从原材料供应到成品药生产，再到市场营销和销售的各个环节。每个环节都有大量企业和机构的参与，形成了一个庞大且复杂的体系。随着科技的进步和政策的支持，以及企业的不断创新和协同发展，中国生物医药产业正迎来前所未有的发展机遇。通过强化产业链上、中、下游的合作与整合，提升自主创新能力，中国有望在全球生物医药产业中形成更大的影响力和竞争力。

2.2.3 研发与创新现状

2.2.3.1 我国生物医药领域的研发投入与资源分布

近年来，我国在生物医药领域实现了显著的提升和发展。这不仅仅体现在市场规模的扩大和产业链的延伸上，更体现在研发投入的增加和创新成果的丰硕上。据统计，近年来我国生物医药领域的研发投入不断增加，逐渐逼近发达国家水平。2024 年，我国在生物医药领域的研发投入已超过 4 亿规模，占全球生物医药研发支出的比例显著提升。

科研人员的规模也呈现快速增长态势。我国生物医药领域从事研发的科研人员数量居世界前列。其中，拥有博士学位或以上学历的科研人员比例显著上升，为产业的高端发展提供了智力支持。

我国生物医药研发机构的分布具有高度的区域集中性和专业化特点，主要集中在长三角、京津冀、粤港澳大湾区等生物医药产业发达地区。这些地区不仅拥有较为完善的基础设施和政策支持，还吸引了大量国际顶尖的科研人才和企业投资。例如，中国科学院上海药物研究所、北京大学生命科学学院等，都是国内生物医药领域的顶尖科研机构，承担着大量国家级和省部级的科研项目。

2.2.3.2 新药研发的现状与进展

新药研发的进展是衡量一国生物医药创新能力的重要指标。过去十年间，我国新药研发呈现出快速增长的态势，重大创新药品不断涌现。通过国内外的合作和自主研发，我国已经成功实现了从仿制药到创新药的跨越。

许多具有国际竞争力的新药正在研发并逐步商业化。例如，信达生物的贝伐珠单抗生物类似药、百济神州的艾瑞昔布等国际领先的新药已经上市，进一步提升了我国生物医药产业的国际影响力。此外，我国还加大了对罕见病药物和复杂疾病药物的研发投入，填补了诸多领域的市场空白。

2.2.3.3 基因技术的现状与进展

基因技术作为现代生物医药的重要组成部分，在我国发展迅速。随着人类基因组计划的完成，基因技术以一种前所未有的速度改变着医疗诊断、治疗和预防模式。我国在基因测序和基因编辑等领域取得了诸多进展，并广泛应用于临床医学、农业等多个领域。

基因编辑技术 CRISPR-Cas9 的发展助力我国在精准医疗和农业改良等方面展现巨大的潜力。通过基因编辑技术的应用，我国在农业上培育出多种高产、抗病的作物，也在临床医学上探索不同类型疾病的基因治疗方案。

2.2.3.4 精准医疗的现状与进展

精准医疗是一种通过患者的基因、环境和生活方式的信息来定制个性化治疗和预防措施的新型医疗模式。近年来，随着基因技术、信息技术和生物信息学的快速发展，精准医疗在我国取得了令人瞩目的成就。

我国在精准医疗领域已经涌现出一批世界领先的研究成果和企业，如湖南艾科瑞生物工程有限公司等公司，通过基因组学、蛋白质组学和代谢组学等多组学技术的应用，向临床提供了个性化诊断和治疗方案。全国范围内，多个重点精准医疗项目如火如荼地展开，推动了癌症、心血管疾病、糖尿病等重大疾病的研究和治疗。

据统计，到 2024 年，中国精准医疗市场规模预计将接近 2000 亿元，并以每年约 12%的增长率快速扩展。政府也通过政策引导和资金支持，鼓励精准医疗的发展。例如，《“十三五”国家科技创新规划》明确提出要大力发展精准医疗，提高疾病预防、治疗和康复的精准度。

2.2.3.5 生物制品的现状与进展

生物制品包括疫苗、抗体药物、细胞与基因治疗产品等，是当今生物医学最活跃、增长最快的领域之一。在新冠疫情的背景下，我国在疫苗研发和生产方面的能力引起了全球瞩目。

中国医药集团和康希诺生物是我国疫苗研发的两大代表性企业，成功开发了多款新冠疫苗，并在国内外大规模接种。除疫苗外，我国在单克隆抗体药物的开发上也取得了显著成就，多个抗体药物如君实生物的特瑞普利单抗已经上市，并用于临床治疗多种癌症。

在细胞与基因治疗方面，我国也开展了多项卓有成效的研究和临床试验。随着 CAR-T 细胞疗法的不断推广和应用，中国本土的细胞治疗公司，如科济生物，在国际市场上逐渐崭露头角，为癌症等重大疾病的治疗提供了新的希望。

2.2.3.6 政策支持与国际合作

政策支持是我国生物医药领域快速发展的重要推动力。近年来，中国政府出台了一系列政策和规划，鼓励生物医药创新，提升科技成果转化效率。例如，《“十三五”生物产业发展规划》提出要重点支持生物医药产业的发展，并给予大量资金和政策支持。

在税收政策上，生物医药企业享受研发费用加计扣除、增值税即征即退等优惠政策；在融资方面，政府设立了多支专项基金，支持中小型生物医药企业的研发和技术创新；在知识产权保护方面，通过加强专利法的实施，确保研发成果得到有效保护，激励企业加大创新投入。

国际合作方面，我国生物医药企业积极参与全球创新网络，通过技术引进、联合研发、市场开拓等方式，提升国际竞争力。例如：复星医药与德国 BioNTech 合作开发了 mRNA 新冠疫苗；信达生物与美国礼来公司达成多项合作协议，推动双方在抗体研发领域的创新。通过与发达国家的顶尖科研机构以及企业进行合作，我国生物医药领域的技术水平和市场布局都有了显著提升和改善。

2.2.3.7 战略性发展规划与前景展望

为推动生物医药领域的可持续发展，中国政府制定了多项战略规划，意在进一步提升产业竞争力，实现高质量发展。《“十四五”生物经济发展规划》明确提出，开展生物领域关键核心技术攻关，加快构建现代生物医药产业体系，发展面向人民生命健康的生物医药。

在此背景下，未来我国生物医药领域的发展将更加注重高水平创新和科技成果转化。国家将继续加大对前沿技术和产业链关键环节的支持力度，推动生物医药领域向更高效、更精准、更个性化的方向发展。

随着国家对生物医药领域的持续重视和政策扶持，未来我国在精准医疗、基因编辑、抗体药物、细胞治疗等方面有望取得更大突破。技术创新将带动产业升级，提升我国生物医药企业的国际影响力以及扩大国际市场份额。

此外，未来的生物医药创新也将更加注重国际合作与开放创新，通过与全球创新资源的深度融合，进一步提升我国生物医药领域的科技水平和服务能力。同时，随着“一带一路”倡议的推进，我国生物医药企业将在全球范围内寻找更多合作机会，开拓新兴市场，推动生物医药产品和服务走向全球。

2.2.3.8 产业链延伸与产业生态系统构建

生物医药领域的创新不仅仅是在单项技术上的突破，更是在全产业链上的延伸与优化。通过构建完整的产业生态系统，我国生物医药领域正在形成从基础研究到临床应用，再到市场化的闭环创新体系。

在基础研究方面，我国投入了大量资源，加强了在生物技术、材料科学、信息技术等多学科交叉领域的研究，推动了生物医药创新的源头活水。在应用研究和开发方面，通过产学研联合，促进了科研成果向临床应用的高速转化。特别是国家科技重大专项如“重大新药创制”项目的实施，极大提高了我国在新药研发领域的实力。

在产业链配套方面，完善的供应链和产业配套体系确保了生物医药产品从研发到生产，从推广到销售的高效运转。大量专业化的合同研究机构（CROs）和合同生产组织（CMOs）的涌现，为生物医药研发和生产提供了强大的支持。全国各地专业园区、科技孵化器和产业基地的建设，也为生物医药企业提供了良好的发展环境和资源支持。

2.2.3.9 人才培养与创新文化建设

人才是生物医药领域最为关键的要素之一。我国高度重视生物医药领域的人才培养，通过多种途径吸引、培养和激励高层次创新人才。国家通过海外高层人才引进计划、“万人计划”、国家自然科学基金等项目，吸引了大量生物医药领域的顶尖人才回国工作。

此外，与世界一流大学和科研机构的合作，也为我国培养了一大批高素质的科研人员。近年来，国内一流大学和研究机构不断加强生物医药专业的建设，提升人才培养的质量。例如，北京大学、清华大学、复旦大学等高校设立了专门的生物医药研究院，并与国际顶尖机构展开联合培养计划。

创新文化的建设也是促进生物医药领域发展的重要因素。国家和地方政府通过多种形式鼓励企业与科研机构建立创新激励机制，营造良好的创新环境。举办创新大赛、科技展会、产业论坛等活动，进一步激发了全社会的创新热情，形成了崇尚创新、追求卓越的文化氛围。

2.2.3.10 小结

综上所述，我国生物医药领域的研发与创新现状呈现出多层次、多维度的快速发展态势。从研发投入、科研人员规模、机构分布，到新药研发、基因技术、精准医疗和生物制品的进展，无不展示出我国在这一领域的巨大潜力。政策的支持、国际合作的深化、产业链的延伸以及人才的不断涌现，都为我国生物医药领域的进一步发展奠定了坚实基础。

面对未来，我国生物医药领域将在技术创新、市场拓展和产业生态构建等方面继续努力，争取在全球生物医药产业中占据更加重要的地位。只有持续推动科技创新、完善政策机制、加强国际合作，才能使我国在生物医药领域实现高质量发展，造福人类健康事业。

2.2.4 政策与法规环境

生物医药产业作为尖端科技与应用的融合点，扮演着至关重要的角色。其发展受到政策和法规环境的强烈影响。中国政府在这一领域采取了多种支持措施，使生物医药产业得以迅速发展。本小节将解析这些政策支持，并阐述我国现行的生物医药法律法规及其实施情况，介绍药品审批、注册及市场准入的流程和标准。

2.2.4.1 政府对生物医药产业的政策支持

1. **研发资金支持**

政府对生物医药产业的政策支持主要体现在财政基金的资助上，各级政府在科研经费上加大了投入力度。具体来说，“重大新药创制”国家科技重大专项为大量生物医药研发企业提供了深入的研发支持。该专项通过设立专项资金，资助新药研究、技术平台建设及技术改造等一系列活动，使得中国生物医药企业能够在全球竞争中崭露头角。

在地方层面，各地政府也设立了专项资金支持生物医药产业的发展。例如，北京市设立了“首都卫生发展科研专项”，支持医疗卫生机构、医学科研机构和大学等单位的科研人员开展应用性研究，以提升首都疾病防治水平。上海市科学技术委员会发布了“科技创新行动计划”生物医药创新发展项目申报指南，支持生物医药领域的新药研发、医疗器械开发等。这些举措体现了政府在生物医药领域的持续投入和支持。

2. **税收优惠**

税收优惠政策是政府支持生物医药产业的另一重要手段，符合条件的企业可以享受一系列税收优惠。例如，高新技术企业和科技型中小企业在所得税方面可以享受到15%的优惠税率；研发费用加计扣除政策使得企业在计算所得税前可以加计100%的研发费用进行扣除。

此外，新上市药品的增值税退税政策也鼓励了新药的研发和上市。尤其对于一些创新药物，大幅度的税收减免降低了企业的成本压力，促进更多资本进入这一高风险高收益的领域。

3. **审批制度改革**

审批制度改革集中体现在“放管服”改革的推行上，旨在优化审批流程，减少不必要的行政干预。具体措施包括压缩新药审批时间，加强审评审批的科学化、规范化、透明化。

国家药品监督管理局（NMPA）大幅缩短了新药临床试验的审批时间，推行了优先审评审批机制。例如，抗癌药和治疗罕见病的药物可以在数月之内得到审批，大大提高了这些药品的上市速度。

2.2.4.2 法律法规及其实施情况

生物医药产业的法律法规是保障行业健康发展的基石。我国在这一领域内出台了一系列法律法规，并不断进行改进和完善，以适应快速变化和发展的行业态势。

1. 药品审批与注册的主要流程和标准

药品的审批与注册是生物医药产业一个至关重要的环节，涉及一系列严格的法规和标准。药品注册流程如下：

（1）实验研究阶段：包含药品的发现与早期研发，通常由学术机构或企业完成。

（2）临床前研究：涉及药理毒理研究，确保药物的安全性和初步有效性。

（3）临床试验申请（CTA）：提交临床试验申请，获得药审中心（CDE）的临床试验批准。

（4）临床试验：临床试验分为 I、II、III 期，分别评估安全性、有效性和总体受益风险比。

（5）新药申请（NDA）：临床试验完成后提交新药申请，进行综合评估。

（6）审评审批：药审中心进行技术审评，NMPA 作最终审批决定。

（7）上市后管理：包括药品生产监管、广告宣传管理及不良反应监控等。

国家药品标准由国家药典委员会制定，确保药品的质量、安全性和有效性。新版《中华人民共和国药品管理法》和《中华人民共和国疫苗管理法》更加严格规定了药品的研发、生产、销售和使用的每一个环节，以全程确保药品安全。

2.2.4.3 实施情况与面临的挑战

尽管有着完善的法律法规和积极的政策支持，但生物医药产业在法律法规实施过程中仍然面临诸多挑战。

1. 监管能力的提升

随着生物医药技术的不断发展，监管部门的技术能力和审批人员的专业素质也需要不断提高。当前，政府通过加强培训、引进高水平人才和利用信息化手段等措施，逐步提高监管水平。

2. **知识产权保护**

知识产权保护问题是生物医药产业长久以来的一个难点。尽管政府强化了保护力度，但盗版、假药的问题仍然存在。近年，我国通过不断修订“专利法”和加强专利审查力度，力求营造良好的创新氛围，但实施效果有待观察。

3. **伦理与法律的平衡**

生物医药产业发展与伦理问题紧密相关。特别是在基因编辑、干细胞研究等前沿领域，伦理道德与法律法规任何一方的松动，都可能对社会产生重大影响。中国政府在推行生物医药科研时便已注意到这一问题，因此在《涉及人的生命科学和医学研究伦理审查办法》等文件中，明确规定了伦理审查的流程和标准，确保科学研究遵循伦理底线。

2018 年“基因编辑婴儿”事件引发全球关注，中国迅速出台了一系列政策规范基因编辑研究，以强化伦理审查在科研活动中的作用，并明确违规将受到严肃处理。

4. **国际合作与竞争**

与国际接轨是生物医药产业发展的重要趋势。中国在生物医药领域通过与欧美等地区的发达国家进行广泛的国际合作，吸纳先进经验，参与国际标准制定，提高了自身的国际竞争力。

近年来，国内大型药企（如恒瑞医药、百济神州等）通过建立海外研发中心、引入国际高级人才、参与国际临床试验数据申报等措施，逐渐提高了我国药企在国际市场上的地位。

2.2.4.4 法律法规的改革与创新

在全球科技迅猛发展的今天，法律法规也需要与时俱进。中国适时推出了一系列改革措施，确保法规环境的灵活性与前瞻性，同时推出创新政策为新技术、新业态保驾护航。

1. **新药研发的激励政策**

为了鼓励新药研发，中国政府在法律层面设立了优先审评制度，对一些创新药物、临床急需药品以及罕见病用药给予快速审批通道，提高市场准入速度。

NMPA 的优先审评程序使得一些重要新药如 PD-1 抗体药物在短时间内获得批准上市，推动了国内肿瘤治疗领域的快速发展。此外，中国还通过建立药品试验数据保护制度，增强对创新药品的保护，有效激发了企业的研发动力。

2. **法规环境的优化**

持续优化法规环境是推动生物医药产业发展的重要手段。例如，简化审批流程、取消不必要的行政许可、推广电子审批等措施，有效提高了企业的运营效率。

新修订的《药品注册管理办法》于 2020 年 1 月 22 日发布，自 2020 年 7 月 1 日起施行。该办法明确了近些年药品审评审批制度改革新举措，如药品上市许可持有人制度、药物临床试验默示许可、优先审评审批、原辅包和制剂关联审评审批等新制度，同时，引进了药品注册现场核查和上市前药品生产质量管理规范检查同步实施等新理念。

3. **监管与创新的平衡**

在监管与创新之间保持平衡，一直是生物医药产业面临的挑战。中国在推行法律法规时，注重监管的同时也在尽量减少对创新的不利影响。在这一过程中，政府不断探索加强监管与促进创新能够同时推进的路径。

近年来，NMPA 和国家中医药管理局合作推广“西医中用”的合规政策，即在西药开发应用过程中融入中医药传统理论和技术，积极推动中西医结合。

2.2.4.5 政策与法规环境的未来展望

展望未来，生物医药产业的政策和法规环境将在以下几个方面进一步加强：

1. **持续优化监管体制**

中国将在现有改革基础上进一步优化监管体制，特别是在新兴技术领域，如基因治疗、细胞治疗等，推动形成技术领先、监管有效的治理体系。

2. **加强国际合作**

中国将加深与国际医药监管机构的合作，加大与国际法规对接力度，推动国际标准应用于国内，同时增强中国在全球生物医药领域的话语权和影响力。

3. **增强研发创新支持**

政策将更加精准，支持尖端技术和原创药物的研发。同时，强化产学研结合，加速科技成果转化，激励企业和科研机构在创新药品、疗法方面取得新突破。

考虑到未来罕见病药物的开发和推广需求，中国可能会参考欧美法规，加大罕见病用药的政策支持力度，如加大孤儿药的税收优惠力度、延长市场独占期等，以激发企业研发动力。

2.2.4.6 小结

通过解析政策支持和剖析法律法规及其实施情况可以看出，中国生物医药产业在政策与法规的支持和引导下，取得了长足发展。未来，在进一步优化政策、完善法律法规和加强国际合作的过程中，中国的生物医药产业将继续蓬勃发展，为全球医药领域贡献更多的中国智慧与力量。

2.3 生物医药产业面临的科技进步与创新趋势

2.3.1 新兴技术与前沿领域

近年来，生物医药产业经历了前所未有的迅猛发展，多项新兴技术不断涌现，推动了医药研发和医疗实践的深刻变革。基因编辑、细胞疗法、mRNA 疫苗等技术的出现不仅打破了传统医学的局限，还为疾病治疗、个性化医疗和预防性健康维护带来了前所未有的机遇。与此同时，虚拟临床试验、大数据分析和人工智能的应用，也正在推动整个生物医药产业链的革新。本小节将深入探讨这些新兴技术和前沿领域，解析其发展背景、技术原理、应用现状及未来前景。

2.3.1.1 基因编辑技术

基因编辑技术尤其是 CRISPR，在过去 10 年中成为备受瞩目的生物医学革命。CRISPR 具有高效、简便、精准的特点，使其在基因编辑领域占据主导地位。

1. CRISPR 的原理及发展历史

CRISPR-Cas9 系统是 CRISPR 系统的一个子类，起源于细菌的免疫机制，通过识别和切割外来病毒 DNA 来保护细菌。科学家们模仿这一过程，将其应用于基因组编辑。CRISPR 通过向导 RNA（gRNA）识别特定 DNA 序列，然后由 Cas9 蛋白进行切割，从而实现基因的敲除、插入和修改。

2. CRISPR 在生物医学中的应用

遗传病治疗：CRISPR 已经在多种遗传病基因研究中展示了治疗潜力。例如，杜氏肌营养不良症（DMD）和镰状细胞性贫血可通过 CRISPR 修复基因突变，显著改善患者病情。

癌症研究及治疗：CRISPR 不仅用于癌症基因的研究，还可用于免疫细胞的编辑，增强其杀伤肿瘤的能力。CAR-T 细胞疗法的优化也离不开 CRISPR 的支持。

抗病毒疗法：研究指出，CRISPR 可以用于清除体内的病毒 DNA，如 HIV 和 HPV，为抗病毒治疗提供新的途径。

2.3.1.2 细胞疗法

细胞疗法是一种通过体外培养增殖或修饰特定细胞，再将其回输到患者体内，从而达到治疗疾病目的的新兴医疗技术。干细胞疗法和免疫细胞疗法（如 CAR-T 细胞疗法）是目前最有代表性的细胞疗法。

1. 干细胞疗法的种类及应用

（1）干细胞疗法的种类。

干细胞疗法：干细胞具有自我更新和多向分化的能力。在临床中，干细胞疗法用于再生医学、组织工程以及治疗各种退行性疾病，如帕金森病、脊髓损伤等。

干细胞疗法利用具有自我更新和多向分化潜能的干细胞，以实现受损组织或器官的再生与修复。干细胞根据其来源的不同，可划分为胚胎干细胞、成体干细胞和诱导多能干细胞。

胚胎干细胞（ESCs）：胚胎干细胞具有极强的增殖能力和多能性，但其应用受到伦理问题的限制。尽管如此，ESCs 在动物模型和实验室研究中已展示出卓越的再生能力，为未来应用提供了重要的理论依据。

成体干细胞（ASCs）：成体干细胞存在于成熟组织中，如骨髓中的造血干细胞、脂肪组织中的间充质干细胞（MSCs）等。这些细胞在临床应用中具备一定优势，特别是在骨髓移植、组织工程和各类退行性疾病治疗中已经取得非常显著的成果。

诱导多能干细胞（iPSCs）：iPSCs 通过基因重编程技术，从体细胞中获得，其多能性和 ESCs 相似，但绕开了伦理争议。由于来源广泛且具备多潜力，iPSCs 在疾病模型构建、药物筛选和组织再生等方面显示出巨大的应用前景。

（2）干细胞疗法的应用实例。

帕金森病：通过将特定神经元前体细胞移植到患者脑部，改善神经元功能，从而显著减轻症状。

心脏病：利用心肌细胞再生技术修复心肌梗死后的损害，实现心脏功能的恢复。

糖尿病：通过干细胞分化生成胰岛细胞，移植后改善患者胰岛素分泌功能，从根本上控制血糖水平。

CAR-T 细胞疗法：通过基因工程手段改造患者自身的 T 细胞，使其表达嵌合抗原受体，然后回输体内攻杀癌细胞。CAR-T 细胞疗法在某些类型的白血病和淋巴瘤治疗中效果显著。

免疫细胞疗法利用人体自身的免疫系统，尤其是通过基因工程手段增强免疫细胞的功能，以杀灭癌细胞或其他病原体。CAR-T 细胞疗法是最具代表性的免疫细胞疗法之一。

CAR-T 细胞疗法的原理及发展：

CAR-T 细胞疗法通过在 T 细胞表面表达针对肿瘤特异性抗原的嵌合抗

原受体，使这些细胞能够特异性识别和杀伤肿瘤细胞。CAR 由抗体单链可变区（scFv）和 T 细胞信号分子构成。CAR-T 细胞经过体外扩增和功能验证后，被输回患者体内，实现对肿瘤细胞的高效攻击。

CAR-T 细胞疗法的成功案例与挑战：

CAR-T 细胞疗法在 B 细胞急性淋巴细胞白血病（B-ALL）和 B 细胞非霍奇金淋巴瘤（B-NHL）的治疗中取得了突破性成果，部分患者在治疗后病情显著缓解。然而，该疗法仍面临许多挑战，如基因突变导致的复发、细胞因子释放综合征（CRS）、神经毒性等。

2.3.1.3 mRNA 疫苗

mRNA 疫苗是近年来疫苗开发领域的一大突破。与传统疫苗相比，mRNA 疫苗具有开发速度快、生产成本低、容易大规模生产和改进等优点。

1. mRNA 疫苗的开发及成功案例

mRNA 疫苗工作原理是将编码抗原蛋白的 mRNA 导入人体细胞中，由细胞合成抗原蛋白，激发免疫应答。新冠疫情期间，辉瑞和 BioNTech 公司共同开发的 BNT162b2 疫苗，以及 Moderna 公司开发的 mRNA-1273 疫苗，在新冠疫情中均起到了至关重要的作用。临床试验数据表明，这些 mRNA 疫苗具有极高的保护效力（超过 90%），并能有效预防重症和死亡。

2. mRNA 疫苗的应用前景

mRNA 技术不局限于疫苗开发，还可用于治疗癌症、传染病以及稀有遗传病。未来，mRNA 疫苗技术的发展可能会革命性地改变公共卫生和个性化医疗领域。

2.3.1.4 虚拟临床试验、大数据分析、人工智能应用

现代生物医学研究离不开科技的支撑，虚拟临床试验、大数据分析及人工智能技术在药物研发、临床试验、个性化医疗等方面的应用，正在颠覆传统的医药产业。

1. 虚拟临床试验

虚拟临床试验利用计算平台和仿真技术，通过模型化和模拟数据，进行

药物疗效和安全性的评价。这一方法极大地减少了临床试验的时间成本，并能够在更加广泛的变量情况下，提供更为精准的试验结果。虚拟临床试验的优势有：

加速研发进程：虚拟试验可以快速筛选出潜在有效药物，缩短临床试验的前期准备时间。

降低开发成本：通过计算模拟降低试验失败率，从而减少整体研究成本。

提高精度和安全性：虚拟试验可在早期预判潜在风险，提升试验的安全性和有效性。

2. 大数据分析

生物医药领域积累了庞大的数据，包括基因组数据、电子病历、医学影像等。通过大数据分析，可以发现潜在的生物标志物，优化药物研发过程，并通过数据挖掘揭示疾病的分子机制和个体化治疗策略。大数据的具体应用如下：

疾病预警和预防：通过分析电子健康记录（EHR）和基因组数据，可以预测疾病的发生和发展趋势，从而进行早期干预。

个性化治疗：大数据分析可以帮助确定每个患者的最佳治疗方案，减少治疗中的试错成本。

药物开发：通过大数据分析，科学家可以更快识别潜在药物靶点，加速新药研发进程。

3. 人工智能

人工智能在生物医药中的应用包括药物靶点识别和验证、药物理化性质预测、药物多效性与副作用预测、优化药物合成路径等。人工智能还在医学影像分析、疾病预测和诊断、个性化治疗方案制定等方面展现出巨大潜力。人工智能应用实例如下：

新药研发：人工智能可用于虚拟筛选化合物、预测药物性质、优化合成路径，从而加速药物发现。

医疗影像分析：人工智能可通过学习大量医学影像，进行自动化病变检测和诊断，提高诊断的准确性和效率。

个性化治疗：人工智能通过分析患者的基因组数据、病历和治疗反应，制定最为适合的个性化治疗方案，以提高疗效、减少副作用。

2.3.1.5 小结

生物医药新兴技术正在以惊人的速度发展，基因编辑技术、细胞疗法及 mRNA 疫苗在各自领域内均取得了重要突破，虚拟临床试验、大数据分析和人工智能的应用则全面重塑着医药研发和医疗服务的模式。这些前沿技术为全球人类健康带来了前所未有的机遇和挑战。随着科技的不断进步，我们有理由相信，未来的生物医药领域将更高效、安全和个性化，为应对各类疾病提供更加精准和有效的解决方案。

2.3.2 创新药物与治疗方法

在现代医学快速发展的背景下，生物医药显现出越来越重要的地位。随着分子生物学、基因工程以及信息技术等领域的突破，创新药物和治疗方法层出不穷。生物医药领域中的创新药物，如免疫疗法、靶向治疗药物和新型抗体药物，正在改变我们对疾病，特别是癌症及复杂疾病的治疗方式。此外，精准医疗的发展也在个性化治疗中扮演了关键角色，极大地提高了治疗的有效性和安全性。在本小节中，我们将深入解析这些前沿领域，探讨其临床应用前景及对医疗实践的影响。

2.3.2.1 创新药物与治疗方法的发展态势

1. 免疫疗法

免疫疗法通过调节患者自身的免疫系统来对抗疾病，主要包括单克隆抗体、肿瘤免疫检查点抑制剂、CAR-T 细胞疗法和癌症疫苗等。免疫检查点抑制剂（如 PD-1、PD-L1 抑制剂）通过阻断癌细胞逃避免疫系统识别的路径，使得免疫细胞能够识别并杀死癌细胞。CAR-T 细胞疗法则是一种基因工程手段，将患者的 T 细胞进行重新编程，使其能够高效识别并摧毁癌细胞。

这些创新疗法在临床上已经展现出显著的效果。如 PD-1 抑制剂的应用，使多种癌症（包括黑色素瘤、非小细胞肺癌等）患者的生存率得以显著提高。CAR-T 细胞疗法在急性淋巴细胞白血病和某些类型的淋巴瘤中也取得了令人瞩目的治疗成效。

2. 靶向治疗药物

靶向治疗药物专门针对疾病的特定分子靶点，从而选择性地杀死病变细胞，减少对健康细胞的伤害。常见的靶向药物包括酪氨酸激酶抑制剂（TKIs）、BRAF 抑制剂和 ALK 抑制剂等。

如在慢性髓性白血病（CML）、非小细胞肺癌、乳腺癌等疾病中，靶向治疗药物已经表现出明显的临床优势。例如，酪氨酸激酶抑制剂在 CML 患者中的应用，使大部分患者的生存期显著延长，并且生活质量得到大幅提高。

3. 新型抗体药物

新型抗体药物包括双特异性抗体和抗体偶联药物（ADCs）等。双特异性抗体可以同时靶向两个不同的抗原，从而增强治疗效果。抗体偶联药物则结合了抗体的靶向性和小分子药物的细胞毒性，通过将强效药物直接送至癌细胞，最大限度地减少对正常细胞的损害。

在乳腺癌、非霍奇金淋巴瘤等疾病的治疗中，抗体偶联药物已显示出卓越的临床效果。如 T-DM1 在 HER2 阳性乳腺癌的治疗中，有效延长了患者的无进展生存期和总生存期。

2.3.2.2 精准医疗的创新实践与未来展望

1. 个性化治疗方案的设计与应用

精准医疗不仅依靠基因组学的成果，还需要结合其他生物学数据，如蛋白质组学、代谢组学和微生物组学的数据，通过多维度的综合分析，更全面地了解患者的疾病特征。基于这些数据，制定出个性化的治疗方案，不仅能提高疗效，还能最大程度减少副作用。

在精准医疗框架下，利用高通量筛选（HTS）技术和生物信息学方法，可以快速识别出潜在有效药物，并通过药物组合优化治疗效果。例如，在癌症治疗中，通过基因突变和信号通路分析，可以选择联用几种靶向药物，以避免肿瘤耐药性的发生。

如在非小细胞肺癌的治疗中，通过对表皮因子受体（EGFR），大肠癌的KRAS、BRAF 基因的检测，来选择相应的靶向治疗药物。同时利用液态活检技术，动态监测肿瘤负荷和基因突变，实时调整治疗方案，提高了治疗的个性化和有效性。

2. **数据驱动的精准医疗**

精准医疗的发展离不开大数据和人工智能技术的支持。随着基因组测序价格的下降和速度的提升，大量的基因组数据被积累下来。同时，临床数据、影像数据和生活方式数据等多源数据的整合，进一步为精准医疗提供了数据基础。

人工智能在其中扮演了重要角色，通过深度学习和机器学习算法，可以从海量数据中挖掘出潜在的生物学规律。例如，通过分析基因表达谱，找到新的生物标志物；通过图像识别技术，提高疾病早期诊断的准确性。

除了疾病治疗，精准医疗还拓展到了健康管理领域。利用可穿戴设备和移动健康应用，实时监测个体的健康数据，如心率、血糖水平、活动量等，通过大数据分析，给予个性化的健康指导和预防建议，从而提高整体健康水平，减少疾病的发生。

3. **临床试验与监管的变革**

传统的临床试验方法，多以大样本随机对照试验为主，而精准医疗强调个性化，临床试验设计也随之发生改变。例如，适应性临床试验允许在试验进行过程中，根据实时数据进行调整，从而更灵活地评估药物的有效性和安全性。

此外，个案临床试验也在精准医疗中逐渐应用。该方法通过在单个患者身上进行多轮交替治疗和对照，对比不同治疗方法的效果，为个体找到最优治疗方案。

随着精准医疗的发展，监管机构也在不断调整和更新相应的政策。药物和诊断工具的审批流程，更加注重对科学数据和临床证据的综合评估。在支持新技术发展的同时，确保患者的安全和治疗效果。

一个值得注意的问题是，数据隐私和伦理问题依然是精准医疗面临的重要挑战。对于大规模基因组数据的收集和使用，如何在促进医疗进步和保护个人隐私之间取得平衡，是监管机构和科研人员需要共同面对和解决的问题。

4. **精准医疗的社会影响**

精准医疗在带来技术和治疗方法突破的同时，也面临健康公平和医疗可及性的挑战。高昂的基因组测序费用和精准治疗成本，使得部分患者难以承受，如何在技术快速发展的同时，降低成本、提高可及性，确保各个社会阶层的患者都能受益，是未来需要解决的重要问题。

随着精准医疗的发展，医学教育和职业培训也需与时俱进。医学生和现有医务人员需要不断学习与掌握新的技术和知识，特别是基因组医学、生物信息学等领域的基础和应用知识。医学教育工作者和培训机构需要不断更新教学内容和方式，以培养出适应未来医疗需求的专业人才。

精准医疗的发展需要公众的理解和支持。通过科普教育和宣传，提高公众对精准医疗的认知与接受度，同时增强患者对自身健康数据管理的重要性认识，是推动精准医疗普及的重要手段。

5. **未来展望**

在未来，精准医疗将不再局限于单一疾病的治疗，而是向综合治疗策略发展。通过整合多种技术手段，包括基因治疗、细胞疗法、免疫疗法、靶向治疗等，提供全面和个性化的治疗方案，从根本上提高治疗效果，改善患者预后。

全球化背景下，生物医药和精准医疗的发展需要国际合作与数据共享。通过多个国家和地区的科研合作，共享基因组数据及临床数据，促进科学发现与技术进步。在这一过程中，制定国际统一的标准和规范，确保数据共享的有效性和安全性，是实现这一目标的关键。

在技术飞速发展的同时，伦理问题将始终是一个需要关注的重要问题。尤其是基因编辑、人工智能在医疗中的应用，带来了新的伦理挑战。科学家、伦理学家、政策制定者和公众需要共同探讨，制定合理的规范和政策，确保科技进步服务于人类福祉。

2.3.3 面临的挑战和机遇

2.3.3.1 生物医药产业在科技进步过程中面临的主要挑战

1. **高昂的研发成本**

生物医药产业的最大挑战之一是高昂的研发成本。开发一种新药往往需要投入数十亿美元，这些费用不仅包括药物的发现与合成费用，还包括动物实验、临床试验和大规模生产工艺的开发等各个阶段的费用。尤其是临床试验最为昂贵，I 期试验中小规模的健康志愿者测试需要耗费大量时间和资源；II 期试验的安全性和剂量研究则需数百名患者参与；III 期试验涉及成千上万的患者，并延续多年，费用高昂。这些成本的不断增加使得中小企业和初创公司的研发压力倍增，往往依赖于大型制药企业的支持或者政府和风险投资基金的资助。

2. **复杂的临床试验**

临床试验是药物研发过程中最为关键的阶段之一，同时也是最具挑战性的部分。试验不仅涉及复杂的实施流程，还要确保伦理和法规得以严格遵守。每一阶段的临床试验都需要积累大量的数据以证明药物的安全性和有效性。特别是 III 期临床试验，涉及范围广、时间长、费用高，还需要协调全球多个中心的运作。任何一环出现问题，都可能导致试验的延误甚至失败，进一步增加了研发的不确定性。举例来说，一种新型抗癌药物可能在 II 期临床试验中表现出良好的疗效，但在 III 期试验时出现严重的副作用，从而导致整个项目被迫终止，前期巨大的投入都化为泡影。

3. **严格的监管要求**

由世界各国监管机构制定的严格审批标准是生物医药产业面临的另一大挑战。以美国 FDA 和 EMA 为代表的监管机构，对新药的审批流程复杂而严格。新药在申请上市前，必须经过数年的实验室研究、动物试验和临床试验，以确保其安全性和有效性。每个国家的法律法规要求均有所不同，导致新药要进入全球市场需面对不同的监管环境，增加了整合和协调的难度。此外，随着科学技术的发展，监管法规也不断更新，要求企业在研发过程中同步进行合规创新，以满足最新的监管标准，这不仅增加了成本，还对企业的法律和技术团队提出了更高的要求。

4. **知识产权保护和市场竞争**

在全球市场中，知识产权保护问题也是生物医药企业面临的重大挑战之一。创新药物研发需要庞大的投入，企业依赖于专利来保护其发明成果，以获取足够的市场回报。然而，专利的有效期往往有限，且面对仿制药的巨大竞争压力。随着专利期届满，仿制药进入市场，原研药的价格和市场份额会迅速下降。此外，知识产权的跨国保护和维权成本高昂，尤其是在一些法规不健全的市场环境中，侵权和仿制现象严重，令原创企业损失巨大。

2.3.3.2 产业技术革新带来的巨大机遇

科技的进步为生物医药产业带来了前所未有的创新机遇。近年来，基因编辑技术、人工智能、纳米技术等新兴技术不断被引入药物研发过程中，推动了药物创新。

1. **基因编辑技术的突破与应用**

基因编辑技术，尤其是 CRISPR 的出现，标志着医学领域的一次重大突破。这项技术不仅在研究阶段展现了巨大的潜力，而且逐步进入了临床治疗的实际应用。

地中海贫血

地中海贫血是一种常见的遗传性血液疾病，近年来，科学家们通过 CRISPR 成功对引发这一疾病的突变基因进行了校正，使患者能够生产出正常的血红蛋白。2020 年，CRISPR Therapeutics 与 Vertex Pharmaceuticals 合作的例子尤为突出，该公司通过 CRISPR 治疗地中海贫血患者，取得了显著的疗效，患者不再依赖终生输血。这一技术的成功应用，不仅为地中海贫血患者带来了新的希望，也展现了基因疗法在其他遗传病中的应用前景。

从数据上看，2020 年，CRISPR Therapeutics 与 Vertex Pharmaceuticals 发布了其基因编辑疗法 CTX001 的 I ~ II 期临床试验结果，显示接受治疗的患者血红蛋白水平显著恢复，标志着基因编辑技术在治疗遗传疾病上的突破性进展。2021 年，CTX001 获得了欧洲药品管理局的优先药物资格，进一步证明了其在治疗输血依赖型 β-地中海贫血（TDT）和镰刀型红细胞贫血（SCD）方面的潜力。专家们预测，未来这一技术的发展将使更多的遗传病得到纠正，从而改变病患的生存质量。

2. **人工智能在药物筛选中的应用**

人工智能在药物筛选上的应用极大地提高了研发效率。人工智能能够从海量数据中发现药物分子的潜在靶点，加快了新药研发的进程。

Insilico Medicine 公司的成功

Insilico Medicine 公司通过人工智能平台，在不到 18 个月的时间里筛选出了一种全新的潜在血管疾病治疗药物。与传统方法相比，这种速度几乎是无法想象的。人工智能算法不仅能够加速药物发现过程，还能降低研发成本，提高成功率。Insilico Medicine 公司的成功吸引了大量投资者的关注，推动了人工智能药物研发领域的进一步发展。

根据最新研究数据，Insilico Medicine 公司的人工智能平台在短时间内从数十亿种化合物中筛选出有效分子，其筛选效率提高了数百倍。随着人工智能算法的不断优化和计算能力的提高，专家认为未来人工智能在药物发现中的应用将更加广泛，能够显著缩短新药开发周期，提高药物研发的成功率和经济效率。

3. **人工智能在临床试验中的优化**

人工智能在临床试验中的应用侧重于设计优化和数据分析。通过人工智能预测和分析试验数据，可以大大提高试验的成功率。

阿斯利康的人工智能临床试验项目

阿斯利康与 BenevolentAI 合作，利用人工智能进行临床试验设计和数据分析。通过人工智能优化患者匹配和数据处理，他们成功地缩短了临床试验的时间，并提高了试验的准确性和可靠性。这种方法的应用不仅使阿斯利康的试验成本大幅降低，还加快了新药上市的速度。

可见，人工智能技术通过对患者基因、病史等数据的分析，能够精准定位合适的试验对象，提高数据的解读效率，从而提高试验的成功率。

4. 纳米技术的应用

纳米技术为药物传递提供了全新的方法。例如，利用纳米颗粒可以将药物精准递送到疾病部位，减少药物对健康细胞的副作用，从而提高治疗效果。

Doxil 的应用

Doxil 是第一款商业化的纳米药物，用于治疗多种癌症。Doxil 使用了一种脂质体纳米颗粒将化疗药物多柔比星包裹起来，使药物能够直接作用于肿瘤细胞，从而减少对正常细胞的损害，大大降低了多柔比星的心脏毒性。Doxil 的成功应用，为纳米技术在药物传递领域的广泛应用树立了典范。

市场数据显示，Doxil 上市后的销售额迅速攀升。根据 IQVIA 的数据，Doxil 在上市后的前 5 年累计销售额达到数亿美元，表现了市场对纳米技术的高度认可。专家认为，纳米技术在未来不仅能被应用于癌症治疗，还将在心血管疾病、神经系统疾病等疾病的治疗中发挥重要作用。

5. 基因组学和个性化医疗

基因组学的进步使得个性化医疗逐步成为现实。通过分析患者的基因信息，医生可以定制个性化的治疗方案，从而提高治疗效果和安全性。

基因组学在癌症治疗中的应用

Foundation Medicine 公司的 FoundationOne CDx 是一个经过 FDA 批准的基因组检测平台，它能够对癌症患者的基因组信息进行全面分析，为医生提供个性化治疗方案。通过这一平台，许多患者接受了针对其特定基因突变的靶向治疗，显著提高了治疗效果，延长了生存期。基因组学和个性化医疗的结合，正在改变传统的医疗模式，推动医学向更加精准的方向发展。

FoundationOne CDx 已经帮助上万名患者找到合适的治疗方案，根据他们的基因组特征定制个性化治疗。专家预测，未来基因组学技术的不断进步将使个性化医疗变得更加普及，尤其在癌症、自身免疫疾病及其他复杂疾病的治疗中发挥重要作用。

6. 市场需求的驱动

人口老龄化和慢性病高发使生物医药市场需求不断增长。针对老年人和慢性病患者的高效、安全药物成为生物医药产业发展的重点。

阿尔茨海默病治疗药物的研究

随着老龄化加剧，阿尔茨海默病的发病率不断上升，一些新药物的研发也在不断取得进展。礼来公司和百健公司在阿尔茨海默病治疗领域开展的研究已经取得了一些突破性的进展，开发出了一些可能改善病情的新药物。这些新药物的市场需求的巨大潜力已吸引众多研究机构和企业竞相投入相关研究。

根据阿尔茨海默病国际组织的数据，全球现有阿尔茨海默病患者超过5000 万人，预计到 2050 年这一数字将突破 1.5 亿。市场对有效治疗阿尔茨海默病的药物的需求将不断增长，应及时加大相关领域的研发投入和推动技术革新。

7. 协同合作和国际化进程

全球化背景下，生物医药领域的跨国合作越来越普遍，通过资源共享和技术转移，实现产业化创新。

再生元制药公司和中国生物制药公司的合作

再生元制药公司与中国生物制药公司合作，成功推进了抗体药物的开发和市场化。通过跨国合作，双方在多国开展了抗体药物的临床试验，并迅速获得了上市批准。这样的国际合作不仅加快了新药的研发进程，也保证了药物在全球范围内的供应。

再生元制药公司与中国生物制药公司的合作案例表明，跨国合作在新药研发方面具有显著优势，尤其是在提高临床试验效率和共享市场资源方面。

8. **政策支持和产业环境优化**

各国政府对生物医药产业的政策支持和科研投入不断增加，优化了行业发展的环境。

中国的生物医药创新政策

中国政府推出了一系列支持生物医药创新的政策，如“重大新药创制”国家科技重大专项、加速审批通道等相关政策。这些政策吸引了大量企业和科研机构的投入，促进了中国生物医药产业的发展。贝达药业通过研制抗癌药恩莎替尼获得了国家科技进步奖，这体现了政策支持的重要性。随着政府政策的不断优化和科研投入的增加，中国生物医药企业在全球市场中的竞争力不断提高，逐步实现从“跟跑”到“并跑”甚至“领跑”的角色转变。

2.3.3.3 对未来科技进步和市场变化的预期

基因编辑技术的精确性和安全性进一步提高：未来的 CRISPR 将更加精确和安全，其应用范围将不再局限于单基因病，还会扩展到多基因病和复杂疾病的治疗。

人工智能技术全面整合医疗数据：人工智能技术将在药物开发、临床试验、个性化医疗等环节得到深入应用，推动精准医疗的发展。

纳米技术应用更加广泛：纳米技术在药物递送、诊断和治疗领域的应用将更加广泛，带来更多创新性的疗法。

专家观点表明，未来十年内，基因编辑技术将有望在多个疾病治疗领域实现重大突破，逐步进入临床常规治疗阶段；人工智能技术的应用将进一步扩展，推动个性化医疗和远程诊疗的发展；纳米技术将成为药物传递和疾病诊断的关键技术，市场需求不断扩大。

老年病和慢性病市场需求持续增长：随着全球老龄化进程加快，针对老年病和慢性病的药物及疗法需求将持续增长，成为生物医药产业的重要增长点。

传染病防控需求增加：人们对传染病防控的重视程度提高，疫苗和抗病毒药物的市场需求将稳步增长。

全球市场进一步整合：随着跨国合作的深入，生物医药产品的研发和市场推广将更加全球化，实现更多创新药物全球同步上市。

IQVIA 的报告预测，2023 年全球药品支出约为 1.6 万亿美元，预计到 2028 年全球药品支出将达到约 2.2 万亿美元，其中生物类似物的使用增加是推动支出上涨的因素之一。此外，中国生物医药产业的规模持续扩大，2023 年上半年医药制造业规模以上工业企业的主营业务收入为 12496 亿元，实现利润总额 1794.5 亿元。预计到 2030 年，中国生物医药产业市场规模将超过 1.5 万亿元。

生物医药产业在科技进步过程中既面临着高昂成本、复杂试验和严格监管等挑战，也面临着巨大的技术革新和市场机遇。通过不断克服挑战，抓住机遇，生物医药产业将迎来更为广阔的发展前景，在改善人类健康和提高生活质量方面发挥重要作用。

2.3.3.4 小结

生物医药产业在未来的发展中将以技术创新为驱动，紧密结合市场需求，实现科技与产业的深度融合。通过不断推进基因编辑、人工智能、纳米技术等前沿科技的应用，依托全球合作和政策支持，生物医药产业必将在未来医疗健康领域发挥更加重要的作用，同时也将迎来更多投资与发展的机遇。

第 3 章

新质生产力在生物医药产业中的应用

重构

3.1 新质生产力的定义与范畴

在现代生物医药产业的迅猛发展中，新质生产力的蓬勃兴起正引导着行业从传统模式向全新的生产力范式转变。新质生产力不仅是生物医药创新的核心推动力，更是实现全球健康目标的重要途径。

3.1.1 新质生产力的定义

新质生产力，是指通过综合运用技术创新、数字化转型和智能化工具，显著提高产品研发、生产及产业链整体效率的一种新型生产力形式。这一概念强调的是如何利用前沿科技和智能系统，全面拓展生产能力边界，并优化现有资源配置，以取得前所未有的经济效益和社会效益。

在生物医药产业中，新质生产力的定义可以具体为：利用基因编辑技术、合成生物学、人工智能辅助药物研发、区块链技术在药品追溯中的应用等关键创新要素，通过数字化和智能化手段，推动生物医药产业的跨越式进步。

3.1.2 生物医药领域中的关键新质生产力要素

基因编辑技术：如 CRISPR-Cas9，为我们提供了前所未有的手段，能够在细胞层面精确修改基因序列。这一技术不仅加速了基因治疗的进程，还在农作物改良、罕见病治疗、自身免疫病研究等领域展现出巨大的潜力。基因编辑技术通过对 DNA 进行高度精确的调整，带来前沿医学上的突破，在抗癌、生物疗法等前沿领域尤为重要。

合成生物学：通过设计和合成新的生物部件、装置和系统，打破了传统自然界的局限。它不仅推动了药物及疫苗的快速生产，还在生物材料、能源替代方案等方向上取得了显著成就。合成生物学在针对复杂疾病的研究和开发生物制品方面显示出巨大优势，如通过工程微生物生产廉价的生物药物。

人工智能辅助药物研发：人工智能在药物研发过程中发挥了重要作用。人工智能可以通过海量数据分析、模型预测，大幅度缩短药物研发周期，从而降低成本，提高成功率。例如，通过机器学习算法，能够从数据库中筛选出潜在的药物分子，并预测其与疾病靶点的相互作用，这极大地加速了新药开发进程。

区块链技术在药品追溯中的应用：区块链技术为药品从生产到消费者手中的整个过程提供了安全、透明和高效的追溯系统。区块链技术通过不可篡改的分布式账本，使药品在每一个环节的流转信息都被清晰记录，保障了药品的真实性和安全性，有效防止假冒伪劣药品的流通，提高了整个药品供应链的信任度和透明度。

3.1.3 新质生产力与传统生产力模式的区别

在生物医药产业，新质生产力的引入并非简单延续传统生产力模式，而是对生产力范式的彻底重塑。我们通过深入探讨新质生产力与传统生产力模式的区别，可以更清楚地了解传统生产力向新质生产力转变给行业带来的深远影响。

1. 技术驱动与创新能力

（1）传统生产力。

依赖经验和手工操作：传统生物医药产业中的生产和研发过程，更多依赖于科学家和工程师的经验与手工操作。许多药物的发现和开发，都是基于实验室的试错方法，周期长、成本高。

有限的技术应用：虽然传统生产力模式也利用生物技术和化学技术，但这些技术的应用较为基础，创新性较低，而且由于缺乏大规模的数据支持，技术改进较为缓慢，整体创新能力受限。

（2）新质生产力。

以科技创新为核心：新质生产力强调前沿技术的引入和应用，借助基因编辑技术、人工智能辅助药物研发、合成生物学等关键创新要素，不仅缩短了研发周期，还提高了成功率和安全性。

数据驱动创新：通过运用大数据和人工智能技术，新质生产力能够进行更深层次的分析与预测，揭示以前无法观测到的生物医学现象，推动技术创新。

2. **数字化和智能化**

（1）传统生产力。

基于实体和线性流程：传统模式的生产和管理更依赖于实体设施与线性流程，数据采集和处理手段相对原始，信息化程度低。

劳动和资本密集型：依靠大量人力和资本投入来保证生产与研发的推进，劳动密集型产业特征显著。

（2）新质生产力。

数字化转型：从药物研发到供应链管理，全面实现了数字化。人工智能算法能够处理海量生物医学数据，将复杂的实验结果进行实时分析和反馈，提高了研发效率和精准度。

智能化工具：利用智能化工具，如自动化实验平台和人工智能模型，新质生产力可以实施智能优化和管控。例如，自动化合成和分析仪器可以大幅提高实验效率和数据准确性，智能供应链管理系统则可以实时监控和优化物流。

3. **资源利用与生态系统优化**

（1）传统生产力。

资源消耗大：传统模式下的生物医药生产和研发，一般需要大量自然资源和实验材料，资源利用效率较低，环境影响相对较大。

单一生态系统：传统的生物医药产业链相对封闭，缺乏与其他产业和研究领域的深入协同与融合。

（2）新质生产力。

高效利用资源：新质生产力强调对资源的高效利用。例如，通过基因编辑技术精准调整生物特性；利用合成生物学可以降低对原材料的依赖，实现环保和可持续发展目标。

跨领域生态系统：新质生产力推动了生物医药产业与信息技术、材料科学和工程学等多个领域的融合。多学科协作使资源得以更优化地配置和应用，也让生物医药产业整体生态系统更加开放与高效。

4. **风险管理与安全保障**

（1）传统生产力。

缺乏实时监控：传统模式下，药品生产和流通中的风险管理手段相对滞后，相关人员难以及时发现问题和作出响应。例如，药品质量监控依赖于抽样检测，可能无法全面保障每批药品的安全。

信息透明度低：从药品生产到销售的各环节，信息透明度低，一旦出现问题，难以追溯源头并进行快速处理。

（2）新质生产力。

区块链技术应用：运用区块链技术，实现药品生产、流通和销售全程的透明化和可追溯性。每一环节的信息都能被实时记录并共享，确保药品从生产到消费者手中的高安全性。

智能预警系统：人工智能与数据分析技术可以实时监控生产和流通中的各种数据，快速识别和预警潜在风险。例如，人工智能模型可以预测药物的不良反应，帮助人们提前采取预防措施，降低药物开发和使用中的风险。

5. **时间效率与研发周期**

（1）传统生产力。

研发周期长：传统药物研发过程通常包含繁杂的实验、反复的临床试验以及多次审批步骤，研发一个新药的时间长达数年甚至十几年。

反复试错：传统的研发方法多基于经验和试错的模式，导致许多重复和低效的实验，延长了研发周期。

（2）新质生产力。

加速研发进程：利用人工智能进行药物筛选，通过计算模型和大数据分析，快速识别潜在药物分子，缩短了前期研究时间。自动化实验和高通量筛选技术的应用，也提高了实验效率，缩短了执行时间。

优化临床试验：人工智能可以帮助设计和优化临床试验，找出最有效的患者群体和治疗方案，防止资源浪费，加速试验进程。精准医学促使临床试验的成功率有了质的飞跃。

6. **成本效益**

（1）传统生产力。

高额成本：传统药物的研发成本高昂，特别是在临床试验阶段，传统药物研发成功率低、潜在风险较大、资金投入巨大。药品生产过程中，人工和材料成本也非常高。

低效的资源配置：由于缺乏智能化手段，传统生产模式的资源配置常常是低效的，导致资源浪费。例如，存储和物流管理不善，可能造成药品损失或过期。

（2）新质生产力。

成本效益提高：人工智能和自动化技术的引入，大幅降低了研发和生产成本。利用合成生物学优化生产工艺，能减少原材料和能源的消耗。利用区块链技术，能提高供应链透明度，减少流通过程中的损耗。

智能资源配置：通过智能化系统，可以更高效地管理和分配资源。例如，通过预测分析优化库存管理，避免过量生产或生产不足，提高整体运营效率。

7. 产品质量与个性化水平

（1）传统生产力。

质量控制手段有限：传统生产模式中的质量控制主要通过定期检查和抽样检测，难以实现全流程的实时监控，可能导致质量不一致的情况。

难以满足个性化需求：传统模式主要以批量生产为主，难以响应个体患者的多样化需求，个性化治疗方案较为罕见。

（2）新质生产力。

全流程质量保障：通过智能监控和大数据分析，能够实现生产全过程的实时质量控制，迅速发现和纠正问题，保证产品的一致性与安全性。

个性化医疗：利用精准医学和大数据分析，新质生产力可以为不同患者提供个性化治疗方案。例如，基因编辑技术可以根据患者的基因组信息，定制基因治疗方案，从而提高治疗效果。

8. 沟通与协作模式

（1）传统生产力。

集成化和分工协作差：传统模式下，各部门和专业领域之间的沟通与协作效率较低，信息分享和协同工作存在障碍，高度集中和分散型的结构限制了整体创新能力。

孤立操作：研发、生产、管理等环节常常是孤立操作，缺乏整体优化和集成管理。

（2）新质生产力。

高度协同：新质生产力通过信息化平台和智能工具，促进各部门和不同专业领域的高效协同，实现了从研发到生产再到销售的一体化管理。

实时沟通与反馈：数字化工具和平台使得沟通更加便捷和实时。例如，通过云计算平台，各个环节的参与者可以实时共享数据和反馈信息，从而快速调整并优化生产流程。

9. 环保与可持续性

（1）传统生产力。

对环境影响较大：传统生物医药生产过程可能产生大量废弃物、污染物，过度消耗自然资源，对环境影响较大，环保压力大。

缺乏可持续管理：传统模式下，对环境影响监控和管理较为滞后，实现可持续发展的挑战较大。

（2）新质生产力。

绿色技术应用：新质生产力推崇绿色、环保的生产技术。例如，利用合成生物学生产环保医药材料，通过基因编辑减少有害副产品的产生。

可持续发展：通过资源高效利用和生态系统优化，推动生物医药产业的可持续发展。例如，智能管理系统可以实现能源的优化使用，减少生产对环境的影响。

新质生产力与传统生产力模式的根本区别，体现在技术驱动与创新、数字化与智能化、资源利用与生态系统优化等多个方面。传统生产力模式依赖于经验和手工操作，生产和管理过程相对低效，创新能力有限；而新质生产力则全面应用前沿科技，通过数字化和智能化手段，显著提高生产效率，优化资源配置，实现环境和经济效益的双赢。

3.1.4 总结

随着新质生产力的不断发展，生物医药产业正迎来一个新的黄金时代。从基因编辑技术到智能药物研发，从合成生物学到区块链技术，每一项新技术的应用，都在推动行业向更高效、更安全、更可持续的方向发展。未来，随着新质生产力的进一步深化和广泛应用，生物医药产业将继续迸发出巨大的创新活力，成为现代科技和人类健康发展的重要引擎。

3.2 基因编辑技术与合成生物学：重塑生命科学的基石

基因编辑技术和合成生物学作为现代生物医药领域的前沿科技，正不断推动生命科学迅猛发展，并有望彻底改变未来的生物医药产业。本节将深入探讨这些技术的最新进展、实际应用案例，以及它们对生物医药产业的深远影响和带来的潜在挑战。

3.2.1 基因编辑技术：优化“生命体”的工具

基因编辑技术，尤其是 CRISPR-Cas9，从问世以来就以其高效、精确和相对低成本的特点，迅速成为研究人员手中的利器。CRISPR-Cas9 的核心在于其能够精确定位并切割基因组中的特定 DNA 序列，从而实现基因的敲除、插入或修复。

1. CRISPR-Cas9 **的优化**

（1）提高精准度和效率。

更精确的 Cas9 版本：科学家改进了 Cas9，使其能更准确地瞄准并编辑指定的 DNA 区域，减少“误伤”的机会。这些版本被称为高保真 Cas9，如 eSpCas9 和 HF1 Cas9。

单碱基编辑技术：这种技术能把 DNA 中的单个碱基（A、T、C、G）改成另外一个，且不需要切断 DNA 链，所以准确度更高。这种技术被称为碱基编辑器（Base Editors），如胞嘧啶碱基编辑器和腺嘌呤碱基编辑器。

（2）多基因同时编辑。

激活或抑制特定基因：通过改造的 Cas9（叫作 dCas9），可以让它不切 DNA，而是结合一些激活或抑制因子，控制特定基因的开关，这被称为 CRISPRa（激活）和 CRISPRi（抑制）。

同时编辑多个基因：使用多个向导 RNA（gRNA），科学家实现了同时编辑多个基因的能力，这样能更好地操控复杂的遗传特性。

（3）时间和空间的控制。

光控和化学控制：一些 Cas9 版本可以通过光或特定的化学物质来激活或关闭，这样可以精确控制编辑何时何地发生。

在特定时间点操作：科学家开发了一些方法，可以在细胞分裂的特定阶段进行基因编辑，这样控制得更加精准。

（4）基因编辑工具的递送。

更好的递送方式：科学家使用纳米颗粒或病毒载体（比如 AAV 病毒）来递送 CRISPR 工具到细胞中，这相比于传统的递送方法更高效、安全。

直接引入蛋白和 RNA 复合物：有些方法直接把 Cas9 蛋白和 gRNA 结合形成的复合物注入细胞，避免了 DNA 病发的风险。

2. CRISPR-Cas9 **应用实例**

（1）医学领域。

基因治疗：CRISPR-Cas9 被用于治疗一些遗传病。例如，用它来治疗镰状细胞性贫血和莱伯先天性黑蒙（导致失明的遗传病），利用干细胞疗法与其结合进行临床试验。

癌症研究：CRISPR-Cas9 被用来创建癌症模型、找到新的癌症治疗靶点，并被用于研究如何阻止癌细胞的生长。

（2）农业领域。

作物改良：CRISPR-Cas9 帮助培育出抗病、产量更高和营养更丰富的作物，如抗白粉病的小麦和不会变褐的蘑菇。

动物育种：CRISPR-Cas9 被用来改良动物基因，比如培育出抗病猪、快速生长的鱼类以及不长角的牛，这些改良可以提高生产效率和动物福利。

（3）工业生物技术。

优化微生物生产：CRISPR-Cas9 帮助改造酵母和细菌，使它们可以更高效地生产生物燃料、药物和各种化工产品。

抗病毒生产细胞系：科学家用 CRISPR 开发出抗特定病毒感染的细胞系，这对于生产疫苗和抗病毒药物非常有帮助。

这些最新的进展和应用实例展示了 CRISPR-Cas9 的巨大潜力和多样性。科学家们不断优化和改进这项技术，使其变得更精准、高效和安全，推动医学、农业和工业领域的创新与进步。

3. CRISPR-Cas12 和 CRISPR-Cas13 的发现

CRISPR-Cas12 和 CRISPR-Cas13 分别是基因编辑技术中的两个重要进展，各自具有独特的功能和应用领域。CRISPR-Cas12 以其高效的 DNA 切割能力和特异性著称，能精确地编辑基因，纠正由遗传病引起的突变。此外，其识别目标序列后的非特异性切割（胶质切割）特点，使其在快速病原体检测中具有巨大优势，如 DETECTR 系统，可高灵敏度地检测新冠病毒等病原体。

CRISPR-Cas13 则专注于 RNA 的识别和切割，成为处理与研究 RNA 的强大工具。Cas13 可以精准编辑 RNA，调控基因表达，这在治疗基因表达异常相关疾病中具有潜力。其非特异性 RNA 切割特性为开发高效的 RNA 病毒检测系统提供了基础，如 SHERLOCK 系统，可以灵敏地检测寨卡病毒和新冠病毒。

总的来说，CRISPR-Cas12 和 CRISPR-Cas13 分别在 DNA 和 RNA 层面展现出强大的应用潜力。Cas12 系统通过精确的基因编辑和病原体检测增强了基因治疗与诊断的前景，而 Cas13 系统则通过 RNA 编辑和检测提供了新的治疗与研究工具。这些技术的独特优势和最新进展显著扩展了 CRISPR 在医学、农业及生物科技领域的应用，为多种疾病的诊断与治疗及生物研究提供了新的方法和可能性。

4. CRISPR 相关工具的扩展

Prime Editing：Prime Editing 被称为“分子字处理器”，可以在不引入双链断裂的情况下进行碱基插入、删除和置换。它克服了一些 CRISPR-Cas9 和单碱基编辑的局限性，提供了更加精确和多功能的基因编辑工具。

合成生物学与基因编辑技术的结合：研究人员将 CRISPR 与合成生物学技术相结合，设计出了更为复杂的基因调控网络，从而实现对细胞行为的精确控制。这些合成基因网络已被用于开发新型的细胞治疗手段和智能药物递送系统。

5. 临床转化与应用

基因治疗：在治疗遗传病方面，CRISPR 已经被成功应用于多项临床试验。例如，Editas Medicine 公司使用 CRISPR 开展的一项针对 Leber 先天性黑蒙 10 型（LCA10）的临床试验，获准在患者体内直接进行基因编辑。这标志着基因编辑向临床应用迈出了重要一步。

癌症免疫疗法：CRISPR 为癌症治疗提供了新的思路。利用 CRISPR 编辑 T 细胞上的特定基因，可以增强 T 细胞的抗癌活性，从而提升免疫疗法的效果。中国的一项研究中，通过 CRISPR 编辑 PD-1 基因，使 T 细胞对肿瘤的杀伤能力显著增强，这为个性化癌症治疗带来了希望。

农业与环境保护：虽然这超出了生物医药的范畴，但 CRISPR 在农业和环境保护中的应用也取得了突出成果。例如，通过 CRISPR 编辑农作物的抗病基因，可以培育出更具抗病性的植物；利用 CRISPR 消除害虫的致病基因，可减少农药使用，对生态环境保护具有重要意义。

3.2.2 合成生物学：生物系统的设计与优化

合成生物学通过将生物学、工程学和计算科学相结合，旨在设计与构建新的生物系统或重新设计现有的生物系统。其核心思想是将生物体视为可编程的机器，通过标准化组件和模块化设计，实现对生物功能的精确控制与优化。

1. **药物发现**

合成生物学在药物发现中的应用为新药开发带来了革命性的变化。通过构建合成基因网络，研究人员能够在微生物（如酵母和细菌）中生产复杂的天然产物，这些产物通常是药物发现的重要来源。例如，Amyris 公司利用合成生物学技术在酵母中生产青蒿酸（一种青蒿素的前体），并通过进一步加工将青蒿酸转化为青蒿素以治疗疟疾。

2. **疾病模型构建**

合成生物学还为疾病模型的构建提供了新的途径。通过在小鼠或其他生物中引入人类基因组的特定改造，科学家们能够构建更接近于人类疾病的动物模型，从而更好地研究疾病机制和评估治疗效果。

3. **生物制造**

在生物制造领域，合成生物学展示出巨大的潜力。例如，通过基因工程改造的微生物，可以高效生产从生物燃料到生物材料的各种产品。Ginkgo Bioworks 公司正利用合成生物学平台，开发能够生产香料、提取植物成分和其他高价值化学品的微生物。

4. 技术影响与潜在挑战

基因编辑技术和合成生物学技术正逐渐成为生物医药产业不可或缺的工具。它们不仅加速了新药开发、疾病治疗和生物制造过程，还极大拓展了科学研究的边界。例如，通过定制化的基因编辑和智能设计，科学研究人员可以更加深入地理解生命的基本机制，从而发现更多潜在的治疗靶点。

尽管这些技术充满前景，但在实际应用中仍面临许多挑战。CRISPR 的脱靶效应仍然是一个值得关注的问题，虽然近年的优化工作已有所改善，但完全消除意外修改依然困难。此外，伦理和安全问题也是这些技术给人们带来的重大挑战，尤其是在涉及人类基因组编辑时，社会和法律层面的争议不容忽视。

合成生物学的标准化和模块化设计目前尚不完备，技术的复杂性和生物系统的多变性使得这一领域的许多问题依然难以解决。如何确保在实际应用中，设计的生物系统能够稳定、高效地工作，以及如何管理潜在的生物安全风险，都是需要进一步探讨的问题。

3.2.3 总结

基因编辑技术和合成生物学技术在生物医药产业的应用已经展示了其巨大的潜力和前景。它们不仅为科学研究带来了新的工具和方法，还可能从根本上改变药物开发和生物制造的传统模式。然而，我们也必须面对这些技术带来的伦理、安全和技术挑战，确保它们在推动科学进步的同时，为社会带来真正的福祉。生物医药产业正站在一场前所未有的变革的门槛上，这些新兴技术将引领我们迈向一个更加美好的未来。

3.3 数字化转型：从研发到市场的全面渗透

3.3.1 生物医药研发流程的数字化转型

在生物医药产业的数字化转型过程中，各类新技术的应用极大地提高了研发效率，降低了研发成本，同时也加速了新药上市的进程。在这一过程中，大数据与云计算在药物筛选和临床试验设计中尤为重要。

1. **大数据在药物筛选中的应用**

药物筛选是新药研发的第一步，也是最为关键的一环。以往的药物筛选往往依靠高通量筛选技术及实验室试验，这不仅费时费力，而且成功率较低。大数据技术的引入，为药物筛选带来了革命性的变化。

海量数据处理和分析：大数据技术可以处理海量的多维数据，从基因组、蛋白质组到代谢组数据等，便于更全面地了解疾病的分子机制。通过对这些数据进行分析，研究人员可以辨别出潜在的药物靶点以及小分子药物与靶点之间的相互作用。

药物重定位：大数据分析使得药物重定位成为可能。通过分析现有药物及其作用机制，研发人员可以发现某些药物在原有适应症之外的新的治疗潜力，从而节约研发时间和成本。

虚拟筛选：基于大数据构建的计算化学与分子模拟技术，使得虚拟筛选成为现实。虚拟筛选通过计算机模拟可以快速预筛选大量化合物，并预测其与靶点的相互作用，为后续的实验验证提供有力支持。这不仅大大缩短了传统筛选周期，还提高了筛选的成功率和有效性。

2. **云计算在药物筛选中的应用**

云计算为药物筛选提供了强大的计算能力和数据存储解决方案，让研究人员能够高效地进行大规模数据处理和分析。

高性能计算：云计算环境能够提供高性能计算资源，支持复杂的分子模拟和大规模数据分析任务。研究人员可以在云平台上进行大规模并行计算，从而有效缩短计算时间，提高筛选效率。

数据安全与共享：云计算平台通常具备高级的数据安全措施，保护研究数据的安全和隐私。此外，云计算平台的共享和协作功能，使得跨团队、跨机构的合作更加便捷，提高了科研资源的利用效率。

3. **临床试验设计的数字化转型**

临床试验是新药研发中至关重要但耗时长、成本高的环节。通过大数据和云计算技术的应用，临床试验设计及实施也在不断优化。

精准招募患者：大数据技术通过分析电子健康记录、基因组数据、医疗保险数据等，帮助研究人员筛选出符合试验要求的患者，提高了患者招募的精准性和效率。这种精准招募既节约了时间，又减少了不必要的试验失败风险。

个性化试验设计：通过大数据分析，可以识别出不同患者群体的特征，从而设计出特定亚群的临床试验，提高试验的准确性和疗效预测能力。个性化试验设计确保了疗效评估的科学性，同时降低了药物开发的整体风险。

实时数据监测和分析：在临床试验过程中，利用云计算技术进行实时数据监测和分析，能够及时发现试验数据中的异常情况或安全隐患，并采取相关措施。这种实时的监测和调整能力，提高了临床试验的安全性与可靠性，确保试验按计划进行。

远程试验管理：云计算平台支持远程数据采集和管理，使得多中心试验的协调更为高效。研究人员可以通过云计算平台实时共享数据和进展情况，快速响应和调整试验方案，提高试验管理的灵活性与效率。

综上所述，大数据与云计算技术在药物筛选和临床试验设计中的应用，正推动生物医药研发向更智能、更高效的方向迈进。这些数字化技术不仅加速了新药研发进程，还显著提高了研发成功率，为患者带来了更多治疗选择和希望。未来，随着技术的不断进步，数字化转型将在更深层次、更广领域内持续推动生物医药产业的创新与发展。

3.3.2 智能制造技术在生物制药生产中的应用

智能制造技术正在显著提高生物制药生产的效率与质量控制能力。通过引入物联网、人工智能、机器学习等前沿技术，生物制药企业能够在生产过程中实现自动化、互联化与智能化，全面提升竞争力。

1. 提高生产效率的智能化手段

（1）物联网与工业互联网。

物联网通过连接分布在生产线上的各类传感器和设备，实时采集温度、压力、湿度、流速等生产参数。工业互联网进一步将这些数据集成到一个智能管理系统中，实现生产过程的全面监控。

通过实时数据分析和处理，智能管理系统能够动态调整生产参数，优化生产效率。例如，实时监测反应釜内的温度和压力数据，及时调节进料速度和冷却系统，确保反应在最优条件下进行。

（2）机器人技术自动化设备。

机器人技术的应用，使物料搬运、样品处理、包装等重复性、危险性高的工作自动化进行，降低了人工操作的误差率和安全风险。

高精度自动化设备在生产线上的应用，可以显著提高生产效率。例如，自动化灌装设备能够高速精确地将药液分装到药瓶中，并进行密封包装，确保每个药瓶中的药液量一致且无污染。

（3）生产过程优化与资源管理。

通过大数据分析和机器学习算法，对历史生产数据进行挖掘与建模，找到影响生产效率的关键因素，从而制定更优化的生产计划。

预测性维护技术的应用，能够预测设备的维护需求，避免突发性故障导致的非计划停机，提高设备利用率。根据监测设备运行状态，提前调度维护资源，确保生产连续性。

2. 质量控制的智能化手段

（1）高级传感与监测技术。

先进的传感技术能够实时监测生产过程中的关键质量属性（CQA），如药物纯度、浓度、杂质含量等。高灵敏度传感器的应用，使得质量监测更加精细和可靠。

数据采集系统将这些实时监测数据上传至中央控制系统，进行数据记录和分析，确保生产过程符合质量标准。

（2）质量分析与控制。

借助机器学习和数据挖掘技术，对生产过程中的大数据进行分析，建立起良好的质量控制模型。质量源于设计理念（QbD）理念强调从设计阶段就考虑质量控制，通过模型预测，识别并控制影响质量的关键变量。

借助实时数据分析和反馈控制系统，能够在生产过程中根据质量参数的变化自动调整工艺参数，确保药品质量的一致性和稳定性。例如，通过分析药品中活性成分含量的变化，自动调节补给反应溶液的比例，保持最终产品的均一性。

（3）全流程追溯与合规管理。

智能制造技术使得每一个生产批次的所有过程数据都可以被全程追溯。每一批次的原料来源、工艺参数、设备使用及质量检测数据，均被详细记录并存储在云平台中。

这种全流程可追溯性，确保了产品在从生产到销售的整个生命周期中都符合监管要求，方便企业在需要时进行产品召回和调查。此外，智能合规管理系统可以自动生成符合国际标准的质量报告，降低了合规成本。

（4）数据驱动的持续改进。

基于数据分析的持续改进机制，通过收集和分析生产过程中产生的大量数据，识别潜在的质量波动和偏差，指导工艺改进和优化工作。

数据平台整合了实验室、生产车间和市场反馈的数据，形成数据闭环，有助于发现和突破工艺瓶颈，提高产品质量的一致性和稳定性。

综上所述，智能制造技术的应用，不仅提高了生物制药生产的效率，降低了生产成本，还在质量控制方面提供了更为可靠和智能的手段。这种跨越式的发展，使生物制药企业能够在高度竞争的市场环境中脱颖而出，持续提供高质量、高安全性的药品，最终造福广大患者。未来，随着智能制造技术的不断进步，生物制药行业将迎来更加智能化、精细化和安全化的发展新局面。

3.3.3 数字化营销与患者管理：个性化医疗、远程医疗服务的兴起

随着数字化技术的飞速发展，生物医药产业的营销与患者管理模式发生了深刻变革。新兴的数字化手段不仅提高了企业的市场竞争力和品牌影响

力，还大幅改善了患者体验和治疗效果。以下将介绍数字化营销和患者管理中的个性化医疗及远程医疗服务的应用。

1. **个性化医疗的兴起**

个性化医疗旨在根据患者的个体基因特征、环境因素和生活方式，量身定制精准治疗方案。大数据、人工智能和基因测序技术的发展，为个性化医疗的普及奠定了基础。

（1）基因组学和大数据技术的应用。

基因测序技术能够解析患者的基因组信息，识别与疾病相关的遗传变异。通过大数据分析，可以将这些遗传信息与海量临床数据相结合，精确定位疾病的发病机制和靶向治疗方案。

例如，在癌症治疗中，基于基因突变图谱的特异性药物选择，能够显著提高治疗效果和降低副作用。

（2）人工智能辅助诊断与治疗。

利用人工智能算法可以分析海量医疗数据，提供精准的诊断建议和个性化的治疗方案。通过对临床数据和患者病历进行分析，人工智能系统能够提前预见疾病风险，提供早期干预建议。

例如，利用机器学习模型分析心脏病患者的电子健康记录，能够准确预测未来心脏事件的发生，为医生提供决策支持。

（3）个性化药物研发与应用。

大数据技术在个性化药物研发中起着至关重要的作用。通过对患者数据的精准分析，可以开发针对特定基因型和表型的个性化药物，提高药物疗效。

例如，某些生物制药公司正在开发基于患者基因特征的定制化生物药物，以更好地满足个体治疗需求。

2. **远程医疗服务的兴起**

远程医疗服务通过信息通信技术将医疗服务从传统的面对面治疗拓展到远程诊断和治疗，大大提高了医疗服务的可及性和便捷性。

（1）远程诊断与咨询。

通过视频会议、在线聊天等方式，患者可以方便地与医生进行远程诊断和咨询，获取专业医疗建议。远程诊断打破了地理限制，特别是在偏远地区或医疗资源匮乏的地区，可以为患者提供及时的医疗服务。

例如，通过在线影像诊断系统，放射科医生可以在全球任何地方查看患者的影像资料，进行专业诊断，从而加速病情确认和治疗进程。

（2）远程监测与随访。

智能设备和传感技术的发展，使得远程监测成为可能。通过佩戴智能手环、血压计等设备，患者的健康数据可以实时上传至云平台，医生可以远程监控患者的健康状况并及时进行干预。

例如，糖尿病患者通过智能血糖仪定时测量血糖值，数据自动上传至医生的管理系统，医生能实时掌握患者的血糖变化并调整治疗方案。

（3）在线医疗服务平台。

在线医疗服务平台结合电子健康记录、患者管理系统（PMS）等技术，为医生和患者提供全面的健康管理服务。这些平台不仅支持在线诊疗、处方开具，还能进行健康教育和患者自我管理。

例如，一个综合的在线医疗平台可以整合基础健康数据、病史记录、药物管理及复诊提醒等功能，患者可以在平台上随时查看自己的健康档案，获取个性化的健康建议和生活指导。

（4）健康管理与个性化服务。

数字化工具的应用极大地提升了患者健康管理的水平。通过个性化的远程健康管理服务，患者可以获得与自身健康状况相匹配的医疗建议和干预措施。

例如，对于慢性病患者，数字化健康管理平台提供的个性化健康方案包括饮食建议、运动指导和精神支持，帮助患者更好地控制病情，提高生活质量。

（5）数据安全与隐私保护。

在数字化医疗服务过程中，数据安全与隐私保护至关重要。现代加密技术和区块链技术的应用，能够有效保障患者健康数据的安全性和隐私性。

例如，区块链技术可以分布式存储医疗数据，确保数据不可篡改，保护患者隐私的同时提高数据的安全性和透明化程度。

综上所述，数字化营销与患者管理中的个性化医疗和远程医疗服务，正在深刻改变生物医药产业的运营模式和患者体验。数字化手段不仅使企业能够更加精准地了解和满足市场需求，还为患者带来了更为灵活、高效和个性化的医疗服务。随着技术的不断进步，这种数字化转型将进一步推动生物医药产业的发展，惠及更多患者，并最终实现医患双方的双赢局面。

3.4 人工智能与大数据：驱动精准医疗的引擎

3.4.1 人工智能在药物研发中的应用

1. **靶点发现**

靶点发现是药物研发过程的起点，涉及确定潜在的药物作用靶标，即调控疾病病理过程的特定生物分子（如蛋白质或基因）。人工智能在这一阶段的应用主要体现在以下几方面：

基于大数据的靶点识别：通过深度学习和机器学习算法，分析来自基因组学、蛋白质组学和转录组学的大量数据，识别出与疾病相关的潜在靶点。例如，通过对癌症基因组图谱等数据库的分析，人工智能能够找到特定基因突变或表达异常与某些癌症类型之间的关联。

网络生物学：人工智能运用复杂网络分析技术，构建并分析生物分子网络（如蛋白质-蛋白质相互作用网络），帮助识别关键的调控节点或网络模块，从而发现新的靶点。

文本挖掘：利用自然语言处理（NLP）技术，人工智能可以从海量的科学文献和数据库中提取信息，快速发现潜在靶点。例如，从数百万篇生物医学论文中挖掘出与疾病调控相关的基因或蛋白质的研究资料。

2. **化合物筛选**

化合物筛选是找到能够与靶点高效结合并调控其活性的化学物质的过程。人工智能在这方面的应用主要包括：

虚拟筛选：人工智能模型能够快速虚拟筛选数百万种化合物，预测它们与靶点结合的亲和力和生物活性。通过分子对接和量子化学计算，人工智能可以准确预测化合物与靶点的相互作用。

高通量筛选数据分析：人工智能通过分析高通量筛选产生的大规模数据，识别出具有潜在活性的先导化合物。结合机器学习，人工智能可以提高命中率，减少实验负担。

结构活性关系（SAR）分析：人工智能通过学习化合物的结构与其生物活性之间的关系，能够预测新的化合物的活性，并优先筛选出潜在效果更好的分子。

3. **药物设计**

药物设计涉及优化先导化合物的结构，以提高其疗效和安全性。人工智能在药物设计中的应用主要表现在：

生成对抗网络（GANs）与分子生成：人工智能利用生成对抗网络和其他生成模型，能够设计出全新的化学结构。这些模型通过学习已有药物化合物的特性，生成具有潜在疗效的新分子。

自由能计算与优化：人工智能结合分子动力学模拟和自由能计算，可以精确预测化合物与靶点结合的自由能变化，从而优化化合物的结构，提高其亲和力和选择性。

定量构效关系（QSAR）建模：定量构效关系模型通过机器学习，预测化合物的生物活性、毒性、代谢稳定性等属性，从而在早期排除不理想的候选化合物，降低后期实验阶段的失败率。

个性化药物设计：结合患者的基因数据，人工智能可以设计出针对特定患者的个性化药物，提高治疗的精准性和有效性。

3.4.2 案例研究

下面是人工智能在药物研发中的两个实际应用案例。通过这些具体的案例，我们可以更全面地理解人工智能是如何在实际操作中提高药物研发效率和效果的。

3.4.2.1 案例一：贝叶斯优化用于抗菌剂发现——Ginkgo Bioworks

抗菌药物的研发近年来面临着巨大的挑战，原因之一是抗菌药物作用靶点的多样性和抗菌机制的复杂性。传统的筛选方法通常效率低下，无法应对快速发展的耐药性问题。Ginkgo Bioworks 是一家生物技术公司，致力于利用贝叶斯优化和其他人工智能技术进行抗菌药物的筛选和优化。

1. **人工智能技术的应用**

贝叶斯优化是一种基于概率的优化方法，特别适用于解决在高维空间中进行有效搜索的问题。在发现抗菌剂的过程中，Ginkgo Bioworks 使用贝叶斯优化方法来加速化合物筛选和结构优化过程。

（1）化合物筛选。

构建初始训练集：Ginkgo Bioworks 首先基于现有抗菌药物数据库，选择了一组具有已知抗菌活性的化合物。

贝叶斯优化模型：公司使用贝叶斯优化方法，通过高斯过程建立化合物结构与抗菌活性之间的预测模型。

虚拟筛选：模型生成后，研究团队在虚拟化合物库中进行高效筛选，识别出了数百种具有潜在抗菌活性的化合物。

（2）化合物优化。

生成新结构：运用贝叶斯优化方法不仅能在已有化合物库中进行筛选，还能生成新型化合物结构。利用化学结构的变换规则和机器学习算法，团队生成并评估了大量新型化合物。

实验验证：筛选出的一些新型化合物被进一步合成，并在实验室中对其进行活性测试。这些测试验证了人工智能预测模型的准确性，高效发现了多种具有强效抗菌作用的新型化合物。

2. **成果与影响**

通过贝叶斯优化，Ginkgo Bioworks 不仅加快了抗菌药物的筛选和优化过程，还发现了一些具有新型结构和抗菌机制的候选药物。这些新发现的化合物为未来的抗菌药物研发提供了新的方向且具有巨大潜力。此外，该案例展示了贝叶斯优化在药物研发中的有效应用，为其他领域的药物研发提供了宝贵的经验。

3.4.2.2 案例二：深度学习在抗癌药物设计中的应用——Insilico Medicine

抗癌药物的研发面临着高失败率和高成本的问题。由于癌症的复杂性，找到针对特定癌症类型的有效药物变得尤为困难。Insilico Medicine 是一家生物技术公司，专注于利用深度学习技术来加速和优化抗癌药物的研发。

1. 人工智能技术的应用

深度学习技术特别适合处理和分析大规模、多维度的生物医学数据。在这一案例中，Insilico Medicine 应用深度学习技术完成了从化合物筛选到药物设计和优化的全过程。

（1）数据收集与模型训练。

数据收集：Insilico Medicine 从多个公开和专有数据库中收集了大量抗癌药物和肿瘤基因数据。这些数据包含药物化学结构数据、药物与靶点结合数据、细胞实验结果等。

模型训练：通过深度神经网络（DNN），公司团队训练了一个大型模型来预测新化合物的抗癌活性和毒性。该模型在大规模图形处理器集群上训练，处理了数亿条数据。

（2）虚拟筛选与优化。

高通量虚拟筛选：利用训练好的深度学习模型，公司在虚拟化合物库中高效筛选出潜在的抗癌化合物。这一过程仅需数小时，而传统实验筛选可能需要数月甚至更长时间。

生成对抗网络（GANs）优化：通过生成对抗网络，团队进一步优化潜在化合物的结构。在 GANs 框架下，生成模型不断产生新的化合物结构，判别模型评估并给予反馈，最终生成最佳的候选药物。

（3）实验室验证与临床前研究。

实验室验证：筛选出的候选药物经过体外实验和动物模型测试，多种化合物表现出显著的抗癌活性。

临床前研究：在实验室阶段成功后，这些化合物进入临床前研究阶段，包括药效学检测、药代动力学检测、安全性评价等。

2. **成果与影响**

通过深度学习技术，Insilico Medicine 在 18 个月内完成了从筛选到临床前研究的整个药物研发过程，这比传统方法缩短了数年时间。这一成果展示了人工智能在药物研发中的巨大潜力，特别是在应对复杂疾病（如癌症）时，深度学习技术可以显著加速新药的发现和优化过程。此外，这一成功案例激励了更多生物医药公司和研究机构探索人工智能在药物研发中的应用，推动了整个行业的技术进步。

3.4.3 总结

人工智能在药物研发中的应用显著提高了药物研发的效率和准确性，从靶点发现到化合物筛选，再到药物设计，每个环节的创新都为新药研发带来了新的希望。随着技术的进一步发展和更多数据的积累，人工智能将在药物研发过程中发挥越来越重要的作用，加速药物从实验室到临床的转化，给患者带来更多福音。

3.5 案例分析：成功实践与启示

3.5.1 案例一：基于人工智能的加速药物研发——AlphaFold 与药物设计

AlphaFold 是 DeepMind 开发的一项革命性技术，它利用深度学习算法预测蛋白质的三维结构，极大地加速了生物科学领域的研究进程。在生物医药领域，蛋白质结构是理解疾病机制、设计药物靶点的关键。AlphaFold 的突破使得科学家们能够以前所未有的速度解析出大量蛋白质的结构，为药物研发提供了宝贵的线索。

AlphaFold 通过深度学习技术，特别是基于卷积神经网络（CNN）和注意力机制的模型，对蛋白质的一级结构（即氨基酸序列）进行解析，从而预测其二级和三级结构。这一过程中，AlphaFold 不仅考虑了氨基酸序列本身的信息，还结合了多重序列比对（MSA）等额外信息，以提高预测的准确性和可靠性。以下是 AlphaFold 的工作流程：

1. 数据收集

收集序列数据：从各种蛋白质序列数据库（如 GenBank 等）中收集蛋白质氨基酸序列，这些数据为模型提供基础训练材料。

收集结构数据：从 Protein Data Bank 等数据库中获取已知的蛋白质三维结构，这些结构通过实验方法（如 X 射线晶体学、核磁共振光谱学、冷冻电镜）测得。

2. 多序列比对

搜索相似序列：利用工具如 HMMER、JackHMMER 等，在大规模蛋白质数据库中寻找与目标蛋白质序列相似的序列，生成多序列比对。

提取进化信息：MSA 揭示了特定氨基酸在进化过程中同时变异的规律，通过分析这些共进化信息，推断出序列中残基之间的接触或相互作用。

3. 深度学习模型设计与输入特征

（1）模型结构。

AlphaFold 1 使用了 2D 卷积网络和折叠策略。

AlphaFold 2 采用了更先进的架构，包括 Transformer 和图神经网络来捕捉复杂的序列与空间关系。

（2）输入特征。

一维特征：氨基酸序列本身的各种属性（如物理化学性质）。

二维特征：MSA 中的共变性信息，包括共进化矩阵和距离映射图。

4. 训练过程

监督学习：使用大量的已知结构数据，教导模型如何从输入特征中预测蛋白质的三维结构。目标是使预测结构与实验测得结构之间的差异最小化。

损失函数：考虑到原子距离、几何约束等因素，设计了精细化的损失函数来指导模型调整参数。

5. 预测过程

输入目标序列：将一个未知结构的蛋白质序列输入到训练好的模型中。

生成 MSA 信息：通过对目标序列及其相似序列进行多序列比对，生成 MSA 信息。

结构预测：经过训练的深度学习模型处理 MSA 信息和序列特征，输出预测的三维结构。

6. **结构优化**

能量最小化：应用分子动力学模拟和能量优化算法，如梯度下降法，对初步预测的结构进行能量最小化操作，使其达到更稳定的构象。

替代优化技术：使用图神经网络和 3D 卷积网络进行进一步优化，使结构更加精确。

7. **结果验证**

交叉验证：通过对不同的分数据集进行交叉验证来评估模型性能。

与实验数据比较：如果有实验测得的结构，可以将模型预测结果与其进行比较，评估预测的准确性。

8. **发布与应用**

数据库发布：将大量预测的结构数据公开，如 DeepMind 与 EMBL-EBI 合作，将 AlphaFold 的预测结果部署到公用数据库，允许科学家自由访问。

科学研究与产业应用：研究人员可以利用这些预测结构进行功能注释、疾病机制研究、药物设计、合成生物学等。

9. **成功实践**

加速靶点发现：通过 AlphaFold 预测出的蛋白质结构，研究人员能够更准确地识别出潜在的药物靶点，这些靶点往往是疾病治疗的关键。

优化药物设计：得益于蛋白质结构的药物设计的加速，科学家们能够设计出更精确、更有效的药物分子，降低研发失败率。

促进跨学科合作：AlphaFold 的成功激发了生物学、化学、计算机科学等多个领域的科学家之间的合作，共同推动药物研发的进步。

10. **启示**

技术创新的力量：AlphaFold 的案例证明了技术创新在生物医药产业中的巨大潜力，通过提高算法和计算能力，可以极大地加速科研进程。

跨学科融合的重要性：生物医药产业的未来发展需要跨学科的合作，只有不同领域的专家共同努力，才能解决复杂的科学问题。

数据共享与开放科学：AlphaFold 的成功也得益于大量公开的生物信息

学数据，这强调了数据共享和开放科学对于推动科技进步的重要性。

3.5.2 案例二：个性化医疗的典范——23andMe 与遗传病筛查

23andMe 是一家提供个人基因组测序服务的公司，它允许消费者通过邮寄唾液样本的形式进行基因检测，并获取关于自身遗传特征、疾病风险等方面的信息。这一服务在个性化医疗领域具有里程碑式的意义。以下介绍 23andMe 的工作流程。

1. 订购基因检测套件

选择服务：用户首先在 23andMe 官网选择他们想要的基因检测服务。有不同的套餐可选，例如健康与基因组报告、祖源分析等。

下订单：用户填写个人信息并支付费用，完成在线订购。

2. 采集唾液样本

接收套件：用户会在几天内收到基因检测套件，这个套件通常包括唾液采集管、使用说明、条形码标签和预付邮资的回寄信封。

采集唾液样本：用户打开套件并阅读使用说明。按照说明，用户需要在保证没有饮食、吸烟等干扰因素的情况下提供唾液样本。通常建议用户在采样前 30 分钟避免这些干扰。用户将唾液吐入唾液采集管，直到达到指定的刻度线，然后将保存液倒入管中以稳定样本。

3. 邮寄样本

封装样本：用户将唾液采集管密封，贴上条形码标签，并填写必要的文书。

回寄样本：将唾液采集管放入回寄信封内，信封邮资已经预付，用户直接邮寄回 23andMe 的实验室即可。

4. 实验室分析

接收样本：23andMe 实验室接收样本并通过条形码进行登记。

DNA 提取：实验室技术人员从唾液样本中提取 DNA。

基因测序：实验室使用高通量基因组测序技术，通常是基于单核苷酸多态性（SNP）芯片技术。这个过程包括 DNA 剪切、扩增、标记和混合，再通过芯片上的探针捕获目标 DNA 片段，最终进行测序。

生成的数据包含数百万个位点的基因型信息。

5. 数据分析和报告生成

（1）生物信息学分析。

计算系统对测序数据进行清理、比对和分析，将识别出的基因变异与数据库中已知的遗传特征、健康风险和祖源信息进行比对，得出结论。

（2）生成报告。

根据分析结果，生成个性化的基因报告。报告内容包括健康状况预测、疾病风险、药物反应、遗传特征（如酒精耐受性、咖啡因代谢等）、祖源成分和亲属匹配等。

6. 用户访问报告

通知客户：数据分析完成后，用户会收到通知，可以在线访问报告。

查看报告：用户登录 23andMe 的个人账户，通过网站或应用程序查看和下载报告。

隐私保护：客户可以选择数据的共享和隐私设置，控制哪些信息公开或与研究机构分享。

7. 个性化建议和后续服务

健康建议：基于报告中的信息，23andMe 提供相关的健康与生活方式建议。

遗传咨询：用户可联系 23andMe 提供遗传咨询服务，以获取更专业的建议和解读。

连接社区：用户可以选择与其他用户共享自己的基因信息，进行亲缘匹配或加入基因兴趣小组。

更新服务：随着科研进展，用户可能会不断收到新的基于最新研究的报告。

8. 成功实践

遗传病筛查：23andMe 的基因检测服务能够帮助人们提前了解自己的遗传病（如囊性纤维化、乳腺癌等）风险，从而采取预防措施或进行早期干预。

个性化健康建议：基于基因检测结果，23andMe 还能为用户提供个性化的营养、运动等健康建议，帮助用户改善生活方式，降低疾病风险。

推动科研进步：23andMe 还鼓励用户参与科研项目，将匿名化的基因数据用于科学研究，帮助科学家更好地理解人类遗传变异与疾病之间的关系。

9. **启示**

个性化医疗的未来：23andMe 的案例展示了个性化医疗的广阔前景，通过基因检测等技术手段，可以实现疾病的早期预防、精准诊断和治疗。

用户隐私与数据安全：在推广个性化医疗服务的同时，必须高度重视用户隐私和数据安全，确保个人信息不被滥用。

公众教育与科普：提高公众对遗传学和基因组学的认识，有助于推动个性化医疗的普及和发展。通过科普教育，让更多人了解基因检测的意义和价值，积极参与健康管理。

3.5.3 案例三：区块链在药品追溯与防伪中的应用——MediLedger

药品追溯与防伪是保障患者用药安全的重要环节。然而，传统的药品追溯系统往往存在信息不透明、易篡改等问题。区块链技术以其去中心化、不可篡改的特性，为药品追溯与防伪提供了新的解决方案。MediLedger 对区块链的应用是这一领域的一个成功实践案例。以下介绍 MediLedger 的工作流程。

1. **参与者注册与网络建立**

（1）参与者绑定。

身份验证：参与者需要提交详细的公司信息、营业执照、行业认证等，经过审查后获得进入 MediLedger 网络的权限。

授权绑定：获得权限后，参与者会获得独特的加密密钥，用于访问和操作网络。

（2）节点配置。

区块链节点：其内部系统会为每个参与者配置一个区块链节点软件，通过安全加密的方式与 MediLedger 网络连接。

节点同步：初始设置完成后，节点会自动同步区块链的历史数据，确保所有参与者拥有统一的账本。

2. **区块链网络搭建**

（1）私有链/联盟链。

权限管理：网络中的节点分为管理节点和普通节点，管理节点负责网络的治理决策，而普通节点用于参与日常事务。

网络拓扑：通常采用星型、环型等拓扑结构，确保数据的快速传递和网络的高可靠性。

（2）智能合约与节点配置。

智能合约设计：智能合约用编程语言编写，定义药品批次记录、流转信息的具体业务逻辑和规则。

部署与测试：合约代码部署到网络上并经过严格的测试，包括功能测试、安全测试等，确保代码无漏洞且能正确执行。

3. **数据录入与共享**

（1）药品生产与信息录入。

数据采集设备：制药厂通过自动化设备或手动操作，采集药品生产信息并通过 API 接口发送到区块链。

上链信息：典型信息如药品名称、批次号、生产时间、有效期、成分等，每条信息都通过散列函数生成唯一的哈希值，记录在区块链中。

（2）分发与追踪。

物流节点：物流公司扫描药品包装上的唯一标识码，并记录运输时间、经手人等信息，然后将其上传到区块链。

多方验证：每个转手环节的信息通过共识机制验证，确保数据的真实性和一致性。

4. **防伪机制**

（1）唯一标识码。

生成与绑定：每个药品包装上的二维码或无源射频识别（RFID）标签，通过加密算法生成，其数据通过智能合约绑定到区块链中的生产记录。

动态更新：可根据流转情况实时更新信息，如运输药品到新地点时及时更新地理位置等信息。

（2）验证真实性。

消费者端应用：开发消费者可以使用的移动应用，扫描二维码或读取RFID标签，实时查询区块链上的详细信息。

透明教育：向消费者教育如何使用该技术进行验证，增强其对购买药品的信心。

5. **智能合约与自动化**

（1）自动匹配与核查。

业务逻辑：合约内包含规则，例如，每个批次的药品应进入哪些指定的流通环节；若出现不符合规则的情况（如未授权的突然跳转），系统则会自动报警。

账本更新：对每笔交易会自动记录并更新，所有变更都必须经过节点的共识验证。

（2）异常检测与预警。

实时监控：内置监控工具持续扫描所有交易和事件，如发现与预期不符情况（如路径异常、数量差异），立即发送报警通知。

自动化响应：根据预先设定的响应策略，系统可以采取自动措施，如锁定异常批次、通知相关方检查等。

6. **数据监管与分析**

（1）实时监控。

仪表板监控：供应链参与者可访问基于区块链数据的实时仪表板，查看各种关键指标，如库存水平、运输状态等。

时间戳服务：所有操作附加准确的时间戳，监管机构可以追踪每个操作的时间和执行者。

（2）数据审计。

不可篡改记录：区块链上所有记录都不可篡改，保障数据审计的准确性。

多层次权限：监管机构拥有更多权限，可以访问细化的数据，进行深入的审计和分析。

（3）报告生成。

自动化报告：系统自动生成报表，报表涵盖生产、流通过程的详细数据，支持各类格式（如 PDF、XSL），便于相关部门管理审查。

合规报告：根据法规要求生成特定的合规报告，便于企业向监管机构提交。

7. 系统集成与扩展性、兼容性

（1）与现有系统集成。

API 接口：提供标准化 API 接口，便于与企业内部系统（如 ERP、WMS）进行数据交互。

数据转换：支持主流数据格式（如 JSON、XML），确保信息在不同系统间的无缝对接。

（2）扩展性与兼容性。

模块化设计：系统采用模块化设计，便于功能扩展和更新。

跨平台支持：支持多种操作系统和数据库，易于区块链在不同 IT 环境中部署和运行。

8. 用户教育与培训

（1）培训计划。

入门培训：为新加入的企业提供基础培训，讲解区块链基础知识、系统操作技术、智能合约等内容。

高级培训：针对技术人员和高级管理层，提供深度培训，包括安全策略、数据分析、合规性审核等方面的培训。

（2）持续支持。

技术支持：建立技术支持团队，提供全天候（24/7）的技术咨询和问题解决服务。

定期更新：定期更新系统，确保最新的功能和安全修补工作正常运行。

（3）成功实践。

建立透明追溯体系：MediLedger 利用区块链技术，为药品从生产、流通到使用的每一个环节建立了一个透明可追溯的体系。消费者、医疗机构、监管机构等各方都可以通过区块链平台查询到药品的详细信息，确保药品来源可靠、质量可控。

防伪验证：区块链上的每一条记录都带有时间戳和加密签名，确保了数据的真实性和不可篡改性。一旦药品被假冒或篡改，其信息将无法与区块链上的原始记录相匹配，从而有效防止了假药流入市场。

提高监管效率：区块链技术使得监管机构能够实时监控药品的流向和状态，及时发现并处理潜在的安全问题。同时，区块链上的数据共享机制也促进了不同部门之间的协同合作，提高了监管效率。

9. 启示

技术创新与监管融合：MediLedger 的案例表明，技术创新与监管政策的融合是推动行业进步的关键。通过引入区块链等新技术，可以显著提高监管效率和药品安全水平。

数据共享与协作：区块链技术促进了数据共享和跨部门协作，为构建更加高效、透明的药品追溯体系提供了有力支持。未来，应继续加强数据共享机制建设，推动各方共同参与药品安全监管。

消费者教育与信任建立：区块链技术在药品追溯中的应用有助于提升消费者对药品安全的信任度。然而，这也需要加强对消费者的教育和引导，让他们了解区块链技术的原理与应用价值，从而更好地利用这一技术保障自身权益。

3.5.4 案例四：精准医疗的突破——CAR-T 细胞疗法在癌症治疗中的应用

CAR-T 细胞疗法，作为精准医疗领域的璀璨明珠，正逐步改变着癌症治疗的格局。通过基因工程技术，CAR-T 细胞疗法能够重新编程患者自身的 T 细胞，使其具备识别并摧毁特定癌细胞的能力，为那些传统疗法难以奏效的癌症患者带来了前所未有的治疗希望。

诺华在 CAR-T 细胞疗法领域有显著的成就，凭借其卓越的研发实力和深厚的行业经验，成功推出了全球首款获批的 CAR-T 细胞疗法产品——Kymriah。该产品针对难治性或复发性急性淋巴细胞白血病（ALL）及特定类型的弥漫性大 B 细胞淋巴瘤（DLBCL）患者，展现了令人瞩目的治疗效果。

诺华不仅负责 Kymriah 的生产和质量控制，还积极与全球医疗机构合作，确保患者能够安全、有效地接受这一创新疗法。

1. **个性化定制流程**

患者筛选与评估：首先，医疗机构会对潜在的患者进行全面的筛选和评估，以确定其是否适合接受 CAR-T 细胞疗法。这包括对患者病情、身体状况、遗传背景等多方面的考量。

T 细胞采集与处理：一旦患者被确定为适合接受 CAR-T 细胞治疗，医疗机构将采集患者的外周血样本，并从中分离出 T 细胞。这些 T 细胞随后会被送往专门的实验室进行进一步的基因改造。

基因改造与扩增：在实验室中，科学家会使用病毒载体将特定的 CAR 基因导入 T 细胞中，使其能够识别并攻击癌细胞上的特定抗原。经过基因改造的 T 细胞会在实验室条件下进行扩增，以增加其数量，为治疗做好准备。

质量控制与放行：扩增后的 CAR-T 细胞会受到严格的质量控制和检测，确保其具有安全性和有效性。一旦通过所有检测，这些细胞将被冷冻保存并运回医疗机构，准备用于患者的治疗。

2. **治疗过程与监测**

细胞回输：在患者接受必要的预处理（如化疗）后，改造后的 CAR-T 细胞会被注入患者体内。这些细胞将迅速在患者体内增殖并寻找目标癌细胞进行攻击。

密切监测：在治疗过程中，医疗团队会对患者进行密切的监测和评估，以观察治疗效果和可能出现的副作用。这包括定期的血液检查、影像学检查以及对患者症状的评估等。

后续治疗与支持：根据患者的具体情况，医疗团队可能会制定后续的治疗计划和支持措施，以确保患者能够顺利度过治疗期并恢复健康。

3. **显著疗效与长期随访**

高缓解率与生存率：多项临床试验表明，对于难治性或复发性 ALL 及 DLBCL 患者，CAR-T 细胞疗法能够实现较高的完全缓解率和长期生存率。许多患者在接受治疗后能够长期保持无病状态甚至痊愈。

长期随访与数据收集：为了更全面地了解 CAR-T 细胞疗法的长期效果

和安全性，医疗机构会对接受治疗的患者进行长期的随访和数据收集工作。这些数据将为未来的研究和治疗提供宝贵的参考和依据。

宾夕法尼亚大学作为CAR-T细胞疗法的发源地之一，在该领域的研究具有里程碑式的意义。该校的卡尔·朱恩教授及其团队不仅开创了CAR-T细胞疗法的研究先河，还持续推动该技术的改进和创新。他们的研究成果为全球范围内的CAR-T细胞疗法研究提供了重要的理论基础和技术支持。

CAR-T细胞疗法的成功实践不仅展示了精准医疗的巨大潜力，也强调了跨学科合作、个性化治疗以及长期随访与数据收集在推动医疗科技进步中的重要性。随着技术的不断发展和应用的拓展，我们有理由相信CAR-T细胞疗法将为更多癌症患者带来生命的希望与光明。

3.5.5 案例五：数据在决策驱动中的应用

在生物医药产业中，数据正逐渐成为驱动决策的核心要素。随着大数据、人工智能等技术的不断发展，企业能够收集、处理和分析海量的生物信息学数据、临床数据以及患者反馈数据，从而作出更加精准和科学的决策。

临床决策支持系统：基于大数据和人工智能技术的临床决策支持系统能够整合患者的病史、实验室检查结果、基因信息等数据，为医生提供个性化的治疗方案建议。这些系统不仅提高了诊疗的精准度，还降低了医疗差错的风险。

药物研发优化：通过对大量临床试验数据的分析，企业可以更快地识别出有潜力的药物候选物，优化临床试验设计，减少研发时间和成本。同时，数据分析还能帮助预测药物的安全性和有效性，提高新药上市的成功率。

数据价值的深入挖掘：生物医药产业通过加强对数据的收集、整合和分析能力，深入挖掘数据的潜在价值，为临床决策、药物研发等提供有力支持。

数据安全和隐私保护：在利用数据驱动决策的同时，必须高度重视数据安全和隐私保护问题。建立完善的数据管理制度和隐私保护机制，确保患者个人信息与敏感数据不被泄露和滥用。

数据共享与开放：推动数据共享和开放是促进生物医药产业创新发展的

重要途径。通过构建数据共享平台，促进不同机构之间的数据交换和合作，加速科研成果的转化与应用。

3.5.6 案例六：智能工厂在生物药物生产中的应用

智能工厂通过引入自动化设备、物联网和实时数据监控系统，优化生产过程，减少人工干预，提高生产效率和产品质量。

复星医药通过以下步骤建立智能工厂：

物联网设备部署：在生产线的各个环节布置传感器和 IoT 设备，监控温度、压力、pH 值和流量等关键参数。

实时数据采集与传输：IoT 设备实时采集生产参数，并将数据传输至中央控制系统。该系统采用数据存储与处理平台，如阿里云，进行大规模数据处理。

自动化生产线：引进自动化设备，如机器人系统、自动化输送带和自动化发酵罐，实现从培养基制备到产品包装的全自动化生产。

智能控制系统应用：采用高级过程控制系统和人工智能算法，对实时数据进行分析和建模，自动调整生产参数，确保最佳生产状态。

3.5.7 案例七：智能供应链管理在原材料采购中的应用

生物医药企业在原材料供应上经常面临不确定性，而智能供应链管理系统能够通过实时数据分析和预测，优化采购和库存管理，降低风险和成本。

上海医药的智能供应链管理的具体实施步骤包括以下几个方面：

供应链数字化转型：部署 ERP 系统和供应链管理（SCM）系统，数字化管理整个供应链流程，涵盖供应商选择、订单处理以及库存管理。

数据采集与集成：利用传感器和 IoT 设备实时收集供应链各环节的数据，包括原材料库存水平、运输状态、市场需求和价格波动等。

大数据分析和人工智能：使用大数据平台对海量供应链数据进行存储、处理和分析，使用人工智能和机器学习模型预测原材料需求、价格波动及市场趋势。

智能决策支持：基于分析结果，系统自动生成采购策略、供应商选择方案和库存补充计划。供应链管理人员可以通过可视化仪表盘实时监控，快速作出决策。

实时监控与风险管理：利用实时监控系统，持续跟踪运输状态，识别潜在风险。制定应急方案和优化供应链结构，提高对突发事件的响应能力。

上海医药的智能供应链管理带来了显著的成效，如库存成本降低、现金流优化、缺货导致的生产中断次数减少，以及供应链风险管理能力的提高等。

3.5.8 总结

通过对以上案例的分析，我们可以得出以下结论：

（1）技术创新是推动生物医药产业发展的关键。无论是人工智能、区块链、基因编辑还是细胞疗法等新技术，都在不断重塑生物医药产业的面貌，为疾病的预防、诊断和治疗提供了新的解决方案。

（2）跨学科合作是推动技术创新的重要途径。生物医药产业的复杂性和多样性要求不同领域的专家共同合作，共同解决科研与临床中的难题。

（3）法规政策与技术创新应相辅相成。在推动技术创新的同时，需要建立完善的法规政策体系来保障患者安全、促进技术健康发展。同时，法规政策也应具有一定的灵活性和前瞻性，以适应技术创新的快速发展。

（4）加强公众教育与科普。提高公众对生物医药新技术的认识和接受度，是推动这些技术普及和应用的关键。加强科普教育和宣传，可以帮助公众更好地了解新技术的价值与意义，从而积极参与健康管理和疾病预防。

3.6 生物医药产业面临的挑战与应对策略

3.6.1 法规政策适应性：如何在新技术快速迭代中保持法规的灵活性与有效性

随着生物医药领域技术的迅猛发展，传统的法规和政策体系常常显得滞后。为了确保新技术的安全有效性，同时促进其快速应用，生物医药产业需要依靠灵活且有效的法规和政策体系来适应不断变化的科技环境。以下介绍应对这一挑战的相应策略。

3.6.1.1 持续监控与前瞻性监管

建立动态监管框架：构建一种能够随时调整的动态监管体系。这个体系应包含实时监控机制，随时监测技术的发展趋势以及潜在风险，从而能及时修改和完善法规，确保其与技术发展同步。

采用前瞻性监管方法：通过预测和分析技术发展的方向及其可能产生的影响，制定前瞻性的法规政策。这需要监管机构具备相当的技术知识储备和分析能力，并需依赖强有力的科技研究支持。

3.6.1.2 多方合作与共建合规标准

加强多方合作：科技企业、学术机构和监管机构应紧密合作，共同开发和制定合规标准及指导方针。行业协会和标准组织在这里可以发挥重要作用，通过组织举办研讨会和座谈会，共同探讨技术发展中的安全性与有效性问题。

构建咨询与反馈机制：建立一个透明且高效的沟通渠道，使企业在研发新技术过程中可以随时向监管机构咨询，并能快速获得反馈。这有助于企业及时调整研发方向，确保合规。

3.6.1.3 沙盒机制与试点项目

引入监管沙盒机制：监管沙盒提供受控环境，使公司可以在受限制的条件下测试新技术。这种机制允许在实际操作中收集数据和经验，从而为法规的更新提供实证依据，同时降低新技术给公众健康带来的潜在风险。

开展试点项目：推行试点项目，以更小的规模验证新技术的效果和可靠性。这不仅能够有效评估新技术的可行性和潜在风险，还能为制定全面推广的法规和政策提供实证数据。

3.6.1.4 技术评估与风险管理

实行技术评估：设立专门的技术评估部门，对新技术进行全面评估，包括技术风险、伦理影响及其对社会的潜在影响。评估结果应作为法规修订的重要参考依据。

强化风险管理机制：建立全面的风险管理体系，确保在技术应用的每个阶段，均能有效识别、评估和管理潜在风险。应制定清晰的风险应对策略和应急预案，以应对可能出现的各种突发情况。

3.6.1.5 法规培训与公众参与

法规培训：定期为科研机构、企业和监管人员提供法规培训，提高其对最新法规政策的理解和应用能力。培训内容应包括法规的变更和新的合规要求，以保障各方对法规的充分理解和执行。

提高公众参与度：鼓励公众参与法规的制定和修订过程，提升透明度和公众信任度。通过公众咨询和公众听证会，收集反馈意见，使法规更具现实针对性和可操作性。

3.6.1.6 案例分析：欧盟的监管实践

在应对生物医药技术的快速发展和法规适应性方面，欧洲积累了丰富的实践经验，值得其他国家学习和借鉴。以下将分析欧盟在这方面的具体举措。

1. 设立欧洲药品管理局（EMA）

欧洲药品管理局是欧盟的主要医药监管机构，负责评价人用和兽用药品的科学评估和安全监控。EMA 在推动生物医药技术的创新和应用方面，展现了其监管能力的灵活性与前瞻性。

2. 快速审批通道

快速通道：为满足尚未满足的医疗需求，EMA 建立了快速审批通道机制，加快特定药品的上市审批流程。通过这一通道，具有显著临床益处的新药可以更快地获得市场准入。

优先药物（PRIME）计划：该计划旨在为具有重大治疗创新潜力的新药提供早期且加强的科学和监管支持。通过 PRIME 计划，关键药物可以享有加速评审的待遇，进一步加快其进入市场的速度。

3. 适应性路径

适应性路径是 EMA 的一项创新监管工具，旨在确保具有重要公共卫生意义的疗法能够更快、更灵活地进入市场。该路径允许药品在更小的患者群体中“更早地”获得批准，同时继续收集数据来支持进一步的监管决策。

逐步扩展：药品最初在有限患者群体中使用，一旦收集到足够的安全性和有效性数据，其使用范围将逐步扩大。

实时调整：根据实际使用中的新数据，可以灵活调整药品信息和适应症，确保药品在临床实践中保持有效性和安全性。

3.6.1.7 案例分析：中国的监管实践

中国在推动生物医药科技创新和监管适应性方面，采取了多种监管机制来促进新兴技术的安全市场测试和规范发展。以下介绍一些关键的监管机制和措施。

1. 法律法规体系建设

中国全面升级了药品监管的法律法规体系，该体系包括《中华人民共和国药品管理法》《中华人民共和国疫苗管理法》和《医疗器械监督管理条例》等，确立了风险管理、全程管控、科学监管和社会共治的基本原则。

2. 审评审批制度改革

中国深化审评审批制度改革，建立健全优先审批、附条件批准上市等系列制度，实行提前介入、研审联动、平行检验等创新举措，以提高审评审批的效率和质量。

3. 全生命周期质量监管

中国加强了药品全生命周期的质量监管，改革完善疫苗管理体制，深入开展药品安全专项整治行动，健全常态化药品安全风险排查化解机制。

4. 药品监管能力建设

中国加强了药品监管能力建设，国务院办公厅印发《关于全面加强药品监管能力建设的实施意见》和《关于建立职业化专业化药品检查员队伍的意见》，建立了多个审评检查分中心和监管科学研究基地，提高了监管的预见性、靶向性与时效性。

5. 监管科学研究

中国实施了药品监管科学行动计划，开展监管科学重点项目，加强监管新工具、新标准、新方法的研究开发，提高监管的科学性和有效性。

6. **人才队伍建设**

中国注重药品监管专业化人才队伍建设，推进药品检查员、审评员和监测评价、稽查办案等队伍建设，提高监管的专业性和技术性。

7. **信息化监管**

中国积极推动监管方式方法的创新，以信息化引领药品监管现代化，推进各层级监管业务系统互联互通、共享共用，加强药品全生命周期风险数据归集、关联分析、深化应用。

这些措施体现了中国在生物医药领域的监管适应性和创新能力，旨在确保药品的安全性、有效性与质量，同时促进医药产业的创新发展。

3.6.1.8 实践总结与启示

在推动生物医药技术发展过程中，一些国家展示了灵活、动态的法规适应性模式。这些模式不仅促进了行业创新，也提高了公共健康的保障水平。以下为其他国家可借鉴的几点启示：

前瞻性监管：建立具有前瞻性的动态监管框架，通过实时监控和反馈机制，确保法规与技术发展同步。

多方合作：加强科技企业、学术机构和监管机构之间的合作，共同制定与优化合规标准和指南。

受控测试环境：引入沙盒机制，允许新技术在受控环境中逐步验证，并根据测试结果进行法规调整。

透明沟通与公开创新：建立透明的沟通渠道和开放的创新平台，增强监管过程的透明度与技术应用的实效性。

通过借鉴一些国家的监管实践，其他国家可以更好地应对生物医药产业的新质生产力挑战，促进该领域的持续健康发展。

3.6.2 数据安全与隐私保护：生物数据、患者信息的保护策略

随着生物医药产业的数字化进程加快，企业和研究机构大量使用和处理生物数据与患者信息。这些数据的高度敏感性使得保护数据安全与隐私成为

首要挑战之一。有效的数据保护策略不仅能保护患者隐私，还能提升企业的信誉和发展潜力。以下是应对策略。

3.6.2.1 制定严格的数据保护政策

有效的数据安全和隐私保护首先需要完善的政策与制度保障。

合规政策：国外通过制定一些政策，如欧盟《通用数据保护条例》（GDPR）、美国《健康保险携带和责任法案》（HIPAA）等数据保护政策，确保数据处理过程符合法律法规要求。中国在数据保护方面有一系列法律法规，其中包括《中华人民共和国个人信息保护法》《中华人民共和国数据安全法》和《网络数据安全管理条例》等。这些法律法规共同构成了中国在个人信息和数据保护方面的法律框架，旨在保护个人隐私、促进数据的合理利用，并维护国家安全。

隐私政策：公开透明地告知患者其数据的收集、使用、存储和共享方式，并确保数据处理仅限于事先声明的目的。

数据最小化原则：在数据收集和处理过程中，坚持数据最小化原则，只收集和保留实现处理目的所必需的最少量数据。

3.6.2.2 应用先进的加密技术

加密技术是在传输和存储过程中保护数据的重要手段。

数据传输加密：在数据传输过程中，使用端到端加密协议确保数据在传输途中的保密性和完整性。例如，使用传输层安全性协议（TLS）或其前身安全套接层（SSL）来保护数据在传输过程中的保密性和完整性是非常重要的。TLS/SSL通过加密数据包来防止数据在传输过程中被窃取或篡改。

数据存储加密：使用强大的加密算法（如AES-256，高级加密标准，采用256位密钥）对存储的数据进行加密，是确保数据安全性的有效手段。即使数据被非法获取，没有正确的密钥也无法解读加密后的数据。

密钥管理：建立严格的密钥管理策略，包括密钥的生成、存储、访问控制、轮换和销毁等策略，是确保加密系统安全性的关键。密钥管理还应包括对密钥访问的审计和监控，以防止未授权的密钥使用。

3.6.2.3 建立多层次的安全防护体系

数据安全需要多层次的技术手段和管理措施来共同保障。

身份认证与授权：实施多因素身份认证，确保只有经过授权的用户才能访问敏感数据。同时，基于角色的访问控制进一步限制数据访问权限。

防火墙与入侵检测/防御系统（IDS/IPS）：部署防火墙和入侵检测/防御系统，实时监控和防止异常访问与攻击行为。

数据防泄露系统（DLP）：通过 DLP 监控和控制敏感数据的外发，防止数据泄露。

3.6.2.4 定期审计与风险评估

确保数据安全需要常态化的审计与评估来识别和应对潜在风险。

定期审计：定期对数据处理活动进行审计，确保数据保护政策的有效落实。审计报告可为发现和改进系统漏洞提供依据。

风险评估：定期进行数据安全风险评估，识别高风险环节，制定和实施风险缓解措施。

漏洞扫描与渗透测试：通过定期的漏洞扫描和渗透测试，发现系统中的安全缺陷，并及时进行修补与加固。

3.6.2.5 强化数据使用中的隐私保护技术

保护患者隐私需要在实际数据处理过程中采用技术手段。

数据脱敏：使用数据脱敏技术对敏感数据进行模糊处理，使之在数据分析和研究中无法透露具体的个人信息。

匿名化与伪匿名化：在处理患者数据时，采用匿名化或伪匿名化技术，使得数据无法直接关联到特定个人，从而保护个体隐私。

差分隐私：通过添加噪声等技术手段，确保数据分析结果在统计层面有效，同时防止个体数据信息泄露。

3.6.2.6 数据共享与第三方合作的安全管理

与第三方的数据共享和合作需要特别的安全管理措施。

数据处理协议：与第三方签订详细的数据处理协议，明确数据的使用范围、保护措施和责任分工。

供应商管理：对处理数据的第三方供应商进行严格的筛选和定期评估，确保其具备足够的数据保护能力。

安全信任框架：建立可信的跨机构数据共享框架，采用标准化的数据接口和传输协议，确保数据在共享过程中仍受保护。

3.6.2.7 加强员工培训与意识提升

保障数据安全不仅涉及技术问题，更需要全体员工的共同参与。

定期培训：组织定期的数据安全和隐私保护培训，提高员工的安全意识与能力，确保员工理解并遵守数据保护政策。

应急响应演练：定期进行有关数据泄露和安全事件的应急演练，确保员工能够快速有效地应对突发数据安全事件。

安全文化建设：在企业内部推广和建设重视数据安全的企业文化，使保护数据成为每个员工的自觉行动。

3.6.2.8 全球数据安全与隐私保护实践

在应对数据安全与隐私保护方面，除了欧美国家积累了丰富经验，中国也在不断完善相关法律法规，并积极采取多种措施保障生物数据和患者信息的安全。以下是中国在这方面推行的一些法律法规和政策措施。

1.**《中华人民共和国网络安全法》**

中国于2017年6月实施《中华人民共和国网络安全法》，为数据安全特别是个人信息保护提供了法律依据。措施和效果如下：

个人信息保护原则：强调数据最小化、公开透明、公平合法等原则，要求企业在收集、使用个人信息时要明确告知使用目的，并仅限于必要范围。

数据本地存储：规定关键信息基础设施的运营者在境内收集和产生的个人信息与重要数据必须存放在国内，涉及跨境的数据需要进行安全评估。

紧急响应机制：要求与信息安全相关的行业建立健全应急响应机制，以便及时应对和处理数据泄露等信息安全事件。

2.《中华人民共和国个人信息保护法》

中国于2021年11月正式实施《中华人民共和国个人信息保护法》，全面提升了个人信息保护的法律框架。该法律虽与欧盟的《通用数据保护条例》有很多相似之处，但也结合了中国的具体国情。措施和效果如下：

数据主体权利保障：赋予个人一系列权利，包括知情权、访问权、删除权、异议权、数据可携权等，并要求个人信息处理者充分保障这些权利。

处理者责任：规定个人信息处理者必须采取必要措施保护个人信息的安全，包括定期进行安全审计和风险评估，建立数据安全保护制度。

强制执法与处罚：对违反法律规定的行为制定了严格的处罚措施，如高额罚款等，增强了法律的威慑力。

3. 中国的区域医疗信息平台

中国多个城市建立了区域医疗信息平台，通过信息化手段实现医疗资源的整合和优化，提升医疗服务质量。措施和效果如下：

严格的访问控制：平台设计了严格的权限管理系统，不同权限的用户只能访问和处理与其职能相关的数据，有效防止数据被滥用。

数据加密：采用高强度的加密技术对医疗数据进行保护，确保数据在传输和存储过程中的安全。

综合监控与审计：建立综合监控系统和审计机制，实时监控数据访问与处理行为，及时发现和阻止异常活动。

3.6.2.9 小结

在生物医药产业中，生物数据和患者信息的保护是一个复杂且关键的问题。通过制定严格的数据保护政策、应用先进的加密技术、建立多层次的安全防护体系、定期审计与风险评估、强化隐私保护技术、管理数据共享与第三方合作，以及加强员工培训与提升员工意识，企业和机构可以有效保障数据安全和患者隐私，同时遵循全球、国家和区域的数据保护法规。这不仅有助于提高患者和公众的信任度，也为生物医药产业的长远发展铺平道路。

3.7 结论与展望

在 21 世纪，生物医药产业正经历着一场深刻而广泛的变革，新质生产力的引入和应用无疑是这一变革的核心驱动因素。新质生产力涵盖了人工智能、大数据、生物技术以及其他先进科技的融合，这些新兴技术已经并将持续给生物医药产业带来翻天覆地的变化。

1. **人工智能与机器学习**

药物发现：人工智能和机器学习在药物发现阶段的应用，有效缩短了研发周期。传统的药物筛选需要耗费大量时间和人力，而人工智能可以通过海量数据分析和建模，大幅提高潜在药物分子的识别速度。机器学习算法还能通过预测分子结构与靶标蛋白的相互作用，优化药物设计。

基因编辑与合成生物学：CRISPR 等基因编辑技术的普及，使得基因组的精准修改成为可能。合成生物学则借助 DNA 合成与改造技术，设计和合成新的生物系统，这些技术的成熟显著加快了新疗法和新药物的研发进程。

2. **大数据分析**

大数据的集成与应用：生物医药领域积累了海量的生物数据和临床数据，大数据技术可帮助研发人员从中挖掘有价值的信息。通过整合多源数据，建立完整的患者画像，研发人员能够更准确地理解疾病机制和病程发展，提高药物研发的成功率。

3. **先进制造与自动化**

智能制造：在药品生产流程中，先进制造技术和自动化系统显著提高了生产效率。智能工厂利用物联网技术，能够实现全流程的监控和优化。例如，机器人和计算机视觉系统在药品包装和质量检测中的应用，大大减少了人为错误和生产时间。

连续制造：传统的药品生产采用批量制造，而连续制造技术则通过一体化、连续的生产线，能够实现更高的生产效率和稳定的产品质量。这种生产方式尤其适用于小批量、个性化药品的生产，符合精准医疗的发展趋势。

4. **数据驱动管理**

智能供应链管理：在医药供应链中，物联网和大数据分析技术优化了供应链管理流程。通过实时监控药品库存、运输以及销售数据，企业能够更高效地进行资源调配和风险管理，降低供应链中断的概率。

区块链技术：在医药供应链管理中，区块链技术提供了一种透明且防篡改的数据记录方式。通过区块链追踪药品从生产到终端的全过程，能够有效防止假药流通，提升药品的安全性和可信度。

5. **智能监管**

自动化合规审查：通过人工智能和机器学习技术，监管机构能够自动审查医疗器械和药品的合规性。自动化审查系统可以实时分析大量法规文本和临床数据，帮助监管者及时发现并纠正违规行为，提高监管效率。

6. **精准医疗与个性化治疗**

基因组学与个性化医疗方案：基因组学的快速发展使得基因测序成本不断下降，实施个性化医疗方案成为可能。利用基因数据和患者的健康数据，医生能够为每个患者制定个性化的治疗方案，提高疗效并减少副作用。

免疫疗法：免疫疗法在癌症治疗中展现了巨大潜力。通过修改患者的免疫细胞或直接使用合成免疫分子，个性化的免疫疗法能够精准攻击癌细胞，提高治愈率并减少副作用。

7. **远程医疗与数字健康**

远程诊断和治疗：借助5G通信技术和远程医疗系统，医生可以为偏远地区的患者提供高质量的医疗服务。远程诊断和治疗系统不仅打破了地域限制，还能快速响应突发公共卫生事件。

可穿戴设备与健康监测：各种可穿戴设备提供了持续的健康监测数据。通过智能分析这些数据，医生和健康管理者能够为患者提供个性化的健康指导和干预方案。

8. **强化数据安全**

数据加密与隐私保护：随着生物数据和患者信息的规模扩大，数据安全和隐私保护成为生物医药产业的焦点。使用先进的数据加密技术和隐私保护框架，如差分隐私，能够有效防止数据泄露，保护患者隐私。

多方协同保护：通过跨部门和跨机构的数据共享安全协议，加强数据共享过程中的安全防护，确保数据在流转中的安全和隐私保护。

新质生产力的引入，正在改变生物医药产业的面貌。从精准医疗到智能化健康护理，从高效数据分析到跨学科合作，这一系列变革正在推动人类走向更健康、更长寿的未来。同时，我们也必须认识到，持续的技术创新、伦理审查、法规政策的完善以及全球合作，将是生物医药产业可持续发展的重要保障。让我们共同期待并迎接这场变革的美好未来。

重构

第4章

新质生产力对生物医药生产制造的影响

4.1 自动化技术的应用对生产效率的影响

自动化技术是新质生产力的重要组成部分，在生物医药生产制造中扮演着关键角色。应用自动化技术，可以大幅提高生产效率、优化生产流程、减少人为误差、提升产品质量。本节将从实验室自动化、中试放大、机器人技术以及生产线自动化等方面，探讨自动化技术对生产效率的具体影响。

4.1.1 实验室自动化与中试放大的连接

实验室自动化与中试放大的连接，是从早期研发到大规模生产的过程中至关重要的环节。自动化技术在实验室阶段和中试阶段的应用，不仅加快了研发进程和提高了生产效率，还为向大规模生产的平稳过渡提供了保障。

4.1.1.1 高通量筛选与自动化设备

高通量筛选（HTS）是药物发现初期的重要环节，旨在通过快速筛选大量化合物，找到潜在的药物候选物。HTS 平台通常由自动化设备、机器人系统和数据分析软件组成。自动化 HTS 系统能在短时间内测试数以千计的化合物，大幅度缩短了筛选周期。

HTS 过程中，自动化液体处理系统可精准、快速地分配微量试剂，自动化机械臂能够高效地完成样品装填、处理和分析任务。此外，配备图像分析和检测软件的自动化设备可以实时处理和分析实验数据，从而提高数据的精确性和可靠性。

4.1.1.2 实验室信息管理系统

实验室信息管理系统（LIMS）是支持实验室自动化的重要软件工具。LIMS 通过自动采集、处理和存储数据，提供了全面的数据管理和追溯功能，消除了手工记录的误差。

LIMS 可集成实验室的多种自动化设备，例如，HTS 数据、高效液相色谱（HPLC）数据和质谱（MS）数据等，实现数据的自动上传和分析，借助

LIMS，实验室可以更有效地管理样品信息、实验流程和结果分析，确保数据的准确性和可追溯性，同时加快实验进程。

4.1.1.3 类中试规模反应器系统

在实验室阶段完成药物初步研发之后，需要进行中试放大，确保小规模实验室工艺在放大至大规模生产时仍能保持稳定性和一致性。类中试规模反应器系统在此环节中起关键作用。

自动化生物反应器系统能够模拟生产放大过程中的条件，并提供精确控制。通过自动化传感器和控制系统，生物反应器可以实时监测并调节温度、pH 值、溶解氧等关键工艺参数，确保反应条件的可控性和稳定性。这些系统通常配备数据记录与分析软件，能够生成详细的过程报告，为中试放大和后续大规模生产提供可靠的数据支持。

4.1.1.4 中试生产中的自动化技术

中试生产是连接实验室研究与商业化大规模生产的桥梁。在中试阶段，自动化技术确保工艺放大可以顺利与高效地开展。

1. 工艺参数优化与自动化控制

在中试阶段，自动化控制系统能够精确优化和控制工艺参数（如发酵条件、生物反应条件等），确保每一步操作的准确性和可重复性。例如，自动化发酵系统可以连续监测关键参数，如碳源消耗、酸碱度变化等，并自动调整进料和搅拌速度，以保持最佳的发酵状态。

2. 连续流动技术

连续流动技术是一种新兴的中试技术，通过将生产过程设定为连续操作方式，而非传统的间歇式操作模式，从而提高生产效率和一致性。在这类系统中，自动化设备通过连续流动反应器、连续结晶装置等使反应物流通，自动调节反应条件，精确控制生产过程，实现高效、稳定的中试放大。

3. 数据采集与分析

中试阶段的自动化生产线配备了全面的数据采集与分析系统，通过传感器和自动化设备实时采集温度、压力、流速、成分等数据。所有数据统一汇集到中控系统，由专业软件进行分析和处理。这些数据不仅有助于实时监控和优化生产过程，还为后续的大规模生产提供了宝贵的工艺参数和参考资料。

4.1.1.5 实验室自动化与中试放大的无缝连接

为实现实验室与中试放大的无缝连接，需要在整个流程中引入一体化的自动化系统。现代自动化技术不仅涵盖了实验室阶段的HTS、数据管理和样品处理，还包括中试阶段的工艺优化、参数控制和数据分析。

通过一体化的自动化系统，实验室和中试过程中的数据和工艺信息可以无缝传递和共享。例如，实验室阶段积累的HTS数据和工艺参数，可直接用于中试放大阶段的工艺设计和优化，提高工艺放大的成功率和效率。这种无缝连接，不仅缩短了新药研发的周期，还提高了从实验室到中试放大的全流程的一致性和可靠性。

在生物医药产业，实验室自动化与中试放大的紧密连接为生产全流程提供了重要支撑。自动化技术使得从实验室自动化到中试放大再到大规模生产的整个药物研发和生产过程更加高效、可控和标准化，从而提升了药物的生产效率和质量，为患者带来更安全、有效的治疗产品。

4.1.2 机器人技术在生产线效率提升中的应用

机器人技术已经成为生物医药生产线不可或缺的一部分。通过引入机器人技术，生物医药制造企业能够显著提高生产效率、降低成本、提升产品质量，并优化劳动力资源配置。本节将深入探讨机器人技术在生物医药生产线各个环节的应用，并分析其对提升生产效率的具体贡献。

4.1.2.1 生产线自动化中的工业机器人

工业机器人被广泛应用于生物医药生产的多个环节，涵盖了从原材料处理到成品包装的各个阶段。工业机器人凭借其高速度、高精度和高可靠性，显著提高了生产线的自动化水平和效率。

1. 原材料处理与投料自动化

在生产线的前期，原材料的处理与投料通常是比较耗时且容易出错的环节。工业机器人可以自动完成原材料的卸载、分类、检测和投料任务。智能视觉系统和传感器技术的结合，使工业机器人能够精确识别和分拣不同的原材料，并准确地按规定批量进行投料。这种自动化处理不仅提高了投料的速度和准确性，减少了人为错误的发生，同时也改善了生产环境。

2. 生产过程中的自动化装配

工业机器人在生产过程中极大地提高了装配效率。例如，在疫苗和生物制品的生产中，自动化装填机能够快速、精确地完成药物瓶的装填，确保每一瓶药物剂量的一致性。此外，针对不同产品的装配需求，工业机器人可以通过编程和配置不同的工具来适应多样化的生产任务，从而显著提高生产线的灵活性和适应性。

3. 自动搬运与物流管理

自动搬运与物流管理是生物医药生产中的一个重要环节。传统的人力搬运方式效率低且容易出错，而工业机器人可以通过自动化控制系统，完成原料和成品的搬运、传送和存储。自动导引车和无人驾驶搬运车在生产车间内自动行驶，按照预定路径和时间表高效地进行物料的传输和配送，减少了物料搬运过程中的时间浪费，提升了生产线的整体运行效率。

4.1.2.2 自适应机器人在人机协作中的应用

自适应机器人（Collaborative Robots，Cobots）是被专门设计出的用于与人类操作员共同工作的机器人，旨在实现高度灵活和安全的人机协作。Cobots 可以在生物医药生产线的多个环节中，与人类操作员共同行动，确保生产过程的连续性和高效性。

1. 装配与包装环节协作

在装配与包装环节，人类操作员通常需要进行复杂的质量控制和检查，而这些任务往往比较耗时且容易使人疲劳。Cobots 通过自动装配与包装，减轻了人类操作员的工作负担，使他们可以集中精力进行质量控制和检查以及高级操作。例如，在药物瓶的装填过程中，Cobots 可以自动拾取和摆放药物瓶，并完成封盖和贴标操作，而人类操作员则负责控制和监视整个过程，确保产品质量。

2. **质量控制与检测**

质量控制是生物医药生产中至关重要的一环。通过与智能视觉系统和传感器的整合，Cobots 能够自动执行复杂的检测任务，如外观缺陷检测、尺寸测量和表面质量检查等。例如，在药片生产线上，Cobots 可以通过高清视频摄像头和图像处理算法实时检测药片的外观缺陷，并自动将不合格的产品剔除，提高了质量控制的精度和效率。

3. **灵活生产与快速换线**

生物医药生产经常需要灵活应对不同产品和批次的生产需求。Cobots 具有高度的灵活性和可编程性，可以快速适应不同的生产任务，缩短换线时间。例如，当生产线需要切换生产不同剂型药品时，Cobots 能够通过简单的编程调整，迅速完成工具更换和生产参数设定，极大地提高了生产线的灵活性和响应能力。

4.1.2.3 机器人技术在包装与物流中的自动化应用

生物医药产品的包装与物流是保证产品安全和品质的重要环节。自动化包装与物流系统的引入，不仅提高了效率，还确保了包装与配送过程的高质量标准。

1. **自动化包装系统**

自动化包装系统利用工业机器人和 Cobots，实现对药品的自动装瓶、封盖、贴标和包装。这些导引车和系统通过高速、精确的操作，有效降低了人为包装误差，确保每一瓶药品的密封性和标签的准确性。自动化包装设备可以根据产量需求，灵活调整包装速度和模式，确保包装过程的高效和高质量。

2. **物流自动化与追踪**

物流自动化系统利用自动导引车（AGVs）和自主移动机器人（AMRs），实现药品从生产线到仓储和出库的全自动化传送。这些导引车和机器人通过预设的路径和智能调度系统，高效地完成药品的搬运和存储任务。此外，物流自动化系统通常集成无线射频识别技术，实现对每一批次药品的自动追踪和管理，确保药品在整个物流环节中的可追溯性和安全性。

4.1.2.4 机器人技术在未来生产线中的应用前景

随着机器人技术的不断发展，未来的生物医药生产线将更加智能化和自动化，机器人将进一步融入生产过程的方方面面。新技术的发展，如人工智能和机器学习，将进一步提升机器人在生产线中的应用水平，实现智能化决策和自适应生产，进一步提高生产效率和产品质量。

1. **人工智能驱动的智能生产**

人工智能技术的发展，使得未来机器人能够自主学习和优化生产过程。例如，通过深度学习算法分析生产数据和检测结果，机器人可以自主调整生产参数，优化生产效率和质量。人工智能还可以通过预测性维护技术，提前识别和预防设备故障，确保生产线的连续性和稳定性。

2. **网络化与云端协作**

未来的生产线中，机器人将通过物联网连接实现网络化和云端协作。各个机器人之间、机器人与生产设备之间，通过高速网络和云计算平台实现实时数据共享和协同工作。云端协作平台将为生产线提供全方位的数据分析和决策支持，进一步提升生产效率和灵活性。

3. **个性化定制与按需生产**

随着市场需求的多样化和个性化，未来生物医药生产将更多地采用按需生产模式。机器人技术的高度灵活性和适应性，使其能够快速响应不同产品的生产需求，通过模块化设计和快速配置，满足个性化定制和小批量生产的要求。

4.1.3 自动化技术对生产周期和产品一致性的影响

自动化技术在生物医药生产中的应用，不仅显著缩短了生产周期，还大大提高了产品的一致性。这些技术的实施涉及生产过程的方方面面，从初始的投料到最终的产品包装，贯穿整个生产链条。通过不断优化和自动化各个环节，生物医药企业高效、稳定、可控的生产过程得以实现，确保了产品的高质量和高一致性。

4.1.3.1 缩短生产周期

自动化技术可通过优化生产流程、提高效率和缩短等待时间，在多个环节缩短生产周期。这部分将从生产线自动化、工艺流程优化和即时生产理论三方面，探讨自动化技术如何缩短生产周期。

1. 生产线自动化

传统人工生产线受限于人的工作效率和工作时间，自动化生产线则能够24/7全天候运作，大幅提升了生产效率。以制药企业的包装线为例，自动化机器可以连续不断地进行药品填充、封装、贴标和包装，避免了人工换班带来的停顿和延误。

即使是在复杂的生产工艺中，自动化技术也能通过多任务并行处理，同时执行多个步骤。例如，在疫苗生产中，多个自动化反应器同时进行不同的发酵和纯化流程，有效利用时间资源，缩短整体生产周期。

2. 工艺流程优化

生产工艺流程中每一步的操作时间都对生产周期具有至关重要的影响。自动化系统通过优化工艺参数和流程，将每一步的效率最大化。例如，在生物反应器中，自动化控制系统可以精确调节温度、pH值、搅拌速度和溶氧量等参数，确保最佳生长条件，以最快速度完成反应。再如，自动化液体处理系统通过精确的计量和快速的输送，大幅缩短了反应和调节时间。

此外，自动化技术可以优化设备的切换时间，通过及时的预测性维护减小设备故障率，避免设备停机导致的生产周期延长。

3. 即时生产理论

即时生产理论是一种现代生产管理策略，旨在在需要的时候，按需要的量进行生产，减少库存和生产周期。自动化系统能通过实时数据监控和分析，实现即时生产。例如，在药品生产中，自动化系统可以根据市场需求和库存水平，动态调整生产计划和节奏，确保生产的准时性和灵活性，从而实现零库存或低库存，最大程度缩短存储和等待时间。

4.1.3.2 提高产品一致性

产品一致性是决定生物医药产品质量的关键因素，直接影响患者的安全和疗效。自动化技术通过标准化操作、实时监控与反馈、精准控制与追踪，确保每一批次产品的高度一致性。

1. **标准化操作**

自动化生产系统遵循严格预设的操作标准和参数，消除了人工操作的随机性和差异。标准化操作涉及生产过程中的每一个环节，从原材料的进料、混合、反应，到最终产品的包装和存储，均由自动化设备严格控制和执行。例如，自动化制剂设备能够精确控制每一批次药物的配比和混合条件，确保药物成分和剂量的一致性。

2. **实时监控与反馈**

现代自动化生产系统配备了先进的传感器与监控设备，可实时检测与反馈生产过程中的关键参数。通过自动化控制系统，生产线能够自动调整操作条件，及时纠正偏差，确保生产过程的稳定性和连续性。例如，在发酵生产中，实时监控系统可以连续测量溶氧量、pH 值和温度等参数，并在这些参数出现偏差时自动调整反应条件，确保发酵过程的高度稳定和产物的一致性。

自动化质量控制系统通过在线检测和实时分析，确保每一个生产环节都符合质量要求。例如，自动化视觉检测系统能够在药品包装线上实时进行外观检查，确保每一瓶药品的包装和标签都符合标准。

3. **精准控制与追踪**

精准控制是提高产品一致性的关键。自动化控制系统能够对每一个生产步骤进行精准管理，确保每一批次产品的工艺条件完全一致。例如，在冻干工艺中，自动化控制系统可以精确控制冷冻速率和真空度，确保每一批冻干产品的物理和化学性质一致。

另外，自动化追踪系统可实时追踪和记录每一个生产环节的数据，确保产品的可追溯性和一致性。例如，从原材料的采购、处理、生产到成品的包装和出库，每一个环节都由自动化追踪系统实时记录和追踪。此外，自动化追踪系统还可以实现批次管理和产品召回。

4.1.3.3 质量控制与合规性

生物医药生产质量控制与合规性都是非常严格的，自动化技术能够提供相应的保障。

1. **自动化质量控制**

自动化质量控制技术，如 HPLC、气相色谱（GC）、自动化分光光度计等的应用，能够实现在生产过程中实时监测和控制产品质量。例如，HPLC 可以自动分析每批药品的成分含量，确保纯度和剂量一致。

自动化系统可以连续采集和分析数据，生成质量控制报告，快速识别和解决生产过程中出现的任何质量问题。通过自动化质量控制措施，可以确保每批药品达到规定的质量标准。

2. **合规性与数据完整性**

生物医药产业的严格监管要求企业在各个生产环节都要保持高度的合规性。自动化技术通过数据采集、存储和管理，能够确保所有记录的完整性和可追溯性。自动化系统能够自动生成符合 GMP 要求的生产记录和报告，确保生产过程的数据完整和准确。

例如，自动化系统在每个生产环节都自动记录关键数据，并将这些数据上传到中央数据库中进行存档和分析。当数据出现异常时，系统会自动生成报警提示，并记录异常情况和采取处理措施，确保生产过程的透明度和合规性。

4.1.3.4 未来展望

随着自动化技术的不断进步，未来生物医药生产中的自动化水平将进一步提高，生产效率和产品一致性将得到更大提升。

1. **智能制造与工业 4.0**

未来智能制造与工业 4.0 的深化应用，将通过更广泛的传感器、物联网和大数据分析，实现生产过程的高度智能化和自动化。通过人工智能和机器学习算法，自动化系统将实现自我优化和预测性维护，进一步提高生产效率和产品质量一致性。

2. **个性化生产与精准医疗**

自动化技术还将支持生物医药领域中的个性化生产和精准医疗。通过高度灵活的自动化生产线，可以根据不同患者的需求，快速调整生产参数，制定生产个性化药品的方案，实现更加精准和高效的医疗服务。

3. **持续创新与应用拓展**

未来的自动化技术将不断得以创新和拓展应用，涵盖更多的生产环节和更复杂的工艺流程，如新型生物制品的生产、新材料的应用和先进制剂技术的开发。此外，自动化技术在合规性管理、环境监测和可持续生产等方面也将发挥更加重要的作用，为生物医药产业的高效、稳定和可持续发展提供有力支持。

4.2 数据驱动制造与智能决策

随着生物医药生产制造技术的不断发展，数据驱动制造与智能决策成为提高生产效率和产品质量的重要因素。通过应用大数据分析、数据集成与实时监控，以及基于数据的预测性维护等手段，企业可以实现生产过程的优化和智能化管理。本节将探讨以下内容。

4.2.1 大数据分析在生产工艺优化中的应用

大数据分析在生物医药生产制造中的应用，为工艺优化提供了前所未有的深刻洞察和精确控制。以下将从多角度论述大数据分析在生产工艺优化中的应用，包括数据的获取、清洗、存储、处理、分析以及在生产工艺优化中的具体应用和实际案例。

4.2.1.1 数据获取

1. **数据源的多样性**

生产设备数据：从生产设备中获取的实时数据，如温度、压力、流量、速度等。

质量检测数据：来自质量控制部门的数据，包括产品的含量、纯度、杂质含量等。

环境监测数据：生产环境的监测数据，如湿度、洁净度、环境温度等。

运营数据：生产计划、工艺参数、维护记录、操作日志等。

2. **数据采集技术**

传感器与物联网：通过部署多种传感器和 IoT 设备，实时采集和传输各类生产数据。

自动化系统：通过集成数据采集与监视控制系统（SCADA）、制造执行系统（MES）、企业资源计划系统（ERP），实现数据的自动化采集和汇总。

4.2.1.2 数据清洗与存储

数据清洗：数据清洗是确保数据质量的关键步骤，需包括缺失值处理、异常值检测、数据一致性检查等。

数据标签化和标准化：将不同来源的数据进行标签化和标准化处理，确保数据格式的一致性，同时使数据易于分析。

数据存储：采用 Hadoop、Spark 等分布式存储系统和大数据处理框架，支持海量数据的高效存储和快速读取。

4.2.1.3 数据处理与分析

数据预处理：包括数据筛选、数据变换、特征工程等，提取对工艺参数优化有意义的特征变量。

多维数据分析：利用大数据分析技术，如联机分析处理，从多维度对生产数据进行切片和钻取，挖掘潜在的关联关系。

机器学习与统计分析：运用机器学习算法和统计分析方法（如多元回归分析、分类算法、聚类算法等），识别重要的工艺参数及其对生产结果的影响。

4.2.1.4 工艺优化应用

1. **参数优化**

关键参数识别：通过数据分析，确定影响产品质量和生产效率的关键参数，并开展深入研究以优化这些参数。

动态工艺控制：依据实时数据，动态调整生产工艺参数，如温度、压力、流量等，确保工艺条件最优化。

2. 工艺模型与仿真

数据驱动模型：建立基于大数据的工艺模型，预测不同工艺参数对生产的影响。

仿真与优化：利用工艺模型进行数字仿真，通过仿真结果对工艺流程进行优化调整，减少试验次数和成本。

4.2.1.5 案例研究

大数据分析在生物医药生产制造中的应用为工艺优化提供了深刻洞察和精确控制。通过具体的实例，可以更好地理解大数据分析在提升生产效率和产品质量方面的实际作用。

辉瑞的基因工程药品生产优化

辉瑞公司在北卡罗来纳州的工厂面临发酵工艺产率不稳定的问题，这些问题导致批次之间的产品质量存在差异。

解决方法与过程：

1. 数据获取

安装先进的传感器和数据采集设备，获取发酵过程中包括 pH 值、溶氧量、温度等在内的多种参数数据。利用物联网技术实现实时数据传输和记录。

2. 数据清洗与存储

对采集到的数据进行清洗，排除缺失值和异常值，确保数据的准确性。将清洗后的数据存储在 Hadoop 分布式存储系统中（HDFS），方便随时调用和分析。

3. 数据处理与分析

运用多元回归分析、聚类算法等统计方法，初步筛选出影响发酵效果的关键参数。应用机器学习算法（如决策树、随机森林等），构建发酵工艺参数与产率之间的预测模型。

4. 工艺优化应用

通过仿真试验和实地试验不断调整和优化发酵工艺参数。确立最佳的参数组合，并在实际生产中进行验证。通过一系列优化措施，辉瑞成功提升了发酵产率，并显著提高了批次之间产品质量的一致性。

辉瑞的成功经验在于全面的数据获取、深入的数据处理与分析以及持续的工艺优化应用，这些方法在其他生物医药生产工艺优化中同样适用。

4.2.1.6 小结

大数据分析技术在生物医药生产制造中的应用，不仅提高了生产工艺的优化效率，还推进了智能制造的发展。通过大数据分析，企业可以实现对生产过程的深度理解和精准控制，从而大幅提升生产效能和产品质量。未来，随着大数据技术的不断成熟和深入应用，生物医药生产制造将走向更加智能化和高效化的新时代。

4.2.2 数据集成与实时监控对生产质量的提升

在生物医药生产制造过程中，数据集成与实时监控技术的应用对提升生产质量起着关键作用。通过实时收集、整合和分析生产数据，企业可以实现对生产全过程的实时监控和优化，提高生产效率及产品质量的一致性、精准度。

4.2.2.1 数据集成

数据集成是将不同来源的数据统一到一个整合系统中，使得企业可以更方便、更高效地访问和使用这些数据。对于非专业人士来说，可以将数据集成系统理解为“信息的汇聚地和处理中心”，类似于将不同房间里的物品集中到一个仓库中进行统一管理，方便后续的查找和使用。

1. **数据来源**

数据来源是指数据的原始产生地或者来源渠道。对于生物医药生产制造企业而言，数据来源大致包括以下几种：

(1) 生产设备数据：包括温度、压力、流量、转速等各种生产参数，可用于监控生产设备的状态和工艺条件，确保生产过程中机器正常运转和各项工艺参数合规。

（2）质量检测数据：包括产品的含量、纯度、杂质含量等数据，可确保每批次产品均符合质量标准，杜绝不合格产品流入市场。

（3）环境监测数据：包括生产区域空气中的温度、湿度、洁净度等，可确保生产环境符合标准要求，保证产品质量和安全性。

（4）运营数据：包括生产计划、工艺参数、维护记录、操作日志等，可帮助管理生产进度、了解设备维护情况及操作人员活动，提升整体生产管理效率。

2. **数据集成方法**

数据集成的方法有多种，主要由企业现状和需求而定，常见的方法包括：

（1）ETL（Extract，Transform，Load）工具。

流程：①提取：从不同的数据源中提取数据。②转换：对提取的数据进行必要的清洗、格式转换和集成。③加载：将转换后的数据加载到目标数据仓库或数据库中，如 Informatica、Talend 等工具可将多个系统中的数据统一到一个数据仓库中。提取阶段需要解读不同数据源的数据结构。转换阶段是核心，处理数据质量问题，并确保数据格式统一。加载阶段把清洗、格式转换和集成过的数据存入统一的数据仓库或数据库中，供后续分析使用。

（2）中间件技术。

中间件是连接两种或多种应用软件的系统软件，帮助它们沟通和共享数据。如 IBM WebSphere、Oracle Fusion Middleware 等。

中间件技术可以跨越不同操作系统、数据库、应用软件，形成一个集成的计算环境。中间件容易扩展，适合大型企业使用，能够确保数据在不同系统之间的实时交换和共享。

（3）应用程序接口。

应用程序接口（API）是应用系统间进行沟通的桥梁，用于在不同系统和设备之间传输数据。各种 API，如 RESTful API、SOAP 等，帮助数据从某一系统传输到另一系统。API 方式灵活，广泛应用于现代软件开发中。通过 API，数据可以实现实时传输，适应不断变化的需求。

3. 数据仓库和数据湖

数据集成的终点往往是将数据存储到一个便于访问和管理的数据平台中，通常包括数据仓库和数据湖。

（1）数据仓库（Data Warehouse）。

结构化数据：数据仓库一般存储结构化数据，如表格、数据库中的数据。

用途：数据仓库用于组织、分析和报告数据，常用于业务智能和在线分析处理，如 Oracle Autonomous Data Warehouse、Amazon Redshift。数据仓库适合存储业务数据和历史数据，处理复杂查询和分析。数据在存储之前会经过严格清洗和预处理。

（2）数据湖。

非结构化数据：数据湖可以存储结构化、半结构化和非结构化数据，如文本文件、音视频文件。

用途：数据湖具有高扩展性和灵活性，适合大规模数据存储和实时处理。数据湖存储的原始数据未经预处理，适合大数据分析和机器学习应用。数据湖中数据的访问和处理需要具备一定的专业知识和技术能力。

4.2.2.2 实时监控

实时监控是指在生产过程中，通过各种技术手段不中断地采集、传输、处理和显示数据，并及时对异常情况进行反馈和处理，以确保生产过程的稳定和产品质量的提升。对于非专业人员，可以将实时监控理解为“工厂里的眼睛和大脑”，不中断地观察生产过程的每一个细节，并作出即时反应。

1. 实时监控的意义和作用

实时监控在生产中起到了多重重要作用：

（1）提高生产效率：通过实时获取生产数据，能够及时发现生产瓶颈和设备故障，迅速进行处理，从而缩短停机时间和提高生产效率。

（2）保障产品质量：实时监控生产参数和环境因素，确保各项指标始终在规定范围内，从而保障产品的一致性和质量。

（3）提升安全性：通过实时监控设备状态和生产环境，及时发现并预防安全隐患，保障生产安全。

（4）优化资源利用：通过实时数据分析，合理调配资源，减少浪费，降低生产成本。

2. **实时监控系统的关键组件**

一个完整的实时监控系统一般包括以下关键组件：

（1）传感器和检测设备。

作用：传感器用于在生产现场采集各种实时数据，比如温度、压力、湿度、流量等物理参数；检测设备用于测量产品特性和质量。

类型：温度传感器（如热电偶、热电阻）、压力传感器（如电容式压力传感器）、流量传感器（如涡轮流量计）、质量检测设备（如 HPLC）。

（2）数据传输网络。

作用：将传感器采集到的数据通过网络传输到中央控制系统。

类型：有线网络（如以太网）、无线网络（如 Wi-Fi、LoRa、ZigBee）。

（3）中央控制系统。

作用：中央控制系统是实时监控系统的“大脑”，负责数据的接收、处理、分析和存储。

类型：典型的中央控制系统包括 SCADA、MES 等。SCADA 指监控和数据采集系统，用于实时监控和控制生产过程；MES 指制造执行系统，连接生产计划与车间活动，提供动态生产信息。

（4）数据存储与处理平台。

作用：存储与处理来自中央控制系统的数据，提供分析和报告功能。

类型：数据库（如 SQL 数据库、NoSQL 数据库）、数据湖（如 Hadoop）。

（5）用户界面和报警系统。

作用：用户界面用于显示实时数据和生产状态；报警系统在遇到异常情况时快速通知相关人员进行处理。

类型：图形用户界面、移动应用程序、声光报警器。

3. **实时监控的具体应用步骤**

了解了关键组件后，我们来看看实际的应用过程。

（1）数据采集：①生产设备和环境传感器实时采集数据。②各种检测设备测量和记录产品质量指标。例如，在生物医药的无菌生产车间，温度传感器、湿度传感器实时检测车间内的环境参数。

（2）数据传输：使用有线或无线网络将采集的数据从传感器传输到中央控制系统。例如，使用 Wi-Fi 网络传输传感器数据到 SCADA 系统。

（3）数据处理：中央控制系统接收数据并对其进行实时处理，过滤和清洗，剔除噪声和异常值。例如，SCADA 系统自动清理和处理从温度传感器获取的实时数据，去除干扰信号。

（4）数据分析：利用历史数据和实时数据，结合大数据分析和机器学习算法，识别异常和预测趋势。例如，通过 MES 系统分析生产过程中温度和湿度的变化，预测是否有可能出现质量偏差。

（5）监控与显示：中央控制系统通过用户界面将处理和分析后的数据实时显示给生产管理人员。例如，在控制室的显示屏上实时显示发酵罐内的温度曲线、压力变化和其他关键生产参数。

（6）报警与反馈：当监控系统发现数据异常或超出预设阈值时，立即发送警报，并采取自动化措施或者通知人力干预。例如，安装在发酵罐上的压力传感器检测到异常压力，SCADA 系统触发报警音，同时自动降低罐内压力，防止爆炸风险。

4.2.2.3 数据分析与生产质量的提升

1. 实时数据分析

将集成的生产数据实时传输至数据分析系统，利用大数据分析和机器学习算法进行分析，识别生产过程中的异常和质量问题。

通过实时数据分析，能够及时发现并纠正生产中的异常情况，例如温度超标、质量波动等，从而提高生产质量的一致性。

2. 预测分析与预防性维护

利用历史数据和实时数据，通过预测分析模型，可以预测设备的维护需求和潜在故障，制定预防性维护计划。

预防性维护不仅能缩短设备停机时间，还能避免因设备故障引起的质量问题，保证生产过程的连续性和产品质量的稳定性。

3. **质量控制策略优化**

根据实时分析结果，动态调整质量控制策略，确保每一道工序的质量要求都能及时得到更新和执行。

实时监控和反馈系统能够在生产过程中不断优化工艺参数和操作规程，提高生产过程的稳定性和产品的一致性。

4.2.2.4 实际应用案例

中国生物技术股份有限公司的疫苗生产

中国生物技术股份有限公司在疫苗生产中应用了数据集成与实时监控系统，旨在提高生产的透明度和产品质量。

在疫苗生产过程中，集成了从原材料供应、生产过程到成品检测的全流程数据。使用 API 和中间件技术，将生产设备、环境监控和质量检测数据统一到一个数据湖中。采用 IoT 技术，实时监控生产设备和环境参数，如温度、湿度和压力等。通过 SCADA 系统，实时显示和警报各项关键数据的异常情况。

实时监控系统提高了产品质量的可追溯性和生产效率，有效识别和控制了生产过程中的质量问题，提高了疫苗合格率。

上海医药集团的数字化转型

上海医药集团开展数字化转型项目，旨在通过智能生产提升药品生产质量和效率。

实现了 ERP、MES 和 LIMS 等系统的数据互通。应用数据仓库技术，将来自各部门的数据统一整合到中央数据平台中。使用物联网传感器实时采集生产设备和环境的动态数据。通过先进的 SCADA 系统，实时监控和分析生产过程中的各种参数。

通过实时数据分析，快速识别和处理生产异常，提高了生产过程的稳定性及生产效率，从而提高了企业的效益。

恒瑞医药的智能工厂

恒瑞医药在其苏州工厂实施智能工厂项目，以提高生产效率和产品质量。

实现了 ERP、MES、SCADA 系统的数据集成，统一管理生产计划、设备状态和工艺参数。使用 ETL 工具和中间件技术整合不同系统的数据到数据仓库。部署物联网传感器和 SCADA 系统，实时监控生产过程中的关键参数。结合 MES 系统，实现生产数据的实时采集、分析和反馈。

实时监控和分析系统显著提升了生产效率和产品质量的一致性。通过实时监控实现了对关键参数的动态调整，提高了产品合格率。

4.2.2.5 小结

数据集成与实时监控技术在生产过程中发挥着重要作用，通过实时结合和分析不同来源的数据，企业可以实现对生产全过程的全面监控和优化。这不仅提升了产品质量和生产效率，还显著增强了生产过程的透明度和可追溯性。借助现代化的数据集成与实时监控技术，生物医药制造企业能够更好地应对市场和法规环境的变化，持续提升自身竞争力。

4.2.3 基于数据的预测性维护对生产连续性的保障

预测性维护指通过对设备运行数据的实时监控和分析，提前发现潜在的故障风险，从而在故障发生前进行维修。这种方法不仅提高了生产设备的利用率和寿命，还有效缩短了设备故障导致的停机时间，从而保障了生产的连续性。预测性维护在现代工业，尤其是有着高要求的生物医药制造领域，起着至关重要的作用。

4.2.3.1 预测性维护原理

数据收集：从设备传感器、控制系统、历史维护记录、运行日志等多种来源收集数据。

数据处理与分析：应用多种数据分析技术处理和分析收集到的数据，识别设备状态和故障模式。

预测模型建立：使用机器学习和统计算法建立预测模型，识别出可能的故障和维护时间点。

根据分析和预测的结果，制定和实施维护计划，防止设备故障发生。

4.2.3.2 数据在预测性维护中的作用

1. 数据收集

传感器数据：通过温度传感器、振动传感器、压力传感器、湿度传感器等实时监测设备的运行状态。

操作数据：记录设备操作参数，如转速、负荷、作业时间等。

历史维护数据：包括设备的维护记录、故障历史、维修时间等。

环境数据：监控设备工作环境，如温度、湿度、洁净度等参数。

2. 数据处理与储存

利用数据清洗技术处理原始数据，去除噪声、修补缺失数据等，确保数据质量。数据存储技术，如云存储、数据湖、大数据平台等，可以高效地保存和管理大量历史和实时数据。

3. 数据分析与建模

描述性分析：初步统计和总结设备的运行数据，用于了解设备当前状态和历史运行情况。

诊断性分析：通过因果分析、回归分析等技术，查找到故障的根本原因。

预测性分析：应用时间序列分析、机器学习算法（如回归、分类、神经网络等），预测设备未来的健康状态和可能的故障时间点。

规范性分析：制定维护计划和策略，优化维护资源的配置。

4.2.3.3 预测性维护的实现流程

预测性维护是通过一系列步骤来实现的，包括数据收集、数据处理、数据分析、结果应用和反馈优化。

1. **数据收集**

部署传感器实时监测设备运行参数，如温度、振动、噪声、电流等。设置数据采集装置，将采集到的数据通过有线或无线网络上传到中央控制系统。例如，在制药厂的关键设备（如发酵罐、离心机）上安装振动传感器和温度传感器，实时监测设备状态。

2. **数据处理**

清洗数据：去除无效和异常数据，补全缺失数据。

数据变换：将不同格式的数据转换为统一格式，便于后续分析。

使用 ETL 工具清洗和转换来自不同传感器的数据，确保数据的质量和一致性。

3. **数据分析**

数据探索和可视化：初步分析数据趋势和规律，通过图表展示。

模型训练：使用机器学习算法训练预测模型，识别设备故障模式和健康状态。

模型评估：通过历史数据验证模型的准确性，不断优化模型性能。

使用时间序列分析模型预测设备未来一周的运行状态。用支持向量机或神经网络模型训练预测模型，识别设备潜在故障。

4. **结果应用**

生成预测报告和维护计划，提前安排维护工作。实时监控设备状态，当预测到设备即将发生故障时，立即采取预防性措施。根据预测模型的结果，建议在某设备出现故障前一周进行维护。实时报警系统在预测到设备异常时通知维护团队，立即进行检查和维修。

5. **反馈优化**

收集维护后的数据和反馈信息，评估预测模型的有效性。根据实际情况不断调整和优化预测模型，提升预测准确率。分析维护记录和实际故障情况，调整预测模型参数，提高预测模型的准确性。

4.2.3.4 实施预测性维护的实践案例与成效

拜耳医药保健有限公司

拜耳医药保健有限公司在其北京工厂全面实施了预测性维护项目，以提高生产设备的可靠性并缩短生产停机时间。在该项目中，拜耳在关键设备如包装机械和制剂设备上安装了各种传感器，实时采集设备的振动、温度、湿度、压力等数据，并收集设备的历史维护记录和运行日志信息。使用数据清洗工具对收集到的数据进行预处理，确保数据的准确性和一致性，并将数据存储在云端数据平台中，便于进行大数据分析。随后，拜耳利用机器学习算法建立预测模型，分析设备运行状态并预测故障时间，同时通过诊断分析查找到设备发生故障的根本原因，优化维护策略。根据预测结果，拜耳对即将发生故障的设备提前进行维护，避免设备意外停机，并制定详细的预防性维护计划，优化设备运行参数，延长设备寿命。通过预测性维护，拜耳北京工厂降低了设备故障率，提高了设备利用率，年均节约维护费用数百万元。

阿斯利康中国

阿斯利康中国在其位于江苏无锡的生产基地引入了预测性维护系统，以提升生产设备的可靠性和生产连续性。此项目中，阿斯利康在关键生产设备如高效液相色谱仪、冷冻干燥机等设备上部署了温度传感器、振动传感器和电流传感器，并收集设备的历史运行数据和维护记录。使用 ETL 工具对数据进行清洗和处理，将不同设备的数据整合到统一的数据仓库中，并应用数据平滑和去噪技术，提升数据质量。通过采用深度学习算法（如神经网络）进行数据建模和分析，阿斯利康识别出设备的健康状态和潜在故障，并使用时间序列分析和回归分析预测未来设备运行趋势。根据预测性维护模型的结果，阿斯利康制定了详细的维护计划，并在实时监控和报警系统检测到异常时，立即提示维护团队进行预防性维护。预测性维护系统的实施使阿斯利康无锡基地降低了设备故障率，提高了设备利用率，年均节约维护成本数百万元，大幅减少了因设备故障引起的生产中断次数。

4.3 人工智能与机器学习在生产中的变革

4.3.1 人工智能在产量预测和工艺优化中的应用

在生物医药产业，生产过程中的产量预测和工艺优化始终是确保生产效率和产品质量的关键任务。由于生产过程的复杂性和多变性，传统的方法往往难以应对，而人工智能的引入，为这些问题提供了新的解决方案。人工智能技术通过深度学习和数据分析，可处理和解析大量生产数据，实现精准的产量预测和工艺优化，为生物医药制造带来显著的效率提升和成本降低。

4.3.1.1 人工智能在产量预测中的应用

数据驱动的预测模型

人工智能在产量预测中展示了强大的能力。传统产量预测方法依赖线性回归或经验公式，难以处理复杂的非线性关系及多变量数据。人工智能通过深度学习模型特别是长短期记忆网络（LSTM）和卷积神经网络，能从海量历史数据中挖掘出潜在规律。以发酵过程为例，人工智能模型可以分析原料成分、反应温度、pH 值、发酵时间等多维数据，实时调整工艺参数，实现高精度的产量预测。

4.3.1.2 人工智能在工艺优化中的应用

1. 智能化工艺设计与参数优化

人工智能不仅在产量预测方面发挥了力量，在工艺优化中同样展现了优势。基于历史数据和实时数据分析，人工智能可以自动优化生产条件，使每一个生产步骤都处于最佳状态。例如，通过人工智能对反应条件的优化，确定最优的温度、pH 值和营养物质配比，从而保证产品的高纯度和高产量。

2. 实时监控与动态调整

人工智能在工艺优化中的另一个重要应用是实时监控与动态调整生产过

程。传统的工艺优化通常是事后调整，而人工智能可以实现在线监控和实时优化。例如，利用机器学习模型分析在线传感器数据，人工智能可以动态调整反应条件，及时纠正偏差，确保生产过程稳定。这种智能化的动态调整，不仅提升了生产效率，还极大地提高了产品的一致性和质量。

3. **多变量优化与生产仿真**

人工智能技术还可以通过多变量优化算法，如贝叶斯优化等，能对多个生产工艺参数进行联合优化，实现全局最优。例如，在蛋白质合成过程中，通过对温度、压力、搅拌速度等多变量的联合优化，人工智能可以找到最优的生产参数组合，提升蛋白质产量和纯度。同时，利用数字孪生技术，人工智能可以在虚拟环境中模拟生产过程，提前预测和优化生产工艺，减少实际生产中的试错成本。

4.3.1.3 小结

人工智能在产量预测和工艺优化中的应用，无疑为生物医药生产带来了革命性的变化。通过深度学习和数据分析，人工智能能够精准预测产量，智能优化工艺参数，实时监控和动态调整生产过程，实现生产效率和产品质量的双提升。此外，多变量优化和生产仿真技术的应用，更是将生产工艺优化推向了新的高度。随着人工智能技术的不断发展和应用，生物医药产业将步入一个更加智能化、高效化的新时代，为企业带来巨大的经济效益和市场竞争力，同时也为消费者提供更安全、更可靠的生物医药产品。

4.3.2 机器学习在质量控制与缺陷检测中的实践

质量控制与缺陷检测在生物医药生产中占据至关重要的地位。传统的质量控制方法主要依靠人工检测和统计过程控制，虽然在一定程度上能够确保产品质量，但面对日益复杂的生产工艺和严格的质量标准，这些方法显得力不从心。机器学习技术的引入，为质量控制与缺陷检测带来了革命性的变化，其通过对大数据的分析和深度学习模型的应用，能够实现更高精度、更快速和更自动化的质量控制与缺陷检测。

4.3.2.1 机器学习在质量控制中的应用

机器学习技术能够基于大数据分析，实现更智能化的质量控制。在生物医药生产过程中，大量的实时数据（如温度、压力、pH 值、流速等）可以通过物联网传感器来采集。机器学习算法能够对这些数据进行实时分析，识别异常变化，早期预警潜在的质量问题。例如，通过神经网络算法分析发酵过程中的温度和 pH 值数据，可以及时发现发酵过程中的异常现象，提前进行调整，确保发酵质量的稳定。

4.3.2.2 机器学习在缺陷检测中的应用

1. 基于图像处理的缺陷识别

机器学习在缺陷检测中的一个重要应用是基于图像处理的缺陷识别技术。利用卷积神经网络等深度学习算法，系统能够对生产线上的每一个产品进行实时图像分析，识别出细微的缺陷。相较于传统的人工检测，机器学习技术在速度和精度上具有显著优势。

2. 基于时序分析的预防性维护

机器学习在缺陷检测中的另一重要应用是基于时序分析的预防性维护。通过机器学习算法对设备运行数据进行时序分析，可以实现对设备状态的实时监控和故障预测，从而对其进行预防性维护，减少因设备故障导致的生产停机和质量问题。

4.3.2.3 小结

机器学习在质量控制与缺陷检测中的应用，展示了其强大的数据分析和智能决策能力。通过智能检测系统、图像处理与缺陷识别、时序分析与预防性维护等技术的应用，生物医药生产企业能够实现更高效、更准确的质量控制和缺陷检测。这不仅提高了产品质量和生产效率，也大幅降低了生产成本和质量风险。随着机器学习技术的不断发展，其在生物医药生产中的应用将更加广泛和深入，为行业带来更加智能化、自动化的未来。

4.3.3 人工智能如何提升生产线的灵活性和适应性

在现代生物医药生产中，生产线的灵活性和适应性是应对市场需求变化、缩短产品上市时间以及提高生产效率的关键因素。传统生产线通常缺乏快速响应和自适应调整的能力，无法有效应对不断变化的市场需求和生产环境。而人工智能的引入，通过智能化的生产管理和动态调整机制，极大地提升了生产线的灵活性和适应性。

4.3.3.1 人工智能提升生产线灵活性的机制

1. 自适应生产计划

人工智能能够基于实时数据和预测模型，自动调整生产计划，以应对市场需求的波动。传统的生产计划通常是预先制定的，缺乏动态调整的能力。而人工智能通过机器学习算法，能够对历史销售数据、市场趋势、生产能力等多维数据进行分析，动态生成和调整生产计划。例如，对于即将进入流感季节的疫苗生产，人工智能可以预测市场需求的波动，提前调整生产频率和产量，确保供应链的稳定。

2. 智能化物料管理

物料管理是生产灵活性的另一重要方面。传统的物料管理依赖于固定的供应链和库存策略，难以应对生产过程中突发的物料需求变化。人工智能通过对供应链数据的分析，能够实现对物料需求的精确预测和动态调整。例如，利用强化学习算法，人工智能可以在生产过程中实时调整物料供应策略，确保生产线的连续运行。

4.3.3.2 人工智能如何增强生产线适应性的实践

1. 智能设备维护

生产线的稳定运行依赖于设备的高效运转。传统的设备维护通常是基于预设周期的预防性维护，这种方式往往存在维护过度或维护不足的问题。人工智能通过对设备运行数据的实时监控，能够实现预测性维护，提前预警设备故障，缩短设备停机时间。

2. 柔性生产系统

柔性生产系统是指生产线能够实现不同产品或不同工艺间的快速切换和调整。人工智能通过智能化的工艺控制和生产管理，能够实现生产流程的高度柔性化。例如，通过深度强化学习算法，人工智能可以优化生产线各环节的协调性，快速切换生产任务。

4.3.3.3 人工智能技术对未来生产线的展望

1. 智能协作机器人

人工智能驱动的智能协作机器人能够与人类工人共同工作，提高生产线的灵活性和效率。这些机器人具备高度的感知和判断能力，通过机器学习和计算机视觉技术，能够在复杂的生产环境中执行多样化的任务。例如，在药品包装过程中，协作机器人可以根据实时数据调整包装速度和方式，确保生产线的顺畅运行。

2. 无人化工厂

随着人工智能技术的发展，无人化工厂将成为未来生产模式的发展趋势。通过人工智能驱动的自动化生产系统，无人化工厂可以实现高度集成和智能化的生产管理。例如，无人化工厂通过人工智能对生产数据的实时监控和分析，能够实现全自动的生产调度、质量控制和缺陷检测，大幅提升生产效率和产品质量。

4.3.3.4 小结

人工智能在提升生产线的灵活性和适应性方面展现了巨大的潜力。通过自适应生产计划、智能化物料管理、智能设备维护和柔性生产系统的应用，生物医药生产企业能够实现更加高效和灵活的生产流程。未来，随着智能协作机器人和无人化工厂的普及，人工智能将进一步推动生物医药生产的智能化和自动化，带来更高的生产效率和市场竞争力。生物医药产业将迎来一个更加智能化和创新驱动的新纪元。

4.4 新材料与工艺改进对生产的影响

新材料与工艺改进正在重塑制药业的未来。这种变革不仅提升了生产效率和产品质量，还加速了新药开发，降低了生产成本，从而带来了显著的经济效益和社会效益。本小节将讨论纳米技术和 3D 打印技术如何对药物制造产生深远影响。

4.4.1 纳米技术如何改变药物制造和递送

纳米技术正在迅速改变药物制造和递送的领域，纳米材料独特的物理和化学特性使其在解决传统药物递送难题方面具备巨大潜力。从提升药物溶解性、改善靶向能力，到实现智能化药物释放，纳米技术为药物开发带来了全新的视野。以下从多个方面对纳米技术如何改变药物制造和递送展开讨论。

4.4.1.1 纳米技术的基础与核心优势

纳米技术指的是在纳米尺度（1~100 纳米）范围内操控和利用物质的科学技术。由于材料在纳米尺度下展现出独特的物理、化学和生物特性，纳米技术在各个领域，尤其是药物制造和递送中，具有显著的优势。以下是纳米技术的基础与核心优势。

1. 纳米技术的基础

（1）纳米尺度的定义。

尺寸范围：纳米技术主要研究和应用 1~100 纳米范围内的材料和结构。一纳米等于十亿分之一米，相当于十个氢原子的直径。

结构特点：在纳米尺度下，材料的表面原子占比显著增加，这使得它们的物理和化学特性与宏观尺度下的材料显著不同。

（2）量子效应。

在纳米尺度下，材料会表现出显著的量子效应，如电子行为的离散化、带隙的变化等。这些量子效应使得纳米材料在电子、光学和磁性方面具有特殊的性能。

（3）表面效应。

纳米颗粒具有极高的表面积与体积比，这不仅显著提高了其化学活性，还增强了其与周围环境的相互作用。例如，催化效率的提高、溶解性的改善等。

（4）自组装与自组装体系。

纳米技术中的自组装指的是分子或纳米颗粒自发地形成有序结构的过程。这种过程可以用于制造纳米尺度的功能材料和复杂结构，比如纳米线、纳米管等。

（5）交叉学科融合。

纳米技术涉及物理学、化学、生物学、材料科学、工程学等多个科学领域，应从多学科的角度推动纳米材料的设计、制造和应用。

2. 核心优势

（1）高表面能与反应性。

纳米颗粒由于具备极高的表面积与体积比，其反应活性显著增强，能够更高效地进行化学反应。在药物制造中，这种特性有助于提高药物的溶解速度和生物利用度。

（2）增强溶解性和提高生物利用度。

许多疏水性药物通过纳米化处理后可以显著增加其在体液中的溶解度，从而提高生物利用度。例如，纳米晶体和纳米乳剂广泛应用于提升难溶性药物的吸收效率。

（3）改良药物递送与靶向能力。

通过设计特定的纳米载体，如脂质体、金纳米颗粒、聚合物纳米颗粒等，可以实现药物在体内的精确递送。这些载体通过表面修饰特定的配体或抗体，可以实现对目标细胞或组织的靶向递送，大大提高治疗的有效性和特异性。

（4）智能响应和控制释放。

纳米材料可以设计成智能响应系统，能够在特定的病理环境（如 pH 变化、温度升高、酶活性降低等）下动态释放药物。例如，纳米胶束可以在肿瘤酸性微环境中崩解释放内含的抗癌药物，从而实现精确治疗。

（5）增强跨生物屏障能力。

纳米颗粒能够有效穿越生物屏障（如血脑屏障），使得一些传统方法难以递送的药物能够到达目标区域。例如，通过修饰纳米颗粒表面，可以使其更容易穿越血脑屏障，实现脑部疾病的治疗。

（6）多功能化与协同治疗。

通过将不同功能的纳米颗粒整合在一起，可以实现多功能化。例如，将诊断和治疗功能集成在单一纳米载体中，可以实现疾病的诊疗一体化。此外，多药物负载的纳米载体能够实现联合治疗，提高疗效，减少药物耐受。

4.4.1.2 提升药物溶解性和生物利用度

传统药物制备往往面临溶解性差和稳定性不足的问题，而纳米技术能够通过开发纳米药物载体（如纳米乳剂、纳米晶体、纳米胶束等），显著提升药物的溶解性和稳定性。纳米药物载体能够将疏水性药物包裹在纳米颗粒中，增加其在水溶液中的溶解度，从而提高药物的生物利用度。

1. 增大比表面积

纳米晶体：将药物粉碎至纳米级颗粒（10~100 纳米），大大增加其比表面积，显著提升溶解速度和溶解度。纳米晶体因其极高的表面积与体积比，能够加速与体液的接触和溶解。例如，抗癌药物紫杉醇的纳米晶体版本显著提高了其在水中的溶解度和口服生物利用度。

2. 纳米乳剂与自乳化药物递送系统

纳米乳剂：通过将药物溶解在油相中，形成油-水纳米乳剂，可以显著提高疏水性药物的溶解度。纳米乳剂粒径通常在 20~200 纳米之间，不仅提升了药物的溶解性，还增强了药物在体内的稳定性和提高了吸收速率。

自乳化药物递送系统（SEDDS）：自乳化药物递送系统在接触体液后自发形成纳米级乳液。SEDDS 包含药物、油相、表面活性剂和辅助表面活性剂，通过在体内形成纳米型乳液，提高疏水性药物的溶解性和生物利用度。如环孢菌素 A 在 SEDDS 中的配方显著提高了其口服生物利用度。

3. 聚合物纳米颗粒

聚合物纳米颗粒：通过包裹疏水性药物，聚合物纳米颗粒可以显著提高药物的溶解性和稳定性。常用的聚合物材料包括 PLGA（聚乳酸-乙醇酸共聚物）、PLA（聚乳酸）等。这些纳米颗粒能够通过可控释放来提高药物的生物利用度和治疗效果。

例如，抗癌药物多西他赛常因其低溶解性限制了临床应用，而基于 PLGA 的纳米颗粒包裹的多西他赛，不仅提高了溶解性，还改善了药物的体内分布，增强了抗肿瘤效果。

4. **脂质体与固体脂质纳米颗粒**

脂质体：脂质体是由磷脂双分子层结构形成的纳米级载体，能够包裹疏水性和亲水性药物。通过改善药物的溶解性和生物膜穿透性，脂质体有效提高了药物的吸收和利用。例如，Doxil 是一种载有多柔比星的脂质体药物，通过脂质体包裹解决了多柔比星的低溶解性和高毒性问题。

固体脂质纳米颗粒（Solid Lipid Nanoparticles，SLN）：SLN 是由生物相容性脂质材料制成的纳米颗粒，能够在脂质基质中包埋疏水性药物，提高其溶解性和保护药物免受降解。SLN 不仅具有良好的生物相容性，还能够实现药物的可控释放，显著提高了药物的生物利用度。

5. **纳米胶束**

纳米胶束：由亲水-疏水嵌段共聚物自组装形成的纳米胶束，能够高效包裹疏水性药物，提高其溶解性。纳米胶束的疏水芯能够容纳疏水药物分子，亲水壳则与水相互作用，增加药物的溶解度和稳定性。

例如，紫杉醇是常用的抗癌药物，但其水溶性差，通过纳米胶束技术包裹显著提高了溶解性和抗肿瘤疗效。

6. **前药策略与纳米载体结合**

前药策略：将疏水性药物化学修饰成更易溶解和稳定的前药形式，结合纳米载体进行递送，能够显著提高其生物利用度。纳米载体不仅可以保护前药在体内的稳定性，还能使其在目标部位或特定环境下释放活性药物，达到高效治疗。

4.4.1.3 靶向递送和控制释放

纳米技术在药物递送系统中提供了创新型的解决方案，能够显著提高药物的治疗效果和安全性。通过纳米载体的设计，药物可以精确地递送到特定细胞或组织，并在合适的时机控制释放。

1. **靶向递送**

（1）被动靶向。

利用肿瘤组织具有特异性血管生成和增强渗透性和滞留效应（EPR 效应，Enhanced Permeation and Retention effect），药物可以通过纳米载体在这些组织中被动积累。很多抗癌纳米药物，如 Doxil，可通过 EPR 效应在肿瘤中聚集，提高药物的局部浓度和疗效。

（2）主动靶向。

通过在纳米颗粒表面修饰能够识别特异性细胞表面受体的靶向配体（如抗体、肽段、糖分子等），实现药物的主动靶向递送，即受体—配体相互作用引导纳米颗粒到达特定细胞，从而增强靶细胞的摄取，减弱非靶细胞的毒性。如曲妥珠单抗修饰的纳米药物，能够精准识别 HER2 阳性乳腺癌细胞，提高治疗效果。

（3）智能靶向。

利用磁性纳米颗粒的特性，通过外部磁场引导药物在目标区域集中。例如，将铁氧化物纳米颗粒与药物结合，外置磁场可将药物集中在肿瘤区域，降低全身毒性。

（4）特定靶向。

开发表面修饰能够响应疾病微环境（如酸性肿瘤环境、特定酶、生物力学变化等）的纳米载体，使得药物对特定靶标具有选择性。例如，pH 响应性纳米颗粒会在酸性肿瘤微环境中释放药物。

2. **控制释放**

（1）响应性纳米载体。

pH 响应系统：某些肿瘤和炎症部位因代谢特殊，局部 pH 值低，通过在纳米载体中引入 pH 响应性聚合物，药物能够在酸性环境中快速释放。

温度响应系统：温度敏感性聚合物可以在发热、热疗等诱导下变化，释放包封在其中的药物。例如，通过高温（如激光照射）诱导释放基于温度敏感性材料的纳米药物。

酶响应系统：某些酶在特定病变区域（如癌细胞过表达的金属蛋白酶）

富集，利用酶切裂来控制纳米载体的药物释放。酶响应性纳米载体在检测到特定酶的存在后启动药物释放。

（2）时间控制与分阶段释放。

时间控制系统：通过对纳米载体的释放行为进行编程，以时间序列调控药物的释放。例如，多层结构中的药物载体可以设计为逐层释放，每一层在特定的时间间隔释放药物。比如，某些纳米药物载体（如 PLGA 纳米颗粒）通过调控材料降解速率，实现从数小时到几天、几周的可控药物释放。

分阶段释放：多功能载体可以携带多种药物或治疗因子，利用不同的刺激响应机制或多层次结构，实现分阶段的药物释放，协同治疗。例如，用于癌症治疗的纳米载体可能同时携带化疗药物和基因治疗药物，在不同时间点释放以增强治疗效果。

（3）纳米级药物输送机器人。

纳米级药物输送机器人通过外部信号（如光、磁场、电场等）控制，在体内导航，精准定向和主动释放药物。例如，磁力操控的磁性纳米级药物输送机器人能深入组织精确定位给药。

其关键优势在于：①高效性：通过靶向递送，大幅提升药物在病灶部位的浓度，提高疗效。②降低副作用：减少药物在健康组织中的浓度和毒性，最大限度减弱系统性副作用。③精准控制：通过多种响应机制，实现药物的时空精确释放，优化治疗过程。

4.4.1.4 增强药物穿透力

纳米技术在药物递送系统中的应用显著提升了药物穿透生物屏障的能力。这不仅拓宽了许多药物的应用范围，还解决了许多传统递送方法难以克服的挑战性问题。

1. **增强细胞内递送**

纳米尺寸效应：纳米颗粒因其尺寸小，更容易被细胞通过内吞作用主动吸收，与细胞膜更好地相互作用。这一机理使得纳米药物能够更加高效地进入细胞内部。

阳离子纳米颗粒：细胞膜带有负电荷，正电荷纳米颗粒通过静电相互作用增强与细胞膜的接触和融合，从而提高细胞内吸收效率。例如，通过修饰阳离子聚合物，PEG-PEI 混合物的纳米颗粒，显著增强 DNA 和 RNA 药物的吸收。

2. 跨越生物屏障：血脑屏障（BBB）穿越

表面修饰纳米颗粒：通过修饰能够识别并结合特定 BBB 转运蛋白或受体的配体，实现脑部特异性递送。例如，通过修饰乳铁蛋白、转铁蛋白等纳米药物载体可以促进纳米颗粒与 BBB 的结合和转运。又如聚乙二醇（PEG）化脂质体或纳米颗粒可以通过血脑屏障递送抗癌药物或治疗阿尔茨海默病的药物。

金属纳米颗粒（如金、银纳米颗粒）：通过修饰特定肽段可以增强 BBB 的穿透性，用于递送神经药物。例如，通过在纳米颗粒表面修饰多肽（如 Angiopep-2），实现抗阿尔茨海默病药物的有效跨 BBB 递送。

3. 基质穿透

细胞外基质（ECM）：肿瘤和炎症组织中的细胞外基质通常是密集且致密的结构，这限制了传统药物的扩散。纳米颗粒因其尺寸微小，能够更有效地穿过这些复杂的基质。

酶修饰纳米颗粒：通过在纳米颗粒表面引入能够降解 ECM 的酶，如胶原酶、透明质酸酶等，增强纳米颗粒在 ECM 中的穿透能力。胶原酶修饰的纳米颗粒可以有效破坏肿瘤 ECM，促进药物渗透进肿瘤核心区域。例如，曲妥珠单抗修饰乳脂纳米颗粒（PL-LNPs），通过曲妥珠单抗和乳制品蛋白质纳米颗粒结合，提高了药物在 HER2 阳性乳腺癌中的特异性穿透和积累。

4. 利用生理响应机制

环境响应性纳米载体：特定疾病部位的环境特点，如肿瘤微环境的酸性、缺氧、高浓度的特定酶等，可以被设计成药物释放触发信号。

5. 多功能纳米结构

多层纳米载体：可以实现分层药物递送，例如，外层可以负责穿透组织屏障，中间层保护药物，内层携带活性药物，精确控制药物的释放。

嵌合纳米载体：利用嵌合结构将聚合物纳米颗粒与脂质体结合，既有高效的穿透能力，又能稳定载药，控制释放。

6. 外部引导与激活

磁导引系统：磁性纳米颗粒通过外部磁场定位，引导其穿过特定生物屏障，集中于目标部位。例如，通过外部磁场指导铁氧化物纳米颗粒穿透血脑屏障。

光敏纳米颗粒：利用光热效应（如近红外光激发金纳米壳）增加局部温度，使得纳米颗粒更加容易穿过细胞膜和组织屏障。

光电刺激：通过光电刺激增加细胞膜的通透性或诱导临时孔道形成，增强纳米颗粒的穿透力。

4.4.1.5 小结

纳米技术为药物穿透生物屏障提供了丰富的工具和策略。通过利用纳米颗粒的尺寸效应、表面修饰、响应性材料、嵌合结构以及外部引导机制，药物能够有效穿透细胞膜、血脑屏障和细胞外基质等关键障碍。这些创新不仅提升了药物在目标部位的浓度和治疗效果，还开辟了新的治疗途径和方法。随着纳米技术的不断进步，药物递送将变得更加精准、高效、安全，为许多难治性疾病的治疗带来希望。

4.4.2 3D打印技术在生物医药生产制造中的应用与效果

3D打印技术，即增材制造技术，通过逐层堆积材料来形成三维物体，已在生物医药领域广泛应用。

4.4.2.1 个性化药物制备

3D打印技术在个性化药物制备中展现了巨大的潜力。通过这项技术，药物的组成和剂量可以根据患者的具体需求进行精确控制，从而制作出个性化药片。对于需要精确控制剂量的药物，如抗癫痫药、儿童药物和老年药物，3D打印技术尤其有效。这种定制化的方法不仅提升了药物疗效，还改善了患者的依从性。例如，Aprecia制药公司的ZipDose技术，通过3D打印制备Spritam药物，提高了药物的溶解速度和患者的依从性，从而提升了治疗效果。

4.4.2.2 生物材料与组织工程

在生物材料与组织工程领域，3D 打印技术利用生物材料和纳米材料，能够制造出复杂的组织和器官结构。这些结构能够模拟人体器官的生物学功能和形态，从而广泛应用于软骨、骨骼等组织的修复与再生。3D 打印的支架材料，比如聚乳酸-乙醇酸支架和纳米羟基磷灰石骨支架，促进了细胞的黏附、增殖和分化，并有效降低了移植的排斥反应，提升了移植的成功率。

4.4.2.3 药物递送系统

3D 打印技术在药物递送系统应用中，通过制造多层或多腔体结构，实现了药物的可控释放和多药物组合的复杂递送系统。通过这种复杂结构，药物能够在体内精准释放，从而提高利用率。例如，通过 3D 打印制造的 PLA 和聚乙二醇颗粒，实现抗癌药物的分阶段释放，有效延长药物半衰期。这种精准释放的药物递送系统显著提高了治疗效果。

4.4.2.4 定制化医疗器械

定制化医疗器械是 3D 打印技术的另一重要应用领域。通过这项技术制造的定制化植入物，能够精确匹配患者的解剖结构，如髋关节和膝关节等。使用钛合金和聚己内酯（PCL）等材料，结合纳米涂层，可以增强植入物与骨组织的融合，提高手术的精准度和术后恢复效果，并减弱术后排斥反应。比利时 Materialise 公司利用 3D 打印技术，根据患者的 CT 数据，精确制造定制化骨科植入物，提供了显著的临床效果。

4.4.2.5 手术规划和培训模型

3D 打印技术在手术规划和培训模型中也得到了广泛应用。根据患者的医学图像（如 CT、MRI），3D 打印技术能够制造出个体化的手术模型，帮助医生在术前进行规划和模拟。例如，通过 3D 打印技术制造的心脏模型和颅骨模型，为外科医生提供了更精准的信息，极大提升了复杂手术的成功率。

此外，这种术前规划模型还在医学教育和培训中发挥了重要作用，提升了培训的实操性和有效性。

4.4.2.6 核心优势

3D 打印技术在生物医药领域的应用显现了多方面的优势。首先，其精准与个性化水平高，能够根据患者的具体需求为其量身定制药物和医疗器械。其次，通过纳米技术改性材料，3D 打印产品展示了良好的机械性能和生物相容性，拓展了应用范围。此外，3D 打印能够快速制造复杂结构，缩短生产时间，提升效率，尤其适用于小批量和高度定制化的生产需求。这些优势不仅提高了生产效率，也大大降低了制造成本。创新的治疗方法则提供了前所未有的治疗途径，推动了医学技术的前沿发展。

4.4.2.7 小结

3D 打印技术具有较高的精准度、个性化、生产效率和成本效益，为现代医学提供了创新的解决方案。涵盖个性化药物制备、生物材料与组织工程、药物递送系统、定制化医疗器械和手术规划等多个领域的应用，使得 3D 打印技术在生物医药领域展示了巨大的潜力。随着技术的不断成熟和应用的深入，3D 打印技术将在生物医药领域掀起更多革命性变化，为精准医疗和个性化治疗带来崭新的希望。

4.5 数字化转型与智能制造系统

数字化转型和智能制造系统在生物医药生产制造中的应用正逐步改变传统的生产方式，提升生产效能、精确度和响应能力，提高产品质量和生产管理水平。

4.5.1 数字孪生技术在生产模拟和优化中的应用

随着生物医药技术的飞速发展，各生产环节复杂程度不断提升，如何通过先进技术提高生产过程的精确度和效率，成为行业关注的重点。数字孪生技术作为一种前沿的数字化工具，已经逐步在生物医药制造领域得到应用。数字孪生技术通过创建物理实体的虚拟映射模型，使得生产过程的模拟和优化达到了前所未有的精度和效率。

4.5.1.1　生产工艺流程的数字孪生

生物医药生产工艺复杂、变量多，传统的工艺优化往往依赖于大量的实验，既耗时又成本高。而数字孪生技术可以通过构建参与工艺流程的原材料、设备、环境等全要素的虚拟模型，利用模型进行工艺流程的仿真和优化。其作用包括：①节省时间和资源，在虚拟环境中调试工艺参数，找到最佳的生产工艺路径，大幅减少实际试验的次数。②提高产品质量，检测和优化每一个环节，确保产品质量的均一性和稳定性，减少生产过程中的波动。

4.5.1.2　设备运转和调试的数字孪生

在进行新设备调试时，传统方法通常需要停机或搭建复杂的试验台，而数字孪生技术则可将设备的状态完全复制到虚拟环境中，通过模拟运行实现以下目标：

故障预测与维护：通过数字孪生模型实时监控设备运行状态进行模拟预测，发现潜在的设备故障，提前制定维护策略，避免突发停机带来的损失。

提高调试效率：在虚拟环境中进行设备调试，能够显著缩短实际调试时间，提高调试成功率和精确度。

4.5.1.3　生产动态调度的数字孪生

在生产过程中，经常会有临时订单或紧急任务需求。基于数字孪生的生产调度系统，可以：①实时优化生产计划，即通过虚拟模型实时监控和评估生产线的各项参数，优化排程和资源分配，确保生产计划的灵活性与可执行性。②最小化停机时间，即在生产过程中重新调整和优化设备和人力资源的配置，确保生产效率的最大化，同时缩短停机时间，提高响应能力。

4.5.1.4　供应链优化的数字孪生

供应链管理是生物医药生产的重要环节之一，通过数字孪生技术可以使供应链的管理更加精准和高效。

实时供应链监控与管理：构建商品流转、库存状态以及物流过程的数字孪生模型，实时掌握供应链状态，提前识别供货风险，确保稳定供应。

优化库存和物流：通过虚拟仿真和大数据分析，预测市场需求变化，优化库存水平和物流路径，降低库存成本，提升供应响应速度。

4.5.1.5 未来展望

数字孪生技术在生物医药领域的应用还在不断延伸，未来可能在以下几个方面进一步深化：

全面过程控制：从生产计划、制药工艺到最终产品检测，数字孪生技术将实现全流程的智能监控和指挥。

个性化定制生产：通过细粒度控制和数据分析，数字孪生将助力个性化药品生产，提供更加精准的医疗解决方案。

员工培训和虚拟操作：构建虚拟培训环境，让员工可以在安全、低成本的虚拟空间进行操作培训，提升技能水平。

4.5.1.6 小结

数字孪生技术的应用不仅为生物医药生产流程的模拟和优化提供了革命性的工具，也极大提升了生产效能、质量控制和响应能力。未来，随着数字孪生技术的不断发展和应用，数字孪生技术将为生物医药产业注入更强的竞争力和创新动能。

4.5.2 智能制造系统在提升生产效能和响应能力中的作用

近年来，智能制造系统在生物医药生产中的广泛应用，为提升生产效能和响应能力提供了全新的解决方案。智能制造系统综合运用了自动化技术、大数据分析、人工智能等高新技术，以实现生产过程的智能化、自动化及高效化。这不仅有效提升了生物医药企业的生产能力，还显著增强了其对市场变化的响应速度和灵活性。

4.5.2.1 智能制造系统关键组成部分

1. 自动化生产设备

自动化生产线：通过使用自动化机器人和设备代替传统的人工作业，自动化生产线提高了生产速度和精度，大大减少了人为操作导致的误差和质量波动。

精准控制系统：先进的控制系统确保了生产过程中的各项工艺参数都能够被实时监测和调整，从而保障产品质量的一致性和稳定性。例如，在药品生产中，通过自动化控制系统精准控制配料、混合和包装等环节，确保每一批次产品都严格符合质量标准。

2. 智能数据分析

大数据采集与分析：智能制造系统中嵌入的各类传感器和数据采集设备，可以实时收集生产过程中产生的大量数据。这些数据经过大数据分析技术进行处理和分析，提供深层次的洞察，帮助管理人员作出科学决策。例如，通过数据分析，可以发现生产过程中存在的瓶颈和潜在问题，从而有针对性地对其进行改进和优化。

预测性维护：基于大数据和机器学习技术，智能制造系统可以对设备的运行状况进行预测性分析，预先识别可能出现的故障并进行预防性维护，避免设备突发故障导致停产，确保生产线的连续性和稳定性。

3. 柔性生产能力

生产线灵活配置：智能制造系统能够实现生产线的快速切换和灵活配置，以适应不同产品品种和规格的生产需求。

自动化生产调度：通过智能排程和自动化调度系统，企业可以实现生产资源的优化配置和调度，最大化生产效能。同时，当市场需求发生变化时，生产调度系统可以迅速调整生产计划，确保生产节奏与市场需求保持一致。

4. 全程信息化管理

集成化管理平台：智能制造系统将生产管理、质量管理、设备管理等系统集成在同一个管理平台上，通过信息系统实现全面的数据共享和协同管理。例如，生产人员可以通过管理平台实时查看生产进度、设备状态和质量检测结果，对生产中的异常情况进行快速响应并处理。

供应链协同：智能制造系统通过信息集成和数据共享，将供应链各环节无缝衔接在一起，实现供应链端到端的协同管理。例如，通过供应链管理平台，可以实时追踪原材料的供应情况，及时调整采购计划，避免供应不足导致的生产中断。

数字化车间管理：某生物制品制造企业通过数字化车间管理系统，实时监控生产过程中的各种参数和信息，实现生产过程的透明化和可视化。该系统不仅提升了生产效能，还提高了对异常情况的响应速度，确保了生产的稳定性和质量。

柔性制造的应用：某生物医药企业采用智能制造系统，实现了对生产线的柔性化改造。该系统基于市场需求的变化，能够快速调整生产线配置，生产不同种类和规格的药品，极大提高了企业应对市场需求变化的能力和竞争力。

4.5.2.2 小结

智能制造系统在生物医药生产中的应用，不仅大幅提升了生产效能和产品质量，还显著增强了企业的市场响应能力和灵活性。随着技术的不断进步和应用的深入，智能制造系统将为生物医药产业带来更加深远的变革，推动行业迈向智能化和高效化的新高度。同时，智能制造系统还将助力生物医药企业在激烈的市场竞争中脱颖而出，实现持续创新和领先发展。

4.5.3 物联网在生产监控和管理中的革新

在生物医药生产中，精准的监控和高效的管理是确保产品质量和生产效率的关键。近年来，物联网技术的兴起为生产监控和管理带来了全新的变革。物联网通过设备和设施的互联互通，将生产过程中的各种数据实时收集、分析和应用，实现了生产管理的智能化和高效化。

4.5.3.1 实时生产监控与数据采集

物联网通过在生产线上部署各种传感器和智能设备，实现对生产过程的全程监控和数据采集。具体革新如下：

传感器网络搭建：在生产线的关键节点安装温度、湿度、压力、流量、质量等传感器，实时监控生产环境和生产工艺参数，确保生产条件的稳定和标准化。

边缘计算应用：通过边缘计算技术，就地处理和分析传感器收集的数据，减少数据传输的延迟，提高数据处理的及时性和准确性。

实时报警与反馈：建立实时报警系统，当生产过程中参数超出设定范围时，系统立即发出预警并自动调整相关设备，防止异常情况的发酵，确保生产的连续性和质量。

例如，在疫苗生产过程中，通过温度和湿度传感器的实时监控，可以确保生产环境始终符合规范要求。一旦监测到异常情况，系统将自动调整空调和加湿设备，维持符合生产要求的状态。

4.5.3.2 智能生产管理系统集成

物联网技术实现了生产管理系统的高度集成和协同，具体表现在以下几个方面：

智慧工厂管理平台：集成生产计划、资源管理、设备管理、质量管理等系统，形成一个统一的智慧工厂管理平台，实现数据共享和协同管理，提高生产管理效率。

实时生产过程追踪：通过物联网系统，管理人员可实时查看生产进度、设备运行状态和质量检测结果，及时发现和解决生产中的问题。

生产优化与调度：利用数据分析和机器学习技术，对大量生产数据进行分析，优化生产计划和调度，提高生产效率和资源利用率。

例如，某生物制药工厂通过物联网技术实现了对生产线各个环节的实时监控和管理。工厂内的所有设备和系统都通过智慧工厂管理平台进行集成和协同，管理人员可以在一个屏幕上查看整个生产过程的运行状况，及时作出应对。

4.5.3.3 提高生产灵活性和响应能力

物联网技术在生产灵活性和市场响应能力方面也发挥了重要作用。

柔性制造实现：通过智能设备和系统的互联互通，生产线可以进行快速调整和配置，以适应不同产品的生产需求，提高生产线的柔性和灵活性。

快速响应市场需求：物联网系统实时收集和分析市场需求变化，通过智能调度系统快速调整生产计划和资源配置，确保生产能够及时响应市场需求。

生产工艺优化：通过物联网技术收集海量数据，利用人工智能和大数据分析技术，优化生产工艺和流程，提高生产效率和产品质量。

例如，某生物医药企业通过物联网技术，实现了对生产线的柔性化改造，改造后可以根据市场需求的变化，快速切换生产线，生产不同种类和规格的药品，提高了市场响应速度和竞争力。

4.5.3.4 供应链和物流管理优化

物联网在供应链和物流管理中的应用，可使生产管理更加高效和精准。

实时库存管理：通过物联网技术实时监控原材料和成品的库存情况，确保库存量合理，避免过多积压或短缺，提高库存管理效率。

供应链全程透明：物联网技术实现了对供应链各环节的实时追踪和监控，从原材料采购、物流运输到成品配送，确保每一个环节都在可控范围内，提高供应链的透明度和可控性。

物流路径优化：通过物联网系统实时跟踪物流运输状态，利用数据分析技术优化物流路径，缩短和降低运输时间和成本，提高配送效率。

例如，某生物制药企业通过物联网技术实现了对原材料供应和物流运输的实时监控，可以实时跟踪每批原材料的供应情况，及时调整采购计划，确保生产不中断。同时，通过优化物流路径，缩短和降低了运输时间和成本，提高了配送效率。

4.5.3.5 提高质量控制和溯源能力

物联网技术显著提高了生产过程中的质量控制和产品溯源能力。

全过程质量监控：通过物联网系统，实时监控生产过程中的每一个环节，从原材料到成品，实现全过程的质量控制，确保产品质量的稳定和一致性。

高效产品溯源：物联网技术可以记录每批产品生产全过程的数据，包括工艺参数、设备状态、环境条件等，实现产品的全生命周期追溯，提高产品的质量保障能力。

合规管理支持：通过自动记录和分析生产过程中的每一个环节，物联网技术支持监管部门的审查和合规管理，确保产品符合行业标准和法规要求。

例如，某生物制药企业通过物联网技术实现了对生产过程的全程质量监控和追溯。每批产品的生产数据都被实时记录和保存，一旦出现质量问题，可以快速追溯到具体环节和原因，并进行及时整改，提高了产品的质量保障能力。

4.5.3.6 小结

物联网技术在生产监控和管理中的应用，彻底革新了生物医药生产的传统模式，使生产管理更加智能化、高效化和透明化。通过物联网技术，生物医药企业不仅提高了生产效率和产品质量，还显著增强了市场响应能力和竞争力。未来，随着物联网技术的不断发展和应用的深入，生物医药生产将继续迈向智能化和高效化的新阶段，为行业发展注入新的动力和活力。

4.6 合规与质量管理的提升

生物医药产业对产品质量和合规要求极高，任何违规或质量问题都会对人类健康和企业声誉造成严重影响。新质生产力不仅在提高生产效率方面发挥了重要作用，更在合规与质量管理方面带来了革命性的变化。

4.6.1 智能合规系统对法规遵循的自动化

生物医药产业的高标准和严格监管要求，使得合规性成为企业持续运营和发展的关键。然而，随着法规日趋复杂，人工手动合规检查方法效率低下且易出错。在此背景下，智能合规系统的兴起，为生物医药企业提供了全新的自动化合规解决方案，实现了从监管接收、内部审核到合规报告生成的全面自动化管理。

4.6.1.1 实时法规更新与集成

智能合规系统能够自动接收和处理来自全球各大监管机构的最新法规、指导意见和行业标准。不仅如此，智能合规系统还能自动进行以下操作。

（1）法规更新同步：智能合规系统接收后将最新法规同步至企业内部合规数据库，并实时通知相关部门，确保全过程适应最新法规。

（2）自动化解析：智能合规系统利用自然语言处理技术，自动解析最新法规文本，将最新法规要求转化为具体的操作指令和审核标准。

（3）法规匹配与风险评估：对企业现有的标准操作程序（SOP）进行自动匹配和风险评估，识别出与最新法规不符的环节，并生成调整建议。

4.6.1.2 自动化合规审查和报告

智能合规系统不仅能够自动更新监管要求，还能对生产过程中的合规情况进行全自动化审查和报告。

实时监控与审核：在生产过程中，智能合规系统通过集成的传感器和物联网设备，实时采集和监控生产数据，根据法规要求和内部标准，自动审核生产操作的合规性。

异常检测和报警：基于人工智能和机器学习算法，智能合规系统可以实时检测生产过程中发生的任何异常情况，自动触发预警并记录详细信息，通知相关管理人员进行及时处理。

自动生成合规报告：智能合规系统可以根据法规要求和内部审计标准，自动生成详尽的合规报告。报告涵盖生产全过程的各项数据和审查结果，支持企业快速应对内部审计和监管机构的外部审核。

4.6.1.3 数字化审计与可追溯性

在合规过程中，记录和追溯是至关重要的环节。智能合规系统通过数字化手段，确保合规记录的可追溯性和完整性。

数字化记录存储：智能合规系统自动存储每一个操作和审查环节的详细记录，包括时间戳、操作人员、设备状态、参数变化等，形成全面的数字审计轨迹。

快速追溯与查询：一旦出现质量问题，智能合规系统能够通过关键字和时间线索，快速追溯到相关环节及责任人，确保问题的快速定位和处理。

加密与安全性：通过对存储数据进行加密保护，智能合规系统确保合规记录的安全性和不可篡改性，满足监管机构的审核要求。

4.6.1.4 智能决策支持与合规培训

智能合规系统不仅仅是一个监管工具，它还可以为企业提供有针对性的决策支持和员工合规培训。

智能决策支持：通过对历史数据和实时数据的综合分析，智能合规系统提供智能化的决策支持，帮助企业提前预测和识别潜在的合规风险，制定有效的预防和应对措施。

员工培训与教育：智能合规系统还能通过虚拟培训平台，向员工提供最新的法规知识和合规操作培训课程。智能合规系统根据员工的操作记录和考核成绩，进行有针对性的培训，确保全员合规意识和操作能力的持续提升。

例如，某全球领先的制药公司引入智能合规系统，成功实现了从法规接收、自动解析到合规报告生成的一体化管理。

法规匹配与风险评估：系统解析监管机构发布的新药品质量监管法规后，自动评估公司现有操作程序的合规风险，提出详细的调整建议。

异常检测与报警：在疫苗生产过程中，智能合规系统实时监控生产环境和工艺参数，检测到温度超标情况，立即报警并自动调整设备，确保生产条件符合法规要求。

自动生成合规报告：生产结束后，智能合规系统自动生成详尽的合规报告，记录生产全过程的所有数据和审查结果，帮助企业顺利通过监管审计。

4.6.1.5 小结

智能合规系统的引入，标志着生物医药企业从人工合规向自动化合规的跃进。通过实时更新法规、自动化合规审查、全面数字化审计以及智能决策支持，智能合规系统不仅提高了企业法规遵循的效率和准确性，还增强了企业的合规风险管理能力。这种转变不仅大幅降低了企业的合规成本，还提升了企业在快速变化的监管环境中的应变能力，确保了生物医药产品的质量和安全，最终为患者带来了更大的福祉。未来，随着技术的进一步发展，智能合规系统将会日益完善并被广泛应用，引领生物医药产业合规管理的新方向。

4.6.2 质量管理体系在新质生产力中的演进

在生物医药产业，质量管理体系一直是企业产品安全性和有效性的重要保障。随着新质生产力的兴起，尤其是人工智能、物联网、大数据分析和云计算等技术的广泛应用，质量管理体系正在经历一场深刻的演进。这不仅提升了质量管理的精度和效率，更驱动着整个行业向智能化、数据驱动和实时响应的方向发展。

4.6.2.1 智能检测与监控

新质生产力的核心在于智能化和实时化。在质量管理体系中，智能检测和监控技术的应用使得生产过程的每一个细节都能被实时掌控。

先进传感器网络：在生产线中的关键环节部署高精度传感器，实时监控温度、湿度、pH 值、压力等重要参数，对环境和生产过程进行全方位的质量控制。

机器视觉技术：应用机器视觉技术，通过高分辨率相机和图像处理算法，实时检测产品外观、标签、包装的质量，确保每一个出厂产品都符合标准。例如，在药片生产线上，视觉系统可以瞬间识别并剔除破损或不合格的药片。

边缘计算：通过边缘计算技术，实时处理和分析传感器数据，快速检测异常参数，确保问题被及时发现并处理，避免质量风险扩大化。

4.6.2.2 数据驱动的决策支持

大数据和人工智能技术在质量管理体系中的深度融合，推进了数据驱动的决策支持系统。

全面数据收集与整合：新质生产力使数据收集变得更加广泛和精准，从原材料投入、生产过程控制到成品检验，所有环节的数据均被实时记录和整合。

数据分析与洞察：通过大数据分析平台，结合机器学习和人工智能算法，从海量数据中挖掘出有价值的质量控制信息。例如，通过分析大量的历史生产数据和质量检测数据，人工智能可以识别出生产过程中的潜在质量问题，预测可能的质量波动。

优化与改进：基于数据分析结果，企业可以有针对性地优化生产流程和质量控制策略。例如，人工智能可以建议调整某些生产参数以提高成品率，减小废品率。

4.6.2.3 全生命周期质量管理

新质生产力使得质量管理体系实现了从单一环节控制向全生命周期管理的转变。

质量前移与早期干预：在产品设计和开发阶段，通过模拟仿真技术和虚拟试验平台，提前识别和解决潜在质量问题，将质量控制前移至设计开发阶段。

全过程追溯与控制：通过物联网技术，搭建从原材料采购、生产加工、质检入库到市场销售的全过程追溯系统，保证每个产品在整个生命周期内都能被有效监控和管理。一旦发生质量问题，企业可以快速追溯到具体环节和责任人。

动态质量优化：在产品生命周期的各个环节，实时监控和反馈质量数据，通过持续的动态优化，不断提升产品质量。例如，通过云平台与市场销售端的数据互通，企业可以实时获取产品使用的反馈信息，并及时调整生产和质量控制策略。

4.6.2.4 协同质量管理与价值链整合

新质生产力推动了质量管理体系的开放和协同。

供应链质量管理：通过建立协同平台，与供应商和合作伙伴共享质量标准和检测数据，实现整个供应链的协同管理。例如，企业可以通过区块链技术，确保从原材料采购到成品发货的每一步都可追溯、可靠。

跨部门协同：整合研发、生产、质控、营销等各部门的质量管理流程，打破信息孤岛，实现数据的共享和流通，提升整体质量管理效率。例如，通过统一的质量管理平台，质控部门可以实时获取生产数据，更迅速地进行产品质量分析和改进。

客户反馈整合：利用大数据分析工具，整合消费者反馈的信息，实时掌握市场对产品质量的评价，为后续质量改进提供数据支持。例如，通过分析消费者在社交媒体和反馈平台上的评论，及时发现产品的质量问题和改进需求。

4.6.2.5 小结

在新质生产力的推动下，生物医药产业的质量管理体系正经历一场深刻的革命。智能检测、数据驱动、全生命周期管理和协同管理为质量管理注入了新的活力，提升了质量控制的精度和效率。未来，随着技术的进一步发展，新质生产力将持续引领质量管理体系的创新与演进，为生物医药产业提供更加坚实的质量保障，确保产品始终如一的高质量和安全性，为患者提供更可靠的治疗选择。这不仅提升了企业的竞争力，也推动了行业的整体进步与发展。

4.6.3 风险管理智能化对生产安全性的保护

在生物医药产业，安全性和风险管理是企业必须严防死守的重中之重。生产过程的任何不确定性和安全隐患，都会对药品的质量与患者的健康造成严重影响。因此，现代技术引领下的智能化风险管理系统，为生物医药企业提供了有效手段，以预防、检测和应对生产过程中的各类风险。

4.6.3.1 预测性维护：提前预判设备故障

生产设备的稳定运行是生物医药生产顺利进行的重要保障。传统的设备维护往往基于定期检查与事后修复，而智能化风险管理系统则通过预测性维护，将风险管理水平提升到一个新的高度。

物联网传感器网络：在设备上安装高精度物联网传感器，实时监测振动、温度、湿度、压力等关键参数。

数据采集与分析：通过大数据平台采集并分析设备运行数据，识别出潜在的故障征兆。

预测性维护模型：应用机器学习算法，建立预测性维护模型，预测设备的维护需求和可能的故障时间。

4.6.3.2 实时风险监控：确保生产全程安全

智能化风险管理系统的核心是对生产过程的实时监控与分析，及时预警和处置生产中的风险。

全程监控系统：通过摄像头、传感器和自动化控制系统，对生产车间环境、设备运行状态、生产工序实时监控。

异常检测与智能报警：利用人工智能和深度学习技术，对采集的数据进行异常检测。系统一旦识别到异常情况，立即发出预警通知相关管理人员处理。

自动应急处理：智能化系统不仅能发出警报，还能自动执行设定的应急处理措施。

4.6.3.3 全面风险评估与智能决策：管理潜在风险

智能化风险管理系统在风险评估与智能决策方面，提供了全面且精细化的支持，有效地提升了风险管理效能。

大数据风险评估：通过整合和分析历史数据、实时数据和外部信息（如市场变化、法规更新等），智能化风险管理系统可以全面评估生产环节中的潜在风险。

智能决策支持：针对已识别出的潜在风险，智能化风险管理系统综合分析历史记录、现状数据和外部环境等因素，提供智能化的决策支持。

模拟仿真与预防方案：利用模拟仿真技术，在虚拟环境中验证风险管理方案的有效性。

4.6.3.4 小结

智能化风险管理系统的应用，使生物医药企业在应对生产风险和安全性管理上具备了前所未有的优势。通过预测性维护、实时监控和全面风险评估，企业不仅提升了生产安全性，还显著降低了生产成本和风险。这一系统的成功应用，不仅帮助全球领先的生物医药公司在激烈的市场竞争中赢得了优势，更保障了全球患者的用药安全和健康。随着技术的进一步发展，智能化风险管理系统必将成为生物医药生产中不可或缺的核心工具，引领行业迈进更高效、更安全的新时代。

4.7 成本效益分析与市场竞争力提升

生物医药领域正处于技术革命的前沿，新质生产力（如人工智能、大数据、物联网和云计算等）显著改变了这一领域的生产格局。通过引入这些前沿技术，企业不仅能够降低生产成本，提高效率，还大大增强了市场竞争力。

4.7.1 创新生产力带来的生产成本下降及经济效益分析

新质生产力的应用彻底改变了生物医药领域的生产方式，直接推动了生产成本的下降与经济效益的提升。创新生产力，如智能自动化、大数据分析、人工智能和物联网技术，不仅优化了生产流程，提高了效率，还在质量控制和风险管理方面作出了突破性贡献。本节将系统地探讨这些创新生产力如何带来生产成本的下降与经济效益的提升。

4.7.1.1 生产成本下降

1. 自动化与智能化生产线

自动化技术的应用：现代自动化设备和机器人在生物医药生产中的应用，大幅降低了人力需求。

智能化生产系统的应用：人工智能技术在生产工艺优化中的应用，提高了设备的运行效率。

2. 预测性维护技术的应用

设备监控与维护：通过物联网与传感器技术，实时监测生产设备的运行状态，提前预测并预防设备故障。

优化设备利用率：预测性维护不仅减少了设备的突发故障，还提高了设备利用率。

3. 大数据驱动的流程优化

数据分析与流程优化：通过大数据平台对生产过程中产生的大量数据进行分析，识别出潜在的瓶颈和效率低下的环节，优化生产流程，提高资源利用率。

精准供应链管理：大数据技术还应用于供应链管理，通过对供应链各环节的精准监控和预测，优化库存、减少浪费。

4.7.1.2 经济效益分析

1. 提高产能与市场响应速度

增加产能：自动化和智能化技术的应用使生物医药企业得以大幅提高生产效率和产能。例如，Moderna 公司在 2020 年新冠疫苗大规模的生产中，通过智能化生产系统快速扩大产能，全年生产了超 10 亿剂疫苗，满足了全球市场需求，经济效益显著。

快速响应市场需求：新质生产力使得企业能够更灵活地调整生产计划，快速响应市场需求变化。辉瑞公司在新冠疫情期间，通过优化生产调度系统，不仅提高了生产效率，还确保了疫苗的及时供应，增强了市场竞争力。

2. 产品质量的提升

质量控制改进：智能化质量管理系统通过实时监控和数据分析，有效提升了产品质量。

品牌声誉和市场份额：更高的产品质量不仅提升了客户满意度，还提高了品牌声誉和市场占有率。例如，阿斯利康通过质量改进和智能生产，显著提升了市场份额，并在全球多个市场中占据领先地位，经济效益显著增长。2023 年全年总营收 458.11 亿美元，其中产品收入 437.89 亿美元，同比增长 2%。扣除新冠产品后，总收入 454.88 亿美元，同比增长 13%。

3. **长期投资回报**

技术投资回报：尽管新质生产力的初期投入较大，但长期来看，其带来的收益是显著的。以辉瑞公司的自动化生产线为例，尽管前期投资数千万美元，但每年节省的生产成本和提高的生产效率，使得投资回报周期缩短至三年内，并在此后产生持续的经济效益。

市场扩展和新业务机会：新质生产力的应用不仅提高了现有产品的生产效率，还为企业探索新市场和新业务提供了支持。例如，默克公司通过新质生产力的应用，不仅提升了传统药品的生产效率，还在基因治疗和生物制药等新兴领域取得了重要突破，开辟了新的利润增长点。

4.7.2 快速响应市场需求与提升生产灵活性

在生物医药领域，能够快速响应市场需求与提升生产灵活性对于企业保持市场竞争力至关重要。由于生物医药产品的复杂性和高质量要求，传统的生产方式往往面临速度与精度的双重挑战。而新质生产力（包括智能自动化、物联网、大数据和人工智能等技术）的引入，使企业能够更高效地调整和优化生产流程，灵活应对市场变化，赢得竞争优势。

4.7.2.1 模块化与智能化生产

1. **模块化生产设备**

快速配置与调整：模块化生产设备可以根据产品需求进行快速组装和调整。每个模块可以独立运作，并根据实际需要进行重新配置。辉瑞公司在2020年引入了模块化生产系统，使得其生产线可以在短时间内从普通药品的生产转向新冠疫苗的生产，大幅缩短了切换时间，仅需几天即可完成转换，大大提高了市场响应速度。

灵活的产能调度：模块化设备还允许企业灵活调整产能。罗氏公司在其瑞士生产设施中，通过模块化生产设备，实现了不同产品生产线的无缝切换，在市场需求变化时，能够迅速增加或减少特定产品的产量，确保灵活应对市场需求。

2. **智能化生产监控和管理**

实时监控与反馈：通过实时监控生产数据，智能化系统能够迅速识别和反馈生产中的问题。例如，诺华公司在其智能工厂中安装了大量传感器，实时监控生产线上的温度、压力、湿度等关键参数，确保生产过程的稳定性和高效性。

动态优化调整：基于实时数据分析，智能化系统可以动态优化生产参数，快速调整生产过程。比如，葛兰素史克通过引入人工智能和机器学习技术，不断优化生产工艺参数，提高生产效率，并能迅速响应紧急订单需求。

4.7.2.2 数字化供应链与柔性生产

1. 数字化供应链管理

供应链透明化：数字化供应链管理系统通过整合和分析供应链各环节的数据，实现了从原材料供应到产品交付的全流程可视化。例如，阿斯利康通过其数字化供应链平台，实时跟踪全球各地的原材料和成品动向，确保供应链的透明和高效。

快速响应与调配：数字化系统的应用，使企业能够根据市场需求的变化，快速调整供应链策略。辉瑞公司在 2020 年利用其数字化供应链系统，在全球范围内调配资源，确保新冠疫苗的及时生产与分发。

2. 柔性生产系统

个性化生产：柔性生产系统允许企业根据不同客户需求，快速调整生产线，实现个性化定制。例如，百时美施贵宝通过其柔性生产系统，能够根据特定市场需求，快速生产特定规格和包装的药品，大大提升了客户满意度和市场竞争力。

缩短产品研发与上市周期：柔性生产系统使得新产品从研发到市场投放的时间大幅缩短。默克公司在其一体化生产平台的支持下，将新药品的上市时间缩短，快速占领市场先机。

4.7.2.3 数据驱动的市场需求预测与生产调度

1. 市场需求预测

大数据分析：通过对市场数据的分析，企业可以准确预测市场需求，提前做好生产准备。例如，礼来公司利用大数据技术分析市场趋势，提前优化生产计划，确保在需求高峰期具备充足的产能。

精细化需求管理：人工智能算法的应用，使得需求预测更加精确。辉瑞公司通过其人工智能驱动的需求预测模型，能够细致地分析不同市场的需求变化，快速调整生产排期，实现精准化生产。

2. **智能生产调度**

自动化排程：智能生产调度系统通过自动化排程，实现了生产资源的高效配置。阿斯利康在其生产设施中，通过智能生产调度系统优化生产排程，缩短了生产准备和切换时间，提高了生产灵活性。

应急调度与调整：智能生产调度系统不仅能平稳运行，还能在紧急情况下迅速作出调整。例如，当某种药品需求突增时，拜耳公司的智能生产调度系统能够重新分配资源和调整生产计划，以最快速度增产，满足市场需求。

4.7.3 生产技术创新对市场占有率和竞争力的影响

生产技术创新是生物医药企业在激烈市场竞争中获胜的重要驱动力。通过运用前沿的智能化、自动化、大数据和人工智能技术，企业不仅可以提升生产效率和产品质量，还可以降低成本，从而在市场上获得更大份额和竞争优势。本小节将介绍生产技术创新如何具体影响市场占有率和竞争力，并通过实际案例来说明其实际应用和效果。

4.7.3.1 提高产品质量和安全性

1. **智能化质量管理系统**

实时监控与控制：智能化质量管理系统通过传感器和数据分析技术，能够实时监控生产过程中各个环节的质量指标，确保产品品质的稳定性和一致性。

问题快速反馈与解决：一旦在生产过程中发现质量问题，智能化质量管理系统可以立即发出警报，并自动调整生产参数，及时解决问题。

2. **过程优化与安全管控**

优化生产工艺：通过人工智能和大数据分析优化生产工艺，企业能够提高生产效率和产品质量。

增强安全性：智能化生产技术不仅提高了产品质量，还显著增强了生产过程的安全性。

4.7.3.2 缩短新产品的研发和上市周期

1. 高效研发平台

创新技术平台：通过应用基因编辑、人工智能模拟和高通量筛选等技术，企业可以显著加快新药物的研发。以 Moderna 公司的 mRNA 技术平台为例，从初始设计到新冠疫苗的上市仅用了不到一年时间，突破了传统药物研发数年的周期限制。

集成研发与生产：一体化研发和生产平台使得药物从研发到生产的衔接更加顺畅。礼来公司利用其集成平台，将多个新药从研发到生产的周期缩短，抢占了市场先机。

2. 快速上市与市场占领

快速响应市场需求：灵活生产和供应链管理系统，能使企业在新产品获得许可后，迅速扩大生产规模，满足市场需求。辉瑞公司在新冠疫苗上市后，通过其高效的生产系统，迅速在全球范围内增加供应，确保了市场的及时供应。

提升市场竞争力：快速上市不仅提高了市场占有率，还增强了企业的市场竞争力和品牌形象。例如，Moderna 和辉瑞公司通过快速开发和投放新冠疫苗，赢得了全球市场的广泛认可和信任，市场份额显著攀升。

4.7.3.3 降低生产成本，提高市场竞争力

1. 自动化与智能化设备

降低人力成本：自动化生产设备的广泛应用，显著降低了对人力的依赖。例如，阿斯利康通过引入自动化生产线，降低了人力成本，同时提高了生产效率和产品一致性。

优化资源利用：智能化生产技术通过优化资源配置和减少浪费，显著降低了生产成本。默克公司采用智能优化系统，可以将批次生产的产量提高并减少差异性。在不需要投入额外的原材料、能源、设备或空间的情况下，就

产生了大约2亿美元的额外收入。

2. **预测性维护与运营成本节约**

设备维护与管理：通过预测性维护技术，企业可以提前发现和解决潜在的设备故障，减少因设备停机造成的损失。例如，辉瑞公司通过实施预测性维护技术，设备故障率降低，运营成本显著下降。

提高生产效率：智能化调度和优化系统提高了生产效率，使得生产过程更加流畅和高效。拜耳公司通过智能化生产调度系统，提高生产效率，每年节省数万美元的运营成本。

4.7.4 总结

新质生产力对生物医药领域带来的影响深远而广泛。通过生产成本的下降、经济效益的提升、快速响应市场需求及提高生产灵活性，生物医药企业不仅在成本效益上取得显著成功，还在市场竞争中占据了先机。生产技术的创新使得企业能够更快速、高效地满足市场需求，提升产品质量，最终增强竞争力，提高市场占有率。随着新质生产力技术的不断发展，生物医药企业将在全球市场中持续保持创新动力与竞争优势，推动行业持续向前发展。

4.8 案例研究：新质生产力在生物医药中的成功与挑战

新质生产力的应用在生物医药产业中展现出显著的成功，但也面临诸多挑战。通过深入研究典型成功案例和失败案例，并将行业标杆和前瞻视角结合，能够为企业提供有价值的参考和指导。

4.8.1 领先企业应用新质生产力的典型案例

Moderna公司因其在新冠疫情期间迅速开发和生产mRNA疫苗而获得广泛关注。

技术创新：Moderna公司的核心技术是mRNA平台，这一革命性技术显著缩短了疫苗的研发周期。通过计算机模拟和高通量筛选技术，快速确定疫苗设计方案。

智能制造：Moderna 公司在其生产设施中广泛采用了自动化和智能化设备，包括高精度的酶反应监控系统和质量控制系统，实现了高效和标准化的大规模生产。

供应链管理：Moderna 公司实现了从原材料采购到疫苗分发的透明和高效管理，确保疫苗在全球范围内的快速分发和溯源。

成果：通过这些创新，Moderna 公司在不到一年的时间内完成了从疫苗设计到上市的全过程，并迅速满足了全球市场需求，极大地增强了竞争力以及提升了市场占有率。

4.8.2 从失败案例中吸取经验教训

尽管新质生产力在很多企业中取得了显著成功，但也有一些应用不当的失败案例。这些案例为行业提供了宝贵的经验教训，帮助企业更好地规避风险。

4.8.2.1 某药企的自动化失败尝试

一家中型生物制药公司试图通过全面引入自动化生产设备来提高生产效率，但最终以失败告终。

1. **问题**

公司在缺乏足够的技术支持和员工培训的情况下，仓促上线自动化项目，导致生产线频繁停机、设备故障频出，生产效率不升反降。

2. **教训**

技术准备不足：自动化设备和软件集成复杂，需要专业的技术团队和充分的技术准备。企业在上线自动化项目之前，应确保有足够的技术支持。

员工培训缺乏：自动化设备的操作和维护需要专业技能，企业需在引入新设备前对员工进行全面培训，确保他们能够熟练操作和维护设备。

逐步测试和优化：大规模自动化改造应逐步进行，通过试点测试和不断优化来确保系统的稳定性和可靠性。

4.8.2.2 某公司的大数据项目受挫

一家大型制药公司尝试通过大数据平台优化生产流程，但未能达到预期目标。

1. 问题

公司投资数百万美元建设大数据平台，但数据采集不全、分析模型不准确，使得优化效果不明显，投入产出严重失衡。

2. 教训

数据质量至关重要：大数据分析依赖于高质量的数据输入。企业需确保数据采集的全面性和准确性，建立完善的数据管理体系。

模型验证和调整：大数据模型需要反复验证和调整，以适应复杂的生产环境。应建立持续优化机制，确保模型的准确性和实用性。

跨部门协作：数据分析项目需要跨部门协作，充分整合生产、供应链、销售等各环节的数据，形成有效的分析和决策支持。

4.9 展望与未来趋势

在生物医药领域，随着技术的迅速发展，新的制造方法问世和效率提升成为可能。前沿的技术将彻底改变生产制造的方式，使其更加高效、精准和个性化。

4.9.1 前沿技术对未来生产制造的潜在影响

4.9.1.1 人工智能与机器学习

优化流程与决策：人工智能与机器学习能够处理并分析海量数据，从中提取有价值的模式和趋势，帮助企业优化生产流程和作出精准决策。例如，基因编辑过程中的人工智能技术可以预测和预防潜在误差，提高效率。

实时监控与维护：通过人工智能驱动的实时监控系统，企业可以快速识别并处理生产线的问题，缩短和减少停机时间和生产损失。预测性维护技术则能预防设备故障，提高设备利用率。

4.9.1.2 基因编辑与合成生物学

个性化治疗：基因编辑技术，如 CRISPR，使得个性化治疗成为可能。

患者基因组数据的应用将使药物功效和治疗方案更加精准，同时减少副作用，提高疗效。

新药开发：合成生物学在新药开发上展现出巨大的潜力，可以快速生成新化合物，进行大规模筛选和优化，加速药物开发进程，最终缩短新药上市时间。

4.9.1.3 3D 打印与生物打印

快速原型制造：3D 打印技术在快速制造原型和定制化生产方面具有显著优势，能够降低成本和缩短开发周期，特别是在医疗器械和组织工程领域，3D 打印技术可以快速生产定制化产品。

生物打印组织和器官：生物打印技术正在快速发展，未来可能生产功能性组织和器官，应用于移植和再生医学，解决器官短缺问题。

4.9.1.4 物联网与区块链

智能制造与供应链：物联网技术通过实现生产设备智能互联，提高了生产线的灵活性和生产效率。其在供应链管理中的应用能够追踪产品的全生命周期，实现透明和高效管理。

数据安全与透明：区块链技术保障数据的安全和不可篡改性，在药品生产和流通中，确保药品溯源，防止假冒伪劣产品进入市场。

4.9.2 对新质生产力在生物医药领域应用的长期展望

新质生产力在生物医药领域的应用将带来深远的影响，未来几年内，以下趋势值得关注：

全面自动化：生产过程的全面自动化将成为标准，极大提高了生产效率并降低了人力成本。企业将进一步利用机器人和自动化系统来实现 24/7 不间断生产。

高度个性化生产：借助基因编辑和大数据分析技术，药品和治疗方案将更加个性化，进而满足不同患者的特殊需求。个性化药物生产将成为新的商业模式。

零库存模式：通过智能制造和供应链的整合，未来制药企业将逐步实现按需生产，降低库存成本，提高资金利用率。

持续创新与研发：创新将更加集成于生产制造过程中，企业将不断应用最新技术进行创新研发，加速产品迭代和改进。

4.9.3 跨技术集成带来生产制造新机遇

多技术融合：各类前沿技术如人工智能、物联网、区块链和基因编辑等的跨界融合，将带来生产制造的革命性变化。企业能够通过建立跨技术中心，全面提升生产力和创新水平。

智能工厂与数字孪生：建设智能工厂和应用数字孪生技术，可以实现生产设备和工艺的虚拟模拟和优化，预测和解决潜在问题，提高运营效率和产品质量。

协同创新与合作：与科研机构、技术公司以及其他制药企业建立协同创新网络，共享资源和技术，提升整体竞争力和创新能力。

4.10 结论

4.10.1 新质生产力对生物医药生产制造影响的总结

新质生产力为生物医药生产制造的应用带来了革命性变化，极大地提升了生产过程的效率、质量和灵活性。通过引入智能化、自动化、大数据分析、人工智能和基因编辑等前沿技术，不仅加速了生物医药产业药物的开发和生产，还能更好地满足个性化医疗需求。

成功案例表明，应用新质生产力的企业能够在短时间内完成从研发到生产再到市场推广的全过程。例如，Moderna 公司通过智能生产系统和大数据驱动的供应链管理，实现了疫苗的快速研发和生产，显著提升了市场响应速度和生产效率。同时，自动化和人工智能技术的深度融合使得生产过程更加精准和可控，有效降低了运营成本和产品风险。

4.10.2 对未来研究与实践的建议

技术研发与人才培养：加强技术研发投入，特别是基因编辑、人工智能、大数据分析和自动化领域的人才培养和技术积累。企业应构建内部创新团队，吸引和培养高端科技人才。

跨界合作与共享：积极与科研机构、技术公司和供应链合作伙伴进行跨界合作，共享技术成果和数据资源，实现协同创新。

持续优化与迭代：新质生产力的应用需持续优化和迭代。企业应建立长期的技术跟踪和优化机制，在解决实际问题中不断调整和改进生产技术和流程。

前瞻性技术布局：关注未来前沿技术的发展趋势，如量子计算、脑机接口和合成生物学，提前布局和投入，保持技术领先优势。

通过技术创新、跨界合作和持续优化，生物医药企业将在未来复杂的市场环境中取得竞争优势，实现更快、更好、更个性化的产品交付，推动行业持续健康发展。新质生产力的全面应用不仅推动了企业自身进步，也将对整个生物医药产业产生变革性影响，为人类健康事业作出更大贡献。

第 5 章

新质生产力推动生物医药营销与市场的变革

重

构

5.1 电商平台与药品销售

随着互联网和信息技术的不断发展，电子商务逐渐融入到医药产业中，推动了药品销售模式的变革。电商平台不仅为药品提供了一个新的销售渠道，还提高了消费者获取药品和健康信息的便捷性。

5.1.1 电商平台的类型与特色

在药品销售领域，电商平台根据其服务对象和交易模式的不同，主要分为两大类型：B2B（企业对企业）模式和 B2C（企业对消费者）模式。每种模式都有其特点和独特的优势，能够分别适应不同的市场需求。

5.1.1.1 B2B 模式

B2B 模式指的是医药生产企业通过电商平台将药品直接销售给药品批发商、零售药店及其他医疗机构。这种模式主要关注企业间的大宗药品交易和供应链管理。

1. **减少中间环节**

传统的药品销售常涉及多个中间环节，如代理商、分销商等，而 B2B 模式通过电商平台将企业和采购方直接对接，省去了中间环节，从而降低了成本、提高了效率。

2. **优化库存管理**

通过电商平台进行交易，供应商和采购商可以实时了解库存情况，进行精准的库存管理，减少库存积压和降低缺货风险。

3. **提升交易透明度**

电商平台提供的在线报价和比价功能，大大提高了药品交易的透明度，使采购方和供应方能够更清晰地了解市场行情。

4. **丰富的数据分析**

电商平台能够收集和分析大量交易数据，为企业的市场策略和决策提供数据支持，如销售趋势、需求预测等。

5.1.1.2 B2C 模式

B2C 模式指的是医药生产企业、连锁药店或其他医药电商平台直接通过互联网向最终消费者销售药品和健康产品。这种模式主要面向普通消费者，为其提供便捷、快速的购药服务。

1. **便捷购买体验**

消费者只需通过电脑或手机即可浏览、选择和购买药品，大大节省了时间和精力。

2. **广泛的产品选择**

电商平台上的产品种类繁多，涵盖处方药、OTC 药品、保健品、医疗器械等，消费者可以一站式购齐所需产品。

3. **在线咨询和服务**

医药电商平台通常提供在线药师咨询服务，消费者可以随时获得专业用药指导和健康建议，增强了用户体验和信任感。

4. **用户评价与反馈机制**

消费者可以查看其他用户的评价和反馈，从而作出更明智的购买决策。同时，平台也可以通过用户反馈不断优化产品和服务。

5. **个性化营销**

利用大数据技术，电商平台可以精准定位用户，推送个性化的药品和健康产品，提高销售转化率。

5.1.1.3 混合模式

除了单一的 B2B 或 B2C 模式，部分大型医药电商平台也会尝试采用混合模式，即同时面向企业和消费者提供服务，以覆盖更广的市场需求。例如，阿里健康既提供面向终端消费者的 B2C 服务，也提供面向药品批发商和零售商的 B2B 服务。

综合性服务：电商平台既能满足企业间大宗交易需求，又能满足个人消费者的小额购药需求。

资源整合：通过整合上下游资源，实现规模化效应，提升电商平台整体竞争力。

多业务协同：优化供应链管理，通过集中采购和统一配送，降低运营成本，提高服务效率。

5.1.1.4 小结

无论是B2B还是B2C，电商平台在药品销售中的应用都展现出明显的优势，通过减少中间环节、提升交易透明度和提供便捷服务等手段，推动了药品销售模式的变革。未来，随着技术的不断发展和消费者需求的变化，电商平台在药品销售中的应用将更加广泛和深入，进一步促进医药产业的现代化和数字化转型。

5.1.2 线上药品销售的法律及监管环境

随着电子商务在医药领域的快速发展，线上药品销售不仅为消费者提供了便捷的购药途径，同时也带来了新的管理和监管挑战。为了确保药品的质量和安全，必须建立健全的法律法规和监管体系。本小节将介绍线上药品销售的法律框架和监管环境。

5.1.2.1 主要法规

线上药品销售必须遵循一系列法律法规，这些法律法规旨在规范药品的生产、销售、流通和使用，保证药品的安全性和有效性。

1.**《中华人民共和国药品管理法》**

这是国家对药品进行监管的基础性法律，涵盖了药品的研制、生产、经营、使用和监督管理等各个环节。

核心内容：药品生产企业和经营机构必须取得相应的资质和许可，药品必须经过严格的质量控制，确保其安全、有效、质量可控。

对电商平台的要求：药品电商平台必须遵从该法律的所有规定，确保上线销售的药品符合法律标准。

2.**《药品网络销售监督管理办法》**

该办法专门针对网络药品销售的监管，明确了网络销售的主体资格、销售范围、信息披露等要求。

核心内容：网络药品销售企业需取得互联网药品交易许可，销售的 OTC 药品必须在合法范围内，处方药的销售需遵循线上线下结合的规定，确保处方药销售的合法性。

对电商平台的要求：确保售卖的药品在监管许可范围内，严格审核处方药销售流程，防止违法销售。

5.1.2.2 监管机构及其职责

1. 国家药品监督管理局（NMPA）

职责：负责全国范围内药品监督管理的顶层设计和政策制定，包括线上药品销售的法律法规和监管标准。

具体工作：包括制定和发布医药电商管理规范、监督药品电商的执行情况、处理违规行为等。

2. 地方药品监管部门

职责：负责具体的监管执行工作，覆盖药品电商的日常运营检查、违法违规行为处理等。

具体工作：包括审批地区内网络药品销售企业的申请、定期对其合规性进行检查、接受和处理消费者的投诉举报等。

3. 互联网信息管理部门

职责：负责互联网信息服务的总体监管，确保在线发布的药品信息合法、准确、规范。

具体工作：包括对药品信息服务网站的备案和检查，打击虚假信息传播，维护网络健康环境。

5.1.2.3 法律及监管环境的具体实施

在实际的网络药品销售过程中，法律法规的具体实施体现在以下几个方面：

1. 企业资质和许可

资质审核：网络药品销售企业必须获得药品监管部门的相关资质和许

可，包括互联网药品交易服务资格证书等。

资质验证：电商平台必须对入驻商家的资质进行严格审核和定期验证，确保其合法合规经营。

2. **信息公开和审核**

信息公开：电商平台应公开药品的详细信息，包括药品的成分、生产日期、有效期、适应症、禁忌证等，确保消费者充分了解药品信息。

信息审核：平台需要设立专门的审核团队，对所有发布的药品信息进行严格审查，杜绝虚假和误导性信息。

3. **处方药销售管理**

处方审核：处方药的线上销售需要符合线上线下结合的规定，平台必须要求消费者上传有效处方，并由执业药师审核处方的真实性和合理性。

配送管理：严控处方药的配送流程，确保药品在运输过程中的质量和安全。

4. **质量管理和追溯**

质量监督：电商平台需建立完善的质量监督机制，定期抽查销售药品的质量，防止假冒伪劣药品进入市场。

追溯系统：通过信息化手段建立药品追溯系统，使药品供应链的每个环节都可追溯，确保药品的来源和去向清晰可查。

5.1.2.4 法规执行案例和监督效果

1. **案例分析**

某在线药品销售平台由于未能严格审核其入驻药店的资质，导致部分不合格药品流入市场，被监管部门查处。监管部门对平台进行了罚款，并责令其对平台内的所有药品进行重新审核清理。此案例表明，在法律法规和监管部门的有效监管下，网络药品销售的违法违规现象能够得以及时发现和处理。

2. **监督效果**

通过严格的法律法规和监管体系，药品电商市场得到了较为规范的发展。越来越多的消费者转向可信赖的电商平台购买药品，有效减少了假冒伪劣药品的流通。同时，法律法规的执行也促使电商平台不断提升自身的合规性和服务质量，全力保障消费者的用药安全。

5.1.2.5 小结

线上药品销售的法律法规及监管环境是保障网络药品安全的重要基础。通过完善的法律法规和严格的监管措施，网络药品销售得以规范发展，为消费者提供了安全可靠的购药途径。未来，随着技术的进一步发展和市场的不断变化，法律法规和监管体系也将不断完善，为行业的健康发展保驾护航。

5.1.3 电商平台的数据管理与安全保障

电商平台在药品销售中的广泛应用离不开数据管理与安全保障。由于医药电商平台涉及大量的消费者个人健康信息和交易数据，如何确保这些数据的安全和隐私，是电商在平台运营过程中必须解决的重要问题。本小节将介绍医药电商平台的数据管理与安全措施。

5.1.3.1 数据隐私保护

随着隐私保护意识的增强，如何安全地收集、处理和存储用户数据成为电商平台的首要关注点。以下是电商平台在数据隐私保护方面主要的措施。

1. 严格的访问控制

权限分级：对数据访问进行严格的权限分级管理，不同级别的用户可以访问的数据范围不同。比如，普通员工只能访问必要的业务数据，而敏感数据只能被特定授权的高层管理人员访问。

身份认证：采用先进的身份认证技术，如双重认证、单点登录，确保只有经过身份认证的人员才可以访问系统和数据。

2. 数据加密

传输加密：使用 SSL/TLS 协议加密数据传输，防止数据在传输过程中被截获或篡改。

存储加密：对存储在服务器上的数据进行加密存储，通常采用高级加密标准（AES）等强力加密算法确保数据的安全存储。

3. **用户同意和透明度**

明示用户同意：在数据收集前，电商平台需明确告知用户数据收集的目的、使用范围和保护措施，并获得用户的同意。

透明使用：向用户公开数据使用的详细信息，让用户了解他们的数据如何被收集、处理和保护。

5.1.3.2 网络安全措施

在防范黑客攻击和数据泄露方面，医药电商平台需采取一系列网络安全措施，以确保系统的安全稳定运行。

1. **防火墙和入侵检测系统**

防火墙：在平台与外部互联网之间部署防火墙，过滤不必要的网络流量，阻止恶意访问。

入侵检测系统（IDS）：部署 IDS 实时监控网络流量，检测潜在的入侵行为，并及时发出警报以采取响应措施。

2. **安全漏洞管理**

定期安全扫描：定期对系统进行安全扫描，发现潜在的安全漏洞，及时修补，防患于未然。

安全补丁管理：保持系统和应用软件的及时更新，及时安装供应商发布的安全补丁，防止已知漏洞被利用。

3. **应急响应计划**

制定应急预案：针对各种可能的网络安全事件，制定详细的应急预案，包括应急联系人、响应步骤等。

定期演练：定期进行安全演练，模拟各种网络安全事件，提高应急响应能力，确保在真实事件发生时能够高效应对。

5.1.3.3 数据管理

高效的数据管理不仅可以提升电商平台的运营效率，还可以为商业决策提供有力的数据支撑。以下是医药电商平台在数据管理中的主要做法。

1. **数据采集**

用户行为数据：包括用户在平台上的点击、搜索、购买等行为数据，为后续的用户分析提供基础。

交易数据：包括订单信息、支付信息、物流信息等，确保交易过程的可追溯性和数据完整性。

健康数据：在用户同意的前提下，采集用户的健康信息和用药记录，为个性化服务提供数据支持。

2. **数据存储**

高可用存储：使用高可用的分布式数据库系统，确保数据的稳定存储和快速读取，保证系统的高可靠性。

备份与恢复：定期进行数据备份，确保数据在意外丢失的情况下能够迅速被恢复，避免数据的不可逆损失。

3. **数据分析**

用户画像分析：通过对用户行为数据的分析，生成用户画像，为精准营销提供依据。

销售数据分析：对销售数据进行多维度分析，如销量变化趋势、热销产品分析等，帮助决策者了解市场动向和调整策略。

健康数据分析：结合健康数据进行疾病预测和个性化用药推荐，提升服务质量和用户满意度。

4. **数据可视化**

仪表盘：通过可视化仪表盘展示关键业务指标，如每日销售额、用户增长率、库存情况等，帮助管理层实时掌握业务动态。

报表生成：根据特定需求生成各类数据报表，支持业务运营和战略制定。

5.1.3.4 安全管理体系

建立完善的数据安全管理体系是保障数据安全的基础，通过一系列制度和措施，确保数据安全管理的系统化和规范化。

1. **安全政策和标准**

安全政策：制定并发布电商平台的数据安全政策，明确数据安全目标、原则和管理要求，为安全管理提供指导。

安全标准：依据国际和行业标准，制定电商平台的安全技术标准和操作规程，确保安全管理的专业性和规范性。

2. **安全教育和培训**

员工培训：定期对员工进行安全教育和培训，提高其安全意识和防范能力，确保每位员工都能正确应对安全威胁。

安全意识宣传：通过内部宣传、电子邮件、宣传海报等方式，提升全员的数据安全意识。

3. **安全监控和审计**

实时监控：部署安全监控系统，实时监控数据流动和系统活动，及时发现并应对异常情况。

定期审计：定期进行安全审计，检查数据安全管理制度的执行情况，发现并整改安全隐患。

5.1.3.5 小结

电子商务平台的数据管理与安全至关重要，直接关系到用户隐私和电商平台运营的安全性和稳定性。通过严格的数据隐私保护措施、完善的网络安全防护手段和高效的数据管理策略，医药电商平台可以在保障数据安全的前提下，提高运营效率，提升用户体验，为电商平台的可持续发展奠定坚实基础。未来，随着技术的不断进步和安全形势的变化，数据管理和安全措施也将不断得以升级和完善。

5.2 远程医疗与药品配送

远程医疗与药品配送是现代医疗体系中两个具有重大影响力的新兴领域。通过运用信息技术和物流网络，这两大领域极大地扩大和提高了医疗服务的覆盖范围和效率。本节将介绍远程医疗与药品配送的定义、发展现状、技术支撑、挑战与解决方案，以及未来趋势。

5.2.1 远程医疗

远程医疗是指通过信息和通信技术（ICT）提供医疗服务，从而使患者无须亲自到医院或诊所就可以获得医疗咨询、诊断和治疗。远程医疗突破了时间和空间的限制，尤其是在偏远地区，没有医院或医疗资源匮乏的地方，远程医疗显得尤为重要。

5.2.1.1 定义与类型

远程医疗是利用信息和通信技术在不同地点之间提供临床健康护理的一种手段。它包括通过电子设备进行的医疗信息沟通，进而实现诊断、治疗、预防疾病和伤害，进行健康检查、开具处方，以及提供建议和持续监控。

实时远程医疗：利用视频会议、电话等实时通信手段进行的互动。这种方式最接近传统的面对面医疗，可以进行即时交流、体检和面部表情分析。例如，通过视频通话与医生进行实时互动。

延时远程医疗：也叫“存储转发”技术，通过电子邮件、患者门户上传等方式，患者将病情和测试结果发送给医生，医生在适当时机进行诊断和回复。这种方式适用于病情不紧急的情况，可以节约医生的时间成本。例如，通过在线平台上传病历和检查结果，医生稍后回复。

远程监控：使用可穿戴设备和传感器，持续监测患者健康状况（如血压、心率、血糖），并将数据实时传输给医疗服务提供者。适用于慢性病管理和病后康复监控，如糖尿病患者使用智能血糖仪进行血糖监控。

远程手术：通过远程操控机器人，医生能够在异地进行外科手术。通常这种技术需要高精度和高水平的同步控制系统。例如，使用机器人进行远程微创手术。

5.2.1.2 发展现状

1. 全球市场规模

远程医疗已经成为全球医疗服务的重要组成部分。根据市场研究报告，全球远程医疗市场在 2020 年受疫情影响迅猛扩容，市场规模突破 400 亿美元，并预计在未来几年将保持两位数的年增长率。

2. 主要技术

高清视频会议技术：技术进步使得远程医疗的视觉和听觉质量显著提

升，几乎达到面对面交流的效果。

人工智能：通过人工智能大数据分析和预测辅助医生进行诊断和决策，提高准确性。

物联网：智能设备不断更新，用于病人体征数据的实时监控和数据传输，实时了解患者的健康状态。

5G 网络：提供更快、更稳定的网络连接，支持高质量的视频通信和大规模数据传输，为远程手术和监控提供技术保障。

3. **政策与法规**

为了应对医疗资源分布不均的情况和提高医疗服务效率，多国政府出台了支持远程医疗发展的政策和法律法规。例如：美国通过《平衡预算法》等来推动远程医疗的发展；中国出台的《互联网诊疗管理办法（试行）》，明确了互联网诊疗的规范、准入条件和监管机制，还出台了《互联网医院管理办法（试行）》和《远程医疗服务管理规范（试行）》等相关文件。

5.2.1.3 优势与挑战

1. **优势**

便捷性：节省患者前往医院的时间和费用，提高了医疗服务的可及性，使患者能够更方便地获得医疗服务。

成本效益：远程医疗有助于降低医疗资源的使用成本，减少不必要的住院和急诊访问，从而节约医保和患者的钱。

资源优化：通过远程医疗可以实现医疗资源的优化配置，尤其是缓解偏远和资源匮乏地区的医疗短缺问题。

持续监控：远程医疗可以进行长期、持续的病情监控，有助于慢性病管理和术后康复，提高医疗服务的连续性和效果。

2. **挑战**

技术障碍：在偏远和资源匮乏地区可能缺乏足够的设备和网络连接，影响远程医疗的效果。

隐私与安全：患者的医疗数据需要通过网络传输，涉及数据隐私和信息安全问题。如果管理不当，可能会导致数据泄露或被滥用。

法规与标准：不同国家和地区的执业标准和法规不同，跨区域执业许可、服务质量标准、责任划分等问题复杂。

患者信任：部分患者对远程医疗缺乏了解和信任，接受度较低，需要进行教育和宣传。

5.2.1.4 解决方案

1. 技术创新

5G网络普及：推动5G网络在偏远和资源匮乏地区的普及，提供更快更稳定的互联网连接，支持高清晰度的视频通信。

人工智能与大数据应用：通过人工智能提高诊断精准度，利用大数据进行疾病预测和个性化治疗方案制定，提高远程医疗的专业性。

2. 政策完善

跨区域执业许可：国家层面应制定和推广统一的远程医疗执业标准，允许医生跨区域提供远程医疗服务。

数据隐私保护：强化数据隐私保护法规，确保患者信息数据在网络传输中的安全性，提高患者的信任度。

补贴与激励：对偏远地区进行网络设施升级的补贴，鼓励医疗机构和个人使用远程医疗服务。

3. 教育与培训

患者教育：通过多种渠道宣传远程医疗的优势和正确的使用方法，提高患者的接受度和信任度。

医生培训：对医务人员进行远程医疗技术和设备操作的培训，确保他们能够熟练使用各种远程医疗工具和平台以提供高质量服务。

5.2.1.5 未来趋势

1. 更加智能化

人工智能技术的深化应用：人工智能在疾病诊断、图像识别、病情监控等方面的应用将更加广泛和深入，这提高了远程医疗的智能化水平。

远程设备的集成化：智能可穿戴设备、家庭健康监护系统等将更加集成化，将提供更全面的健康数据支持。

2. **医疗服务生态**

一体化平台：集成远程医疗、药品配送、健康管理等多功能的一体化平台，将提供更加系统和便捷的医疗服务。

多学科合作：远程医疗将促成多学科的在线合作，提供综合性的医疗服务，尤其是面对复杂病情时，能联合多名专家进行会诊。

3. **全球化倾向**

跨国医疗：远程医疗的发展将打破国界限制，优质医疗资源可以跨国流动，患者能够获得全球范围的医疗服务。

国际标准：为确保服务质量和安全性，有可能制定国际远程医疗标准和规范，确保跨区域远程医疗的可行性和有效性。

5.2.1.6 小结

远程医疗是现代医疗服务模式的重要创新，信息和通信技术的应用，极大提升了医疗服务的便捷性和可及性。尽管面临技术、法规和信任等挑战，但通过技术创新、政策完善和多层次的教育培训，远程医疗的优势将不断扩大，成为未来医疗服务体系中不可或缺的一部分。随着人工智能、大数据和5G等技术的成熟，远程医疗将迎来更加广阔的发展前景，为实现更公平、更高效的全球医疗服务作出重要贡献。

5.2.2 药品配送

药品配送，即将药品从生产地或药品零售商配送到患者手中的过程，是医疗供应链的一个关键环节。随着电子商务和远程医疗的快速发展，药品配送的重要性愈发突出。高效的药品配送体系能够显著提高药品的可及性，保障患者及时用药，确保药品质量和用药安全。

5.2.2.1 定义与流程

1. **定义**

药品配送是指确保药品从生产企业、批发商、零售药店或在线医药平台安全送达患者的一系列活动。它包括订单处理、物流安排、配送执行和交付确认等环节。

2. **流程**

订单处理：接收消费者或医疗机构的药品订单，并核对订单信息，进行药品的整理和包装。

物流安排：根据药品特性和订单优先级，选择适当的运输方式和路线，安排物流运输。

配送执行：通过物流仓储管理、运输监控和冷链管理等手段，完成药品的实际配送过程。

交付确认：药品送达消费者手中后，进行交付确认，并提供后续服务，如用药指导和售后支持。

5.2.2.2 发展现状

药品配送随着医药电商和远程医疗的发展而迅速壮大，也是现代医疗物流体系的核心组成部分。

1. **市场规模**

根据市场研究机构的预测，全球药品配送市场规模预计将从2020年的大约1482亿美元增长到2025年的大约1559.51亿美元。

2. **新兴技术**

物流自动化：使用自动分拣系统、机器人和无人化仓储技术，提高药品配送效率和准确性。

大数据分析：通过大数据分析优化物流和库存管理，提高预测精准性，提升配送效率。

冷链技术：采用温度控制措施，确保冷藏药品和生物制剂在配送过程中质量的稳定性。

3. **政策监管**

多国逐渐加强药品配送的监管，制定了相关法规和标准，确保药品在配送过程中的安全性和有效性。例如，中国出台了《药品经营质量管理规范》（GSP），对药品在仓储和配送过程中的温湿度控制和质量管理作出了规定；

美国通过《药品供应链安全法案》，对药品供应链追踪和认证进行了详细规定，确保药品供应链的透明度和安全性。

5.2.2.3 优势与挑战

1. 优势

便捷性：患者可以通过在线平台购买药品，药品直接配送到家，减少亲自前往药店的不便。

覆盖面广：药品配送扩展了药品销售和供应范围，特别是偏远和资源匮乏地区的药品供应得到显著改善。

实时监控：采用物流追踪系统，患者可以实时了解药品的配送状态，提高了信任度和满意度。

2. 挑战

冷链管理：部分药品对温湿度要求严格，需要完善的冷链技术和设备来保障药品的质量和有效性。

时效性要求：特定药品（如急救药品和疫苗）需要在规定时间内送达，以确保患者能及时用药。

法规合规：药品配送过程需要遵守严格的药品运输和保存法规，确保药品质量和用药安全。

5.2.2.4 解决方案

1. 技术应用

智能仓储：实施自动化仓储系统和智能分拣技术，提高药品存储和分拣效率，减少人工操作错误。

冷链监控：利用物联网设备进行温湿度监控，并通过数据实时上传和分析，确保冷链药品在配送过程中质量的稳定性。

高效运输：采用现代物流管理软件优化配送路线，提高运输车队的运行效率，降低运输成本。

2. 政策完善

冷链法规：制定和推广冷链药品配送标准，明确冷链运输的技术要求和管理规范，确保药品在配送过程中的质量。

严格监管：加强药品配送环节的监管，实施多层次的追踪和管理制度，确保药品在运输过程中的安全性和可追溯性。

3. **合作与创新**

第三方物流合作：与专业第三方物流公司合作，提升配送能力和效率。

智能配送：探索无人机配送、智能投递柜等新兴技术，提高药品配送的便捷性、安全性和成本效益。

5. 2. 2. 5 未来趋势

1. **技术发展**

无人配送：无人机和自动驾驶物流车的应用，将使药品配送更加高效和精准，特别是应对突发公共卫生事件和特殊环境下的药品需求。

区块链：区块链技术在药品供应链管理中的应用，将提高药品配送全过程的透明度和安全性，防止假药流入市场。

2. **生态系统建设**

一体化平台：构建包括远程医疗、药品配送、健康管理等功能的一体化平台，为患者提供全流程、一站式的医疗服务体验。

协同技术：IoT、人工智能、大数据等协同技术的应用，将实现药品配送的智能化和精准化，提高药品配送的整体效率和服务质量。

3. **政策与法规完善**

国际统一标准：随着全球化的推进，药品配送标准的国际化和规范化将成为趋势，确保跨国药品配送的合规和安全。

智慧监管：通过智能化、信息化手段提高药品配送及其监管的科学性和透明度，减少漏洞和人为操作失误。

5. 2. 2. 6 小结

药品配送作为医疗供应链中的重要环节，通过技术创新、政策支持和流程优化，不断提高药品供应的效率和质量。面对冷链管理、配送时效和法规合规等挑战，各方需要不断探索解决方案，确保药品在配送过程中质量的稳定性和提供安全保障。未来，随着智能技术和全流程一体化平台的发展，药品配送将成为更加关键的医疗服务提供手段，为患者提供更高效、更安全、更便捷的用药体验。

5.2.3 综合应用与未来趋势

远程医疗与药品配送的综合应用以及未来趋势，将进一步推动医疗服务的发展，使其更加标准化、便捷化和智能化。以下内容阐述了这两大领域的综合应用现状和未来发展趋势。

5.2.3.1 综合应用

1. **整合平台**

一体化服务平台：随着技术进步和医疗服务需求的提升，建设集成远程医疗、药品配送、健康管理等多种功能的一体化平台成为可能。这种平台能够提供从在线问诊、开药、在线支付到药品门到门的综合服务。

数据互联互通：构建一个跨越多个系统、设备和应用的数据共享平台，确保患者信息、诊疗数据和用药信息无缝对接，提高远程医疗和药品配送的协同效率。

2. **协同技术**

人工智能和大数据：利用人工智能进行精准医疗和个性化治疗方案的制定，应用大数据分析进行疾病预测和药品需求预测。

IoT 设备：智能健康监测设备和可穿戴设备广泛应用于患者日常健康监控，实时将数据传输到医疗服务提供方，以进行专业分析和指导。

3. **物流优化**

智能供应链管理：通过大数据分析和人工智能优化物流路径、配货策略，提升药品运输和交付的效率。

冷链技术：全面升级冷链技术，确保药品特别是生物制剂在运输过程中的质量和稳定性。智能温控箱和实时温度监测设备的广泛使用，使冷链药品的配送更加可靠。

5.2.3.2 未来趋势

1. 人工智能的广泛应用

人工智能辅助诊疗：未来，人工智能技术将在远程医疗中扮演更加重要的角色，辅助医生进行疾病诊断和治疗方案的制定。例如，人工智能医学影像识能更快、更准确地发现病灶，提高诊疗效率和准确性。

智能客服与支持：人工智能客服系统将用于患者咨询、预约管理、日常健康监控等，减轻医生工作负荷，提高服务响应速度。

2. 区块链的应用

数据安全与隐私保护：利用区块链技术确保患者数据的安全性和隐私保护，实现医疗数据的透明、可追溯和不可篡改。区块链技术将使得药品配送的全过程安全透明，防止假药问题。

智能合同与支付：通过智能合约技术，自动执行药品订单处理和支付流程，减少人工干预，提高效率。例如，基于区块链技术的处方药支付和核销体系。

3. 个性化医疗

精准医疗发展：大数据和基因组学的结合，将实现更加精准和个性化的医疗服务。根据患者的基因特征、生活习惯和环境等多维数据，提供个性化的诊疗和用药方案。

个性化药品配送：药品配送也将向个性化方向发展，根据患者的用药习惯和实际需求，进行精准的药品分发和个性化包装。

4. 无人技术

无人机与自动驾驶技术：无人机配送和自动驾驶物流车将在偏远地区和突发公共卫生事件中发挥重要作用，实现快速、高效的药品配送。

无人仓储与分拣：自动化仓储和分拣机器人将进一步提高药品配送中心的效率和准确性。

5. 生态系统建设

全流程医疗服务：未来的医疗服务将实现从健康管理、在线问诊、诊疗、药品配送到患者随访全流程的一体化服务。各环节的数据共享和无缝对接，为患者提供了更完整的医疗服务体验。

多方协作：政府、医疗机构、科技公司、物流企业等多方协作，共同构建高效、便捷、安全的医疗服务生态系统。例如，国家公共卫生事件的应急响应体系，将更多依赖于多方资源的整合与协作。

6. **政策与法规完善**

全球标准化：随着远程医疗和药品配送的全球化发展，国际标准的制定将趋于完善，确保跨国医疗服务和药品配送的质量和安全。

智慧监管：政府和监管机构将通过智能化手段提升对医疗服务和药品配送的监管能力，使监管体系更科学、更精准。

5.2.4 总结

远程医疗和药品配送作为现代医疗服务体系的重要组成部分，通过技术创新和应用的融合，将极大提升医疗服务的效率和质量。未来，人工智能、区块链、IoT、无人技术等前沿技术在这两大领域的深度应用，将进一步推动其发展，实现更加个性化、智能化和全球化的医疗服务。同时，多方协作和政策法规的完善，将构建更加高效、安全的医疗服务生态系统，为患者提供更全面的健康保障。

5.3 数字化营销与患者教育

在医疗健康领域，数字化营销与患者教育的结合是提升品牌影响力、优化患者体验、促进健康行为的重要手段。随着互联网和数字技术的普及，尤其是在中国这一拥有庞大互联网用户的市场，数字化手段在市场营销和患者教育中的应用越来越广泛和深入。

5.3.1 数字化营销在医疗健康领域的应用

在中国，医疗健康领域的数字化营销已经成为医院、医药企业以及健康管理平台的重要手段。通过合理利用互联网技术及数字化工具，医疗机构和企业能够更有效地传达信息、吸引患者、提高医疗服务质量。

5.3.1.1 社交媒体

1. 平台选择

微信：作为中国最大的社交平台，拥有超过 10 亿的活跃用户。医疗机构和健康品牌通过微信公众号、微信小程序、微信群等渠道进行宣传以及和患者互动。

微博：利用微博平台进行品牌推广、健康知识科普和用户互动，覆盖更广泛的人群。

抖音和快手：通过短视频内容进行健康知识教育和品牌推广，吸引大量用户。

2. 内容营销

文章和科普视频：定期发布医学科普、健康常识、疾病预防等内容，吸引用户关注。例如，某知名医院的公众号推送关于心脏病防治的实用文章。

直播活动：邀请专家进行健康讲座、在线问诊直播，通过互动增强用户信赖感。例如，某些院长和名医在抖音或快手上进行实时答疑。

3. 社群运营

微信群：建立专科病友群或健康管理群，通过分享健康资讯、互动问答等增强患者黏性和信赖感。

社群活动：定期组织社群内的健康打卡活动、线上义诊等，提升患者的参与度和体验感。

5.3.1.2 搜索引擎

1. 搜索引擎优化（SEO）

网站优化：完善医院官网、健康知识平台的搜索引擎，使之在搜索引擎中的自然排名提升，通过关键词优化、内容更新、外链建设等增强曝光。

关键词策略：针对热门疾病关键词、健康问题进行优化，提高相关搜索结果的排名。例如，以“北京心脏外科医院”作为关键词进行优化，吸引目标患者。

2. 搜索引擎营销（SEM）

付费广告：投放搜索广告，有针对性地捕捉流量。例如，对高投诉量的疾病（如糖尿病）相关的关键词进行竞价排名。

精准营销：利用搜索引擎广告后台的用户数据分析，进行精准广告投放，减少营销浪费，提升转化率。

5.3.1.3　内容平台

1. 知识分享平台

知乎、简书：在这些知识分享平台上发布高质量的健康科普文章，树立品牌权威。例如，某些医生在知乎上回答有关常见病、多发病的问题，获得用户信赖。

微信公众号：通过专职团队运营微信公众号，发布系列健康科普文章和公告。例如，某三甲医院每周更新的健康体检项目推文。

2. 视频平台

优酷视频、爱奇艺、哔哩哔哩：上传系列健康讲座、疾病预防视频，通过有趣生动的短视频传播健康知识。

抖音和快手健康号：结合平台特性，发布简洁生动的健康知识秒懂视频，吸引年轻用户。

5.3.1.4　电子邮件

1. 电子邮件订阅

健康资讯订阅：患者在医院官网或健康平台自愿订阅电子邮件，接收定期的健康资讯、检查提醒、保护措施等。

健康管理报告：为订阅用户提供个性化的健康管理报告服务，增强订阅用户的黏性和满意度。

2. 精准推送

健康分类推送：根据用户的健康档案进行分类，针对不同健康状况的用户推送相应的医疗资讯、用药提醒等。

活动通知：针对用户的订阅习惯和健康需求，及时推送线下讲座、线上义诊等活动内容。

5.3.1.5 移动应用

1. **健康管理 App**

诊疗服务：推出独立的健康管理 App，提供在线预约、图文咨询、在线支付等服务。

健康监测：通过 App 接入智能设备实现健康数据的采集和管理，如华为运动健康 App 连接穿戴设备来记录日常健康数据。

2. **平台合作**

电商平台嵌入：与阿里健康、京东健康等电商平台合作，将医院服务、医疗产品加以推广。例如，在京东健康上开设医院旗舰店，提供线上药品和医疗器械的销售服务。

支付平台合作：与支付平台（如支付宝、微信支付）合作，实现便捷挂号、支付、报销等功能，提高患者服务体验的满意度。

5.3.1.6 小结

中国的医疗健康领域在数字化营销方面已取得显著进展。通过社交媒体、搜索引擎、内容平台、电子邮件和移动应用等多种数字化工具和渠道，医疗机构和健康品牌大大提升了营销效果和改善了患者体验。未来，随着技术的进一步发展，数字化营销的手段和策略将更加多样化和精细化，为医疗健康领域带来更广泛的应用前景。

5.3.2 患者教育的数字化工具与策略

在数字化时代，患者教育已经从传统的面对面教育扩展到利用各种数字化工具的广泛应用，通过这些工具可以实现更高效、更便捷、更个性化的患者教育。本小节结合中国的实际情况，介绍患者教育的数字化工具和策略。

5.3.2.1 数字化工具

1. **远程医疗**

医院和健康平台通过微信小程序、医院官方网站和健康管理 App 等提供在线问诊服务，使患者可以随时随地咨询医生。例如，好大夫在线可以在线上提供专家咨询服务，让患者随时获取专业的诊疗建议。

疫情期间，许多医院加快了线上问诊的普及进度，通过在线医疗平台进行新冠病毒相关咨询和远程诊断。

2. **健康监测设备**

可穿戴设备：华为手表等可穿戴设备能够实时监测用户的心率、步数、睡眠情况等健康数据，并通过关联的 App 将这些数据上传和分析，帮助用户更好地管理健康。

远程监护设备：如远程心电监测设备、血压计、血糖仪等，通过这些设备采集的数据可以被实时上传到云端，供医生进行远程监控和管理。

3. **在线教育平台**

在线课程：越来越多的医疗机构和健康平台在网络上开设健康教育课程，通过视频、PPT 等形式为患者提供系统化的健康指导。

微课视频：通过短视频平台发布健康教育微课，例如，在抖音、快手等发布节奏明快的健康科普视频，以简洁生动的方式传递健康知识。

4. **互动式教育工具**

健康小游戏：通过设计健康主题的小游戏，例如，武汉市中心医院护士自制糖尿病教育棋盘，让患者在游戏中学习疾病管理知识，提升学习趣味性。

健康自测工具：提供在线健康自测问卷和工具，帮助用户简单快速地了解自身健康状况，并给予个性化的健康建议。

5.3.2.2 患者教育策略

1. **个性化教育**

精准推送：通过健康管理平台和 App，分析用户的健康档案、问诊记录、生活习惯等数据，进行个性化内容推荐。

客户关系管理（CRM）系统：利用 CRM 系统记录用户健康数据、咨询历史、行为习惯等，通过数据分析提供个性化的健康服务和教育内容。

2. **情景化教育**

场景互动：在特定场景中利用数字工具开展患者教育，比如，在门诊候诊区播放健康教育视频，让候诊的患者学习疾病预防和健康管理知识。

移动学习：利用手机 App 推送每日健康信息、小贴士，结合用户的实际生活场景，让用户在日常生活中随时随地获取健康知识。

3. **社群化教育**

患者社群：通过建立微信群、QQ 群、在线社区等患者社群，进行健康经验交流与分享，增强患者的互动和支持。例如，某大型公立医院的糖尿病患者微信群，通过定期分享糖尿病管理经验和注意事项，提高患者的疾病管理水平。

专家互动：定期邀请专家在社群中进行线上讲座、在线问答，及时解答患者的疑问，传播专业的健康知识。

4. **游戏化教育**

健康挑战：定期发起线上健康挑战活动，如“21 天健康饮食打卡”，通过挑战活动调动患者积极性，增强互动性和参与感。

积分激励：设计积分激励机制，通过完成阅读健康文章、观看教育视频、参加健康活动等任务获得积分，积分可以兑换健康产品或服务，提升用户的参与度和学习兴趣。

5.3.2.3 小结

在中国，利用数字化工具和策略进行患者教育已经成为医护人员增加患者知识储备、改善健康行为的重要方式。通过远程医疗、健康监测设备、在线教育平台、互动式教育工具等多种数字化手段，结合个性化、情景化、社群化、游戏化的教育策略，能够更有效地提高患者的健康素养和管理能力，为实现全民健康目标提供支持。未来，随着数字技术的不断发展，健康教育的数字化工具将更加多样化和智能化，为患者带来更优质的健康管理体验。

5.3.3 数字化营销与患者教育的未来趋势

数字化营销和患者教育在医疗健康领域的融合具有巨大的潜力和发展前景。未来，随着技术的不断提高和市场环境的变化，数字化营销和患者教育的模式将进一步变革和优化。本小节是结合中国实际情况，对这一领域未来趋势的探讨。

5.3.3.1 智能化与个性化

1. 人工智能驱动的个性化推荐

智能推荐：利用人工智能算法分析用户的健康数据、行为习惯和查询记录，为用户提供个性化的内容推荐和健康管理建议。

智能客服：通过自然语言处理技术，推出智能客服系统，24 小时在线解答患者问题，提供医疗咨询和健康指导。

2. 语音助手与虚拟健康顾问

语音助手：语音助手逐渐被应用于健康管理领域，通过语音交互提供健康提示、药物提醒和健康建议。

虚拟健康顾问：基于人工智能技术的虚拟健康顾问可以为用户提供个性化的健康咨询、诊疗建议和生活指导。

5.3.3.2 整合与协同

1. 多渠道整合

全渠道营销：整合社交媒体、搜索引擎、健康管理 App、小程序、电子邮件等多种渠道，打造全渠道健康教育和营销体系，提升用户体验。例如，某些知名医院通过微信公众号、小程序、抖音短视频等多渠道发布健康资讯，实现全方位覆盖。

患者旅程优化：通过整合线上线下渠道，优化患者的健康旅程，从线上咨询、预约到线下诊疗，实现无缝衔接和一体化服务。

2. 跨平台协同

与电商平台合作：医院和健康品牌与电商平台协作，提供线上药品销售、健康产品推广等服务。

健康+金融：与银行、保险公司合作，推出健康保险、医疗贷款等金融产品，为用户提供综合性健康保障服务。

5.3.3.3 数据驱动与闭环管理

1. 数据驱动的营销与教育

数据分析：通过健康数据的采集和分析，优化营销策略和教育内容，实现精准投放。

实时反馈：通过健康管理平台实时监测用户的健康数据，获取反馈并优化健康教育和管理方案。

2. 闭环健康管理

线上线下一体化：通过线上问诊、在线配药、药品配送、健康教育等环节的无缝衔接，构建闭环健康管理体系。例如，北京市部分社区医院与互联网医院合作，实现线上问诊、线下药品配送，有效提高了服务效率。

全病程管理：针对慢性病患者，通过数字化手段对其进行全病程管理，从日常监测、周期检查到调药管理，提升患者的依从性和管理效果。

5.3.3.4 增强现实（AR）与虚拟现实（VR）健康教育

沉浸式学习：通过 AR/VR 技术，提供更直观和沉浸式的健康教育体验。患者可以通过 VR 装置了解复杂的医疗过程、疾病机理等，提升学习效果和参与度。例如，某些医学教育机构利用 VR 技术教授医学学生进行手术模拟，从而让患者也受益。

虚拟健康展示厅：利用 AR 技术，在医院或健康中心创建虚拟健康展示厅，展示人体内部结构、疾病演变过程和健康管理措施等，提高公众的健康意识和知识水平。

5.3.3.5 区块链与隐私保护

1. 区块链技术应用

健康数据安全：利用区块链技术实现健康数据的高效管理和安全共享，确保数据的不可篡改和隐私保护。

可信任数据交换：通过区块链实现跨机构、跨平台的数据共享和合作，提升数据的可信度和效率。例如，某些城市的区域医疗信息平台利用区块链技术实现医疗数据的有效共享，提升医疗服务质量。

2. **隐私保护策略**

隐私合规：加强数字化营销和教育过程中的隐私保护措施，确保用户数据的合规处理。医疗机构应积极采用国家有关健康信息保护的法律法规，规范用户数据的采集、存储和使用。例如，落实《中华人民共和国基本医疗卫生与健康促进法》有关患者隐私保护的规定。

用户授权管理：通过明确的隐私政策和用户授权机制，确保在用户知情同意的情况下使用数据，增强用户对平台和服务的信任。

5.3.3.6 小结

展望未来，数字化营销与患者教育将在技术驱动下实现更加智能化、个性化、整合化和协同化的发展。通过利用人工智能、AR/VR、区块链等先进技术，以及跨平台合作和数据驱动的策略，医疗健康领域将大幅提升患者体验和健康管理效果。在中国这个具有巨大潜力和市场规模的国家，数字化营销与患者教育的进一步融合和创新，将推动医疗健康服务进入新的高度，为公众提供更加优质和全面的健康保障。

5.4 新的商业模式与市场格局

在数字化时代，医疗健康领域正在经历快速的变革和重组。新的商业模式与市场格局正在形成，这不仅推动了医疗服务的创新，同时也为患者提供了更多选择和更优质的服务。以下是对新的商业模式和市场格局的阐述。

5.4.1 数字健康平台的崛起

在数字化时代，以用户为中心的数字健康平台迅速崛起，正在重新定义医疗服务的提供方式。数字健康平台依托互联网、云计算、大数据、人工智能等技术，通过整合医疗服务、健康管理、医药电商、远程诊疗及其他健康服务，为用户提供全方位、一体化的健康解决方案。

5.4.1.1 综合性数字健康平台

1. 全方位健康服务

一站式解决方案：综合性数字健康平台通过整合多种健康服务，提供一站式解决方案，涵盖在线问诊、电子处方、药品配送、健康管理、体检预约等功能。例如，阿里健康和京东健康不仅提供多个方面的健康管理方案，还包括体检预约和预防保健服务，真正做到了全生命周期的健康管理。

跨平台整合：这些平台通常与多个医疗机构、药店、保险公司等合作，形成广泛的服务网络。例如，微医不仅整合了全国上千家医院资源，还提供了线上挂号、诊疗以及线下合作药房取药等一体化服务。

2. 用户体验优化

统一用户界面：通过统一的用户界面和友好的交互设计，简化用户操作流程，提高用户体验。例如，从在线挂号、支付到获取药品，所有操作在一个平台上完成，减少了不同平台间的切换次数。

数据互通：为用户提供统一的健康档案管理服务，用户的健康数据在不同医疗环节间无缝流转。例如，用户在阿里健康平台上进行体检、问诊和购药，所有数据均记录在个人健康档案中，实现数据的互通与共享。

5.4.1.2 垂直化专业平台

1. 专科领域聚焦

细分市场深耕：垂直化专业平台专注于某些特定的疾病领域或人群，比如糖尿病管理、孕产妇健康、儿童健康、老年人护理等。这类平台提供专业化、细致化的健康管理服务。例如，某平台专注于糖尿病患者，通过血糖监测设备和应用软件，提供实时血糖监测与管理服务。

专家资源整合：垂直化专业平台通常汇集了该领域的专家资源，提供更专业、更精准的医疗服务。例如，某平台汇集了众多妇产科专家，为孕妇、产妇提供专业的健康咨询和指导。

2. 深度服务

个性化健康管理：根据用户的具体健康状态和需求，提供个性化的健康管理方案。例如，某平台根据用户的血糖数据和生活习惯，提供饮食、运动、药物管理等个性化建议。

持续随访与监控：垂直化专业平台注重长期管理与随访，通过定期监控和数据分析，帮助用户有效控制疾病。例如，某平台为孕妇、产妇提供孕期全程监控与指导，确保母婴健康。

5.4.1.3 数字技术的应用

1. 人工智能

智能健康分析：人工智能技术通过对用户健康数据的分析，提供精准的健康评估与管理建议。

虚拟健康顾问：人工智能技术还支持虚拟健康顾问的开发，通过自然语言处理与交互，提供智能问诊与健康咨询服务。例如，某平台通过模拟真实医生的对话模式，提供在线问诊服务。

2. 大数据与云计算

个性化推荐：通过大数据分析用户健康数据和行为，提供个性化健康管理和服务推荐。例如，某平台根据用户的购买记录和健康数据，推荐个性化的健康产品和服务。

健康数据管理与共享：云计算技术支持大规模健康数据的存储与共享，提供高效的数据管理与分析服务。

5.4.1.4 商业模式创新

1. 会员制与订阅服务

健康会员计划：一些平台通过会员制提供专属的健康管理服务与优惠。例如，某平台的会员计划提供专属的医生咨询、体检优惠和健康管理服务。

订阅健康服务：用户可以订阅特定的健康服务，包括每日健康报告、定期随访与监测等。例如，某平台提供的“VIP 健康管理服务”定期推送个性化健康建议和监测报告。

2. 在线与线下融合

线上问诊+线下医疗：用户在线上进行初步问诊后，可以被引导到线下医院进行进一步检查和治疗，实现线上线下融合。例如，某平台用户可以在线上完成问诊和预约，然后到线下医院进行检查和治疗。

线上购药+线下取药：用户可以在线购买药品，并选择到线下药店取药，结合 O2O（Online to Offline）模式解决配送时效和便利性的问题。例如，用户可通过某平台线上下单，选择就近药店取药，实现即时配送和便捷服务。

5.4.1.5 小结

数字健康平台的崛起正以前所未有的速度改变着传统的医疗服务格局。在中国，数字健康平台不仅改善了医疗资源的分配和使用效率，还为广大患者提供了更加便捷、个性化的医疗服务。综合性数字健康平台和垂直化专业平台各有侧重，它们通过先进的数字技术和创新的商业模式，为用户提供一站式、全方位的健康解决方案。未来，随着技术的不断进步和市场的成熟，数字健康平台将在医疗健康领域发挥越来越重要的作用，成为推动医疗服务创新和优化的重要力量。

5.4.2 互联网医院与线上诊疗

互联网医院和线上诊疗正在重新定义医疗服务的提供方式，它们利用互联网技术打破了传统医疗的时空限制，为患者提供了更加便捷、高效的医疗服务。本小节是对互联网医院与线上诊疗的探讨。

5.4.2.1 互联网医院的发展

1. 政策支持与鼓励

政府支持：中国政府出台了一系列政策法规，鼓励和支持互联网医院的发展。例如，2018 年，国务院办公厅印发《关于促进“互联网+医疗健康”发展的意见》，明确了互联网医院的合法地位和发展方向。

地方实施细则：各地政府根据国家政策，制定了具体的实施细则，推动互联网医院的建设和运营。例如，浙江省推出的互联网医院政策，建立了全省统一的互联网医疗服务平台——“浙江省互联网医院平台”，并要求取得互联网诊疗服务资质的医疗机构和互联网医院直接入驻该平台开展互联网医疗服务。对于自建或与第三方机构合作搭建互联网医疗服务平台的，必须与“浙江省互联网医院平台”建立数据接口，实现互联网医疗服务数据的实时监管。这样的政策旨在提升基层医疗服务能力，通过统一的平台实现医疗服务的高效管理和质量控制，同时促进医疗服务的便捷性和可及性。

2. 互联网医院的功能

在线问诊与咨询：互联网医院提供在线问诊和咨询服务，患者可以通过手机 App、微信小程序等平台与医生进行实时沟通，获取医疗建议和诊断服务。

电子处方与药品配送：互联网医院通过电子处方系统开具处方，患者可以在线购买药品，由合作的药店或物流公司负责配送。

远程会诊与专家咨询：互联网医院可以邀请多学科专家进行远程会诊，为疑难重症患者提供诊断和治疗方案。

5.4.2.2 线上诊疗服务的应用

1. 即时问诊与健康咨询

图文问诊：患者通过提交病历资料和症状描述，医生通过图文形式进行问诊和诊断，提供治疗建议和健康指导。

视频问诊：通过视频问诊，医生可以实时观察患者的症状，与患者进行面对面的沟通，提供更直观的诊断服务。

电话问诊：通过电话问诊，医生可以与患者进行语音沟通，了解病情并提供诊断服务，特别适合行动不便的老人或不便使用手机的患者。

2. 电子处方与远程配药

电子处方：医生通过互联网平台开具电子处方，患者可以在线查看和确认处方内容，避免纸质处方的误读和丢失。

远程配药：患者在确认电子处方后，可以通过互联网平台购买所需药品，并享受药品配送服务。

3. 健康监测与随访

远程健康监测：通过智能设备和移动应用，远程监测患者的健康数据，如血压、血糖、心率等，实现远程健康管理。

长期随访与管理：线上诊疗平台提供长期随访服务，医生定期与患者沟通，调整治疗方案和健康管理计划，例如慢性病管理和术后康复等。

5.4.2.3 互联网医院与线下医疗的结合

1. 线上线下联动

线上初诊，线下复诊：患者可以先通过互联网医院平台进行初诊，医生根据病情决定是否需要线下进一步检查或治疗，避免了无效的门诊就诊。

线上预约，线下检查：通过互联网医院平台，患者可以在线预约线下医院的检查项目，缩短排队时间，提高就医效率。

2. 线下医院的互联网化

医院自建互联网医院：各大医院通过自建互联网医院平台，为患者提供线上诊疗服务，拓展传统医疗服务的范围。

医院联盟与合作：不同医院之间通过互联网医院平台建立联盟，实现医疗资源共享和协同服务，为患者提供更广泛的医疗选择。

5.4.2.4 技术与安全保障

1. 数据安全与隐私保护

数据加密与存储：互联网医院和线上诊疗平台采用先进的加密技术和云存储方案，确保患者数据的安全与隐私。

隐私保护机制：平台保护患者隐私，通过匿名问诊、隐私设置等方式，确保患者隐私不被泄露。

2. 技术支持与保障

高性能服务器与网络：为了保障互联网医院和线上诊疗服务的稳定性，平台采用高性能的服务器和高速网络，确保服务的流畅。

人工智能与大数据技术：互联网医院和线上诊疗平台利用人工智能和大数据技术，提高诊疗服务的精准性和效率。

5.4.2.5 小结

互联网医院和线上诊疗平台正以前所未有的速度改变着中国医疗服务的

格局。政策的支持、技术的进步以及用户需求的驱动，使互联网医院和线上诊疗平台成为解决医疗资源分配不均、提高医疗服务效率的重要途径。通过在线问诊、电子处方、远程配药、健康监测等多种服务模式，互联网医院为广大患者提供了更加便捷、高效的医疗服务。未来，随着技术的不断发展和服务模式的不断优化，互联网医院和线上诊疗平台将在医疗健康领域发挥越来越重要的作用，为患者提供更高质量、更具个性化的医疗服务。

5.4.3 健康保险与金融服务

随着数字化和互联网技术的发展，健康保险和金融服务在医疗健康领域中扮演着越来越重要的角色。健康保险的发展不仅是健康保障体系的重要组成部分，也是推动医疗健康服务创新的重要动力。金融服务则通过多样化的健康金融产品和服务，帮助患者减轻经济负担，提高医疗服务的可及性。

5.4.3.1 健康保险的创新与发展

1. **定制化保险产品**

个性化健康保险：互联网保险公司利用大数据和人工智能技术，根据用户的健康状况和风险评估，提供个性化的健康保险产品。这种定制化保险不仅能更好地满足用户需求，还能降低保险公司的风险。

专项健康保险：针对特定疾病和特定人群的保险产品。例如，针对糖尿病患者的特殊健康保险，根据糖尿病患者的具体需求和风险，定制保费、保障范围和服务内容，较好地解决了特定人群的健康保障问题。

2. **场景化健康保险**

线上问诊保险：结合互联网医院、在线问诊等服务场景，推出针对在线医疗服务的保险产品，为用户的在线医疗服务提供保障。

运动健身保险：利用智能穿戴设备和健康管理应用，进行用户的运动数据监测，根据其运动情况提供健康保险。

5.4.3.2 健康金融服务的创新

1. **医疗分期与贷款**

医疗分期：金融机构与医院和健康平台合作，为患者提供医疗费用分期付款服务，帮助患者减轻高额医疗费用带来的经济压力。

医疗贷款：银行和消费金融公司为有大额医疗需求的患者提供专门的医疗贷款，以减轻患者面临的资金压力。

2. **健康消费信贷**

健康管理信用卡：银行和健康平台合作，推出健康管理信用卡产品，为用户提供健康消费信贷和专属优惠。

医美和健身贷款：专门的健康消费信贷产品，如医疗美容贷款、健身贷款等，为消费者提供特定消费领域的专项分期付款服务。用户可以在美容机构、健身房等消费场景中通过分期付款的方式享受相关服务。例如，某银行推出的医美分期贷款，消费者可以通过分期付款的方式享受美容服务。

5.4.3.3 健康保险与健康平台的结合

1. **平台生态系统**

多方合作与整合：健康平台与健康保险公司、医疗机构、药店等多方合作，整合各方资源，构建健康生态系统。例如，某健康平台与保险公司合作，为用户提供涵盖健康管理、在线问诊、药品配送等服务的一体化健康保障体系。

数据融合与应用：通过大数据和用户健康数据的融合，为用户提供更加精准和个性化的健康保险和服务。

2. **增值服务与用户体验**

健康管理服务：健康保险产品附加健康管理服务，为用户提供全方位的健康管理方案。

用户激励与参与：通过健康行为奖励机制，激励用户参与健康管理，提高用户的健康意识。例如，某健康保险产品通过用户每日步数、健康记录等健康行为数据，提供保费折扣和健康积分奖励。

5.4.3.4 健康保险与金融服务的未来趋势

1. **精准健康保险**

基因检测与个性化医疗：随着基因检测和精准医疗的发展，通过基因数据和精准医疗数据分析，提供更精准的健康保险产品和服务。例如，部分保险公司开始与基因检测公司合作，通过用户的基因检测数据，提供更精准和个性化的健康保险方案。

2. **人工智能与大数据应用**

智能理赔和风险控制：利用人工智能和大数据技术进行智能理赔、风险控制和反欺诈，提升理赔效率和服务质量。例如，某保险公司采用人工智能技术实现智能理赔和风险控制，有效防范理赔欺诈，提高理赔效率。

健康大数据与预测分析：通过健康大数据和预测分析，为用户提供健康预警、风险评估和健康管理服务。例如，部分健康保险产品通过用户的健康大数据分析，提供个性化的健康预警和风险评估服务。

5.4.3.5 小结

健康保险与金融服务在医疗健康领域的创新与发展，为用户提供了更加便捷、个性化和多样化的健康保障和金融支持。通过定制化和场景化的健康保险产品，医疗分期和贷款、健康消费信贷等金融服务，极大地提升了健康和医疗服务的可及性和便捷性。未来，随着技术的发展和服务模式的不断创新，健康保险与金融服务将进一步融合和优化，构建更加完善的健康保障体系，为用户带来更高质量的健康服务体验。

5.4.4 医药电商与O2O模式

医药电商与O2O模式的结合，正在推动医药零售和医疗服务的变革。互联网技术的发展使得药品和医疗器械的电商销售成为可能，而O2O模式则通过线上线下的联动，提升了用户体验和服务效率。本小节是对医药电商与O2O模式的探讨。

5.4.4.1 医药电商的发展

1. **医药电商平台**

综合性医药电商平台：综合性医药电商平台提供多种类、多品牌的药品和医疗器械，涵盖处方药和非处方药、保健品、医疗器械等，满足用户的一站式购物需求。

垂直类医药电商平台：专注于某些特定领域或特定类别的医药产品，提供更专业和有针对性的服务。

2. 线上药品销售机制

处方药销售：医药电商平台与互联网医院、线上诊疗平台合作，通过电子处方为用户提供处方药的线上销售和配送服务。例如，某健康平台通过与互联网医院合作，使用户可以在平台上完成在线问诊，获取电子处方后直接购买处方药。

非处方药销售：用户可以直接在平台上购买非处方药，无须医生处方，即可便捷获取常用药品。例如，某平台提供多种类别的非处方药，用户可以根据需求直接购买并享受快速配送服务。

3. 药品配送服务

多样化配送方式：医药电商平台提供多种配送方式，以满足用户的不同需求，包括快递、即时配送、自提等。例如，某电商平台与多家物流公司合作，提供次日达、当日达等多种配送服务，用户还可以选择就近药房自提。

药品冷链配送：对于需冷藏或冷冻保存的药品，采用专业的冷链配送以确保药品的质量和安全。

5.4.4.2 O2O 模式的应用

1. 线上下单、线下体验

线上购药+线下取药：用户在线上下单后，可以选择到附近的线下药店取药，结合 O2O 模式解决配送时效和便利性问题。例如，某健康平台提供线上购药、线下取药的服务，用户在线上完成购买后，可以到就近合作药房取药，享受便捷服务。

线上预约+线下咨询：用户在线预约药师的咨询服务，在线预约成功后到线下药店进行咨询和接受详细的用药指导，提高用药的安全性和有效性。例如，某平台提供线上预约药师服务，用户在线上预约后，可以到线下药店进行详细咨询。

2. 健康管理与 O2O 结合

慢病管理：通过 O2O 模式为慢病患者提供全方位的健康管理服务，包括线上用药指导、线下复诊及药品配送等。例如，某平台提供慢病管理服务，结合线上健康管理、线下医生复诊和药品配送，实现全程健康管理。

健康咨询与检测：用户可以在线预约健康检测服务，到线下医疗机构进行健康检测，结合线上健康管理平台进行健康数据的管理和分析。例如，某平台提供线上预约体检服务，用户在线预约后，到线下体检中心完成健康检测。

5.4.4.3 医药电商与O2O模式的融合

1. 平台整合与合作

线上平台和线下药店的整合：医药电商平台通过整合线下药店资源，形成强大的药品供应链网络，提高药品配送效率和服务覆盖面。例如，某电商平台与全国数万家药店合作，用户可以选择最近的药店进行药品配送和自提。

合作医疗机构和健康服务中心：医药电商平台与各地医疗机构和健康服务中心合作，提供线上线下联动的医疗和健康服务。例如，某电商平台与地方医院合作，为用户提供线上问诊、线下检查和药品配送无缝衔接的服务。

2. 数据融合与智能服务

健康大数据分析：通过用户的健康数据和购买数据分析，提供个性化的药品推荐和健康管理服务。例如，某平台通过用户的购买记录和健康数据分析，推荐个性化的药品和健康管理方案。

智能化用药指导：结合人工智能技术，提供智能化的用药指导和健康咨询服务，提高服务的精准性和用户体验。例如，某平台的智能药师服务，通过用户输入的症状和疾病信息，提供智能用药建议和健康指导。

5.4.4.4 医药电商与O2O模式的未来趋势

1. 无人药店与智能药柜

无人药店：未来，无人药店将成为医药电商和O2O模式的重要发展方向。通过无人技术和智能化管理，实现无人药店的自动化运营，提高药品购买和配送的便捷性。例如，部分地区已经开始尝试无人药店的运营，用户可以通过手机扫码进入药店，选择药品并完成支付。

智能药柜：在社区和大型办公场所设置智能药柜，用户通过手机 App 预订药品后，可以选择就近的智能药柜自取药品，解决自取药品的“最后一公里”问题。例如，某平台在部分城市布局智能药柜，用户在线上购买药品后，可以到智能药柜自取药品。

2. 区块链与药品追溯

区块链与药品溯源技术：区块链技术的应用将有助于提升药品的追溯能力和信任度，保障药品质量和安全。例如，部分医药电商平台开始采用区块链技术进行药品的生产、流通、销售全流程追溯，确保药品的真实性与安全性。

防伪与监管：通过区块链技术实现药品防伪和监管，确保用户购买到的药品为正品，提高用户的信任度和安全感。例如，某电商平台使用区块链技术为药品溯源，确保药品供应链的透明和可信。

5.4.4.5 小结

医药电商与 O2O 模式的结合，通过线上线下的高效联动，正在不断优化和提升药品的购买和配送体验。医药电商平台的发展，为用户提供了便捷、丰富的药品购买渠道，O2O 模式则通过线上线下的整合，为用户提供更加综合和个性化的健康服务。未来，随着技术的进步和服务模式的创新，医药电商与 O2O 模式将在药品零售和医疗健康服务领域发挥更加重要的作用，为用户带来更高质量、更安心的用药体验。

5.4.5 健康管理与随访服务

健康管理与随访服务在医疗健康体系中扮演着重要角色，通过持续的健康监测、专业指导和定期随访，帮助人们更好地管理健康状况，预防疾病，促进恢复。随着互联网和智能设备的发展，健康管理和随访服务变得更加智能化、个性化和便捷。本小节是对健康管理与随访服务的探讨。

5.4.5.1 健康管理的定义与重要性

1. 健康管理的定义

健康管理是一种以预防为主的健康服务模式，通过对个体健康状况和风险因素的全面评估，制定个性化的健康干预方案，并持续进行健康监测和随访，以实现健康风险的提前预警和管理。具体内容包括健康体检、健康风险评估、健康干预、健康教育和指导等。

2. 健康管理的重要性

疾病预防：健康管理通过识别早期健康风险和及时干预，有助于预防疾病的发生和发展。例如，通过健康管理发现高血压、高血糖等风险因素，并进行合理控制和干预，可以有效预防心血管疾病、糖尿病等。

提升生活质量：通过个性化的健康管理方案，帮助个体养成健康的生活方式和行为习惯，提升生活质量和幸福感。例如，通过科学的饮食指导、运动建议和心理健康指导，帮助广大群众提高生活质量。

降低医疗费用：有效的健康管理可以减少疾病的发生和减缓疾病的恶化，从而降低医疗费用。例如，通过定期健康检查和随访管理，发现和治疗早期病变，降低和减轻治疗费用和负担。

5.4.5.2 健康管理服务内容

1. 健康体检与风险评估

常规体检：通过体格检查、化验检查、影像检查等手段，全面评估个体的健康状况，发现潜在的健康问题和风险。例如，某健康管理机构提供的全身体检套餐，包括血压、血糖、血脂、心电图、超声检查等项目。

健康风险评估：通过问卷调查、健康数据分析等方法，对个体的健康风险进行全面评估，制定个性化的健康管理方案。例如，利用健康问卷和体检数据进行心脑血管疾病、糖尿病等风险评估。

2. 个性化健康干预方案

饮食管理：根据个体的健康状况和营养需求，制定科学合理的饮食方案，提供个性化的饮食建议和指导。例如，糖尿病患者的饮食管理方案，包括低糖饮食、营养均衡等。

运动管理：根据个体的健康状况和运动需求，制定个性化的运动计划，提供科学的运动建议和指导。例如，高血压患者的运动管理方案，包括适度的有氧运动、力量训练等。

心理健康管理：通过心理评估和心理咨询，帮助个体管理心理压力和情绪，维护心理健康。例如，焦虑症患者的心理健康管理方案，包括心理咨询、放松训练、心理治疗等。

5.4.5.3 随访服务的应用

1. 慢性病管理

定期随访：针对慢性病患者，通过定期随访，监测病情变化，调整治疗方案，提供个性化的健康管理和服务。例如，高血压患者的定期随访管理，包括每月测量血压、调整降压药物、提供饮食和运动指导。

远程监测：通过智能设备和远程监测技术，实时监测慢性病患者的健康数据，及时进行干预和管理。例如，糖尿病患者通过远程血糖监测设备，将数据上传至健康管理平台，医生根据数据调整治疗方案。

2. 术后康复管理

术后复查随访：针对术后患者，通过定期复查随访，监测术后恢复情况，提供康复指导和健康管理服务。例如，心脏手术后的随访管理，包括术后定期心电图检查、术后康复运动指导等。

康复训练：根据术后康复需求，制定个性化的康复训练计划，提供专业的康复训练指导和服务。例如，髋关节置换术后的康复管理，包括术后康复训练、助行器使用指导、日常活动训练等。

5.4.5.4 健康管理与随访服务的智能化

1. 智能健康设备

可穿戴设备：可穿戴设备如智能手环、智能手表等，通过监测用户的活动量、心率、睡眠等健康数据，为健康管理提供数据支持。例如，某智能手环可以监测用户的步数、心率、睡眠质量，并根据数据提供个性化的健康建议。

家庭医疗设备：家庭医疗设备如智能血压计、智能血糖仪等，通过监测健康数据，为慢性病管理提供数据支持。例如，某智能血压计可以实时监测血压数据，并通过手机 App 上传至健康管理平台，医生根据数据进行远程指导。

2. **健康管理平台**

数据融合与分析：健康管理平台通过对健康数据的融合与分析，为用户提供个性化的健康管理方案和服务。例如，某健康管理平台通过融合用户的体检数据、运动数据、饮食数据等，对其进行健康评估和管理。

远程随访与指导：健康管理平台提供远程随访和指导服务，通过视频、电话、即时通信等方式，为用户提供专业的健康指导和咨询。例如，通过某健康管理平台，用户可以随时与医生进行远程视频问诊，获取健康指导。

3. **人工智能与大数据**

智能健康评估：利用人工智能和大数据技术进行智能健康评估，提供个性化的健康风险评估和管理方案。例如，某健康管理平台通过人工智能技术分析用户的健康数据，对其进行心血管疾病、糖尿病等风险评估。

智能健康干预：结合人工智能技术，提供智能健康干预方案和服务，提高健康管理的精准性和有效性。例如，某健康管理平台通过人工智能技术提供个性化的饮食、运动、药物等智能健康干预方案。

5.4.5.5 健康管理与随访服务的未来趋势

1. **全生命周期健康管理**

从预防到康复：全生命周期健康管理涵盖从疾病预防、早期筛查、治疗、康复到长期健康管理的全过程，提供无缝衔接的健康管理服务。例如，某健康管理平台为用户提供全生命周期的健康管理服务，从健康体检、风险评估、疾病治疗到术后康复、慢病管理，覆盖用户的整个健康生命周期。

家庭医生式健康管理：以家庭医生为核心，为用户提供个性化的全生命周期健康管理服务，使其成为用户的长期健康顾问和管理者。例如，通过某健康管理平台，用户可以选择合适的家庭医生，家庭医生为用户提供长期的健康管理和指导。

2. **精准健康管理**

基因检测与个性化健康管理：通过基因检测和精准医疗技术，提供更精准和个性化的健康管理方案。例如，通过基因检测分析用户的遗传风险，提供个性化的健康管理和预防措施。

健康大数据与智能分析：通过健康大数据和智能分析技术，提高健康管理的精准性和有效性。例如，某健康管理平台通过大数据和人工智能技术，分析用户的多维度健康数据，对其进行精准的健康风险评估和管理。

5.4.5.6 小结

健康管理与随访服务在医疗健康领域中的作用日益重要。通过持续的健康监测、专业指导和定期随访，健康管理帮助用户预防疾病、提升生活质量、降低医疗费用。智能健康设备、健康管理平台、人工智能和大数据技术的应用，使健康管理和随访服务更加智能化和个性化。未来，全生命周期健康管理和精准健康管理将成为健康管理的发展方向，为用户提供更加全面、精准、高效的健康服务。

5.5 精准医疗与个性化药物的市场需求

精准医疗和个性化药物代表了医疗技术的前沿，通过整合患者的基因、环境和生活方式的数据，提供更精准有效的诊断、治疗和预防方案。这不仅提高了治疗效果，也优化了医疗资源的利用。在现代医学发展中，精准医疗和个性化药物的市场需求不断增长，得到了业内的广泛关注和认可。

5.5.1 精准医疗的定义与重要性

精准医疗是指通过综合利用基因组学、蛋白质组学、代谢组学等科学技术，结合患者的临床数据、生活习惯和环境因素，为个体制定精确的诊断和治疗方案。其核心理念是从传统的“以平均效应为中心”的治疗模式，转向“以个体为中心”的治疗模式。

精准医疗通过更全面的个体数据分析，为患者制定最佳治疗方案，显著提高治疗效果。例如，在癌症治疗中，通过基因测序确定肿瘤的特定基因突变，据此选择相应的靶向药物，大幅提高治疗效果。

基于患者特定基因和代谢特征，精准医疗能够选择更合适的药物和剂量，减少不必要的副作用。例如，某些患者对特定药物具有超敏反应，通过基因检测可以避免使用这些药物。

精准医疗通过个性化的诊断和治疗，降低试错成本和减少无效治疗，优化医疗资源的利用。例如，通过精准诊断避免了不必要的重复检查和治疗，有效节约了医疗费用。

5.5.2　个性化药物的定义与重要性

个性化药物是指根据个体的基因信息、病理特征、生活方式等，量身定制的药物和治疗方案。个性化药物强调药物治疗的个体差异性，以达到最佳治疗效果和最小副作用。

根据患者的具体情况，选择最适合的药物和治疗方案，显著提高治疗的精准度。例如，利用基因测序技术为患者筛选合适的抗癌药物，实现精准抗癌。

通过基因检测等手段，预先了解患者对药物的反应，选择更适合的用药方案，减轻甚至避免药物副作用的发生。例如，通过药物基因组学筛查，避免使用可能让患者出现严重副作用的药物。

个性化药物推动了针对特定基因突变和生物标志物的新药研发，带动了创新药物和治疗方法的发展。例如，针对特定基因突变的靶向药物，不仅有效治疗了疾病，还推动了精准医疗的发展。

5.5.3　精准医疗与个性化药物的市场需求

随着现代医学技术的发展，精准医疗与个性化药物作为医疗技术前沿的范畴，逐渐成为医疗市场的热点。这不仅源于其显著的临床效果和潜在的经济效益，更由于其满足了高效、安全、个体化医疗服务的迫切需求。本小节是对精准医疗与个性化药物市场需求的解读。

5.5.3.1 疾病控制和治疗需求

1. 肿瘤治疗

靶向治疗需求：在肿瘤治疗中，传统的放疗、化疗普遍存在非特异性杀伤、对患者副作用大、抗癌效果有限等缺陷。而精准医疗通过基因测序发现肿瘤特定基因突变，开发靶向药物以精准攻击癌细胞，显著提升治疗效果。比如，针对EGFR突变的肺癌患者使用的EGFR抑制剂，疗效显著提高。

肿瘤免疫治疗需求：肿瘤免疫治疗在精准医疗中的应用也不断增加。通过检测肿瘤的免疫标志物，如PD-L1表达水平，选择相应的免疫检查点抑制剂可显著提高疗效。目前，PD-1/PD-L1抑制剂已显示出广泛的市场前景。

2. 慢性病管理

个性化药物管理需求：慢性病患者长期受累，传统治疗方案往往缺乏个体化特征，导致疗效不佳或副作用较大。精准医疗通过基因检测、代谢组学分析等手段，制定个性化的药物管理方案。例如，通过基因检测优化糖尿病、高血压等慢性病的治疗方案，显著提高治疗效果和患者治疗依从性。

疾病进展监控需求：精准医疗在慢性病管理中也强调对疾病进展进行实时监控。通过远程健康监测设备和定期基因检测数据分析，及时调整治疗方案，防止疾病恶化。例如，通过远程心电监测，及时发现异常，调整药物治疗方案，避免心脏病患者心衰或心律失常。

3. 罕见病治疗

基因治疗需求：精准医疗在罕见病治疗中也表现出巨大潜力。很多罕见病是由单基因突变引起的，基因编辑技术可以进行精准治疗。例如，某些遗传性视网膜病变患者通过基因治疗恢复了视力，填补了传统治疗的空白。

孤儿药开发需求：市场上孤儿药的开发难度大但市场需求迫切。精准医疗通过基因组学和蛋白质组学技术，发现罕见病的新靶点，开发出高效的孤儿药物。例如，针对杜氏肌营养不良症的基因疗法，实现了显著的临床进展。

5.5.3.2 预防医学需求

1. 疾病风险评估

个体化风险筛查需求：精准医疗强调以预防为主，通过基因检测和高通量数据分析，评估个体疾病风险，包括心血管疾病、糖尿病、癌症等，并提供个性化的预防措施。例如，通过BRCA基因检测发现乳腺癌高风险人群，进行早期干预和定期筛查。BRCA1和BRCA2基因突变与乳腺癌的风险增加有关，通过基因检测可以发现这些高风险人群。早期干预和定期筛查对于高风险人群来说是非常重要的，因为它们可以帮助这一高风险人群及早发现乳腺癌，从而提高治疗的成功率和生存率。

家族遗传病筛查需求：很多疾病具有家族遗传倾向，精准医疗通过家系基因组分析，评估家族中不同成员的疾病风险。例如，通过家族全基因组测序，发现家族中的遗传病基因，提供遗传病咨询和预防建议。

2. 个性化健康管理

生命周期健康管理需求：精准医疗在健康管理中的应用不仅关注疾病诊治，更强调生命周期健康管理。通过个性化基因检测、代谢分析、数据信息整合，提出个体化健康管理建议，提高预防效果。例如，为个体提供个性化的饮食、运动和生活方式指导，实现全方位健康管理。

行为干预需求：很多慢性病和生活方式密切相关，精准医疗通过对个体基因组和代谢特征的分析，提出有针对性的行为干预方案。例如，根据基因检测和代谢数据，制定低糖饮食和运动方案，预防和管理代谢综合征。

5.5.3.3 药物开发和临床应用需求

1. 精准药物研发

靶向药物研发需求：基于精准医疗的发展，靶向药物的研发需求不断增加。制药企业通过基因组学和大数据技术，发现新的治疗靶点，开发具有精准疗效的靶向药物。例如，针对特定基因突变的EGFR、ALK、HER2靶向药物已经在临床中广泛应用，并且市场反响良好。

免疫治疗药物研发需求：精准医疗还推动了抗肿瘤免疫治疗药物的研

发。通过筛选肿瘤特异性抗原和免疫调节靶点，开发新型免疫治疗药物，如PD-1/PD-L1抑制剂、CAR-T细胞治疗等。例如，Kymriah和Yescarta等CAR-T细胞治疗法已被美国FDA批准上市，广泛应用于血液肿瘤治疗。

2. 伴随诊断发展需求

伴随诊断技术发展需求：精准药物随着伴随诊断技术的发展而得到更广泛的应用。伴随诊断技术通过检测患者特定的基因突变、蛋白质标志物和代谢产物，指导药物选择和治疗方案，提高治疗的精准性和有效性。例如，Oncotype DX基因检测系统在乳腺癌治疗中应用时，通过检测与乳腺癌相关的21个基因，帮助患者评估复发风险和化疗的必要性。

个性化治疗监控需求：伴随诊断技术还用于治疗过程中的个性化监控，通过动态监测患者的基因表达和代谢变化，优化治疗方案和用药剂量。例如，液体活检技术能够通过血液中的游离DNA监测癌症患者的治疗反应和复发风险，实现实时治疗调整。

5.5.4 精准医疗与个性化药物的技术支撑

5.5.4.1 基因测序技术

高通量基因测序：高通量基因测序技术的进步，使得大规模基因组数据的获取成为可能，这显著降低了基因检测的成本，提高了基因数据的全面性和准确性。例如，二代测序技术在临床中的广泛应用，帮助医生精准筛查与疾病相关的基因突变。

单细胞基因组学：单细胞基因组学的发展，为在单细胞水平上分析基因表达和突变提供了新的视角，为精准医疗和个性化药物的开发提供了更详细的数据支持。例如，通过单细胞基因组学技术，可以发现肿瘤细胞中的异质性，优化个性化治疗方案。

5.5.4.2 大数据与人工智能

大数据分析：大数据技术在精准医疗中的应用，使得海量基因组数据和临床数据的整合和分析成为可能，为个性化药物的研发和精准治疗提供了强有力的支持。例如，通过大数据分析，可以发现疾病的潜在致病基因和生物标志物，进而指导药物研发和临床治疗。

人工智能技术：人工智能技术在精准医疗中应用时，通过机器学习和深度学习算法，分析复杂的基因数据和临床数据，预测疾病风险，优化治疗方案。例如，人工智能算法可以通过分析患者的多维度数据，提供个性化治疗建议，提高治疗的精准度。

5.5.4.3 生物信息学技术

生物标志物发现：生物信息学技术在精准医疗中的应用，使得对基因数据和蛋白组数据的复杂分析成为可能，有助于发现新的生物标志物和治疗靶点。例如，通过生物信息学分析，发现某些基因突变与特定疾病间的关联，为个性化治疗提供依据。

药物靶点筛选：通过生物信息学技术解析基因调控网络和蛋白质的相互作用，筛选出新的药物靶点，为精准药物开发提供指导。例如，通过生物信息学分析发现的特定靶向蛋白质的药物，可以显著提高治疗效果。

5.5.5 精准医疗与个性化药物的发展趋势

5.5.5.1 基因组学应用的深化

全基因组测序：随着全基因组测序成本的逐渐降低，全基因组测序将更多地应用于临床中，提供更全面的基因信息，支持更加精准的诊断、治疗和预防。例如，在肿瘤诊疗过程中，全基因组测序可以提供更全面的肿瘤基因突变信息，指导精确治疗。

多组学数据整合：未来，精准医疗将更多地整合基因组学、蛋白质组学、代谢组学等多组学数据，提供更全面的健康评估和个性化治疗方案。例如，通过整合基因组、蛋白质组和代谢组数据，为患者提供多维度的精准健康管理。

5.5.5.2 智能化与自动化

智能诊断与治疗：人工智能将进一步推动精准医疗和个性化药物的发

展，通过智能算法实现更精准的诊断和治疗方案推荐。例如，基于人工智能的智能诊断系统，通过分析患者的基因数据和临床数据，提供个性化的治疗方案和用药指导。

自动化实验室技术：自动化技术的发展，将提升基因测序和分析的效率和精确度、降低成本、提高数据的准确性和可靠性。例如，自动化基因测序平台和数据分析系统的结合，提高了精准医疗的操作效率和数据质量。

5.5.5.3 全球合作与数据共享

跨国合作：精准医疗和个性化药物的发展需要全球合作，通过共享基因组数据和临床数据，推动研究和创新。例如，国际人类基因组计划的合作，加速了基因组学研究的突破和应用。

数据共享平台：建立全球性的数据共享平台，促进基因数据、临床数据的共享和协作，推动精准医疗的发展。例如，全球基因组学与健康联盟（GA4GH）致力于促进全球基因组数据的共享，推动精准医疗的研究和应用。

5.5.5.4 小结

精准医疗和个性化药物的市场需求不断增长，推动了医疗技术的发展和医疗服务模式的变革。基因测序、大数据、人工智能和生物信息学技术的应用，为精准医疗和个性化药物提供了坚实的技术支撑。未来，随着技术的进步和全球合作的加强，精准医疗和个性化药物将在疾病诊断、治疗和预防中发挥更加重要的作用，进而提高医疗服务的质量和患者的生活质量。

5.6 跨界合作与创新模式的探索

与其他科技行业（如人工智能、大数据、区块链）的融合。

在生物医药领域，新质生产力的不断增长促使跨界合作与创新模式在营销与市场变革中发挥越来越重要的作用。这不仅为企业带来了创新机遇，也在很大程度上改变了企业的营销策略和市场格局。

5.6.1 跨界合作的形式与市场变革

跨界合作已成为生物医药产业推动创新和市场变革的关键手段。通过跨学科、跨行业、跨领域的合作，生物医药企业能够突破传统业务的局限，形成新的竞争优势。

5.6.1.1 生物医药企业与科技公司的合作

1. 大数据与人工智能的应用

大数据分析：生物医药企业与科技公司通过大数据技术合作，能够深度挖掘和分析庞大的患者数据，从中提取有价值的信息，优化市场营销策略。例如，辉瑞与 IBM Watson 合作，利用 IBM Watson 的技术加速辉瑞在免疫肿瘤学领域的药物研发。具体来说，辉瑞使用 IBM Watson 的 Watson for Drug Discovery 平台，通过其机器学习、自然语言处理和其他认知推理技术，来识别新的药物靶点、组合疗法以及适合免疫肿瘤患者选择的策略。这项合作旨在帮助辉瑞更快地识别新的药物组合，并为患者提供更有针对性的治疗方案。

人工智能辅助研发与营销：人工智能技术在药物研发阶段已经展现了巨大潜力。通过与人工智能公司合作，生物医药企业能够大幅提升新药研发效率，并利用人工智能技术进行市场预测和客户分析。例如，Insilico Medicine 利用人工智能算法推出首个进入临床试验的人工智能设计药物，并与多家生物医药企业合作，推动新药研发。

2. 数字营销平台的搭建

生物医药企业通过与互联网和科技公司合作，搭建起先进的数字营销平台。数字营销平台不仅使企业能够更高效地管理营销活动，还大大增强了与客户的互动。

在线咨询和服务平台：通过数字化平台，生物医药企业可以提供在线咨询、远程医疗、药品信息查询等服务。

社交媒体和内容营销：社交媒体平台的普及使得内容营销成为一种重要的市场手段。生物医药企业利用社交媒体发布科普文章、病例研究、患者故事等内容，增加品牌认知度和市场影响力。

5.6.1.2 生物医药企业与金融机构的合作

1. 健康管理与保险公司的合作

生物医药企业与保险公司的合作能够带来双赢的局面。

个性化健康管理：生物医药企业通过与保险公司合作，提供基因检测、健康数据分析等个性化健康管理服务，为保险产品增加附加值。

生物医药企业与保险公司合作开发基于疗效支付的新型商业模式，这种模式不仅能提高患者的用药负担能力，还能激励生物医药企业提高药物的实际疗效。

2. 联合融资与资本市场合作

生物医药企业的发展离不开资本市场的支持。通过与投资银行、风险投资公司的合作，生物医药企业得以获得充足的研发资金，快速推进市场扩展。

联合融资：生物医药企业通过与投资银行合作，采用联合融资方式，顺利筹集到大规模研发和市场推广所需的资金。

风险投资公司与生物医药企业的合作，推动了创新投资模式的发展，包括风险共担、成果共享等新模式。

5.6.1.3 跨行业合作

1. 生物医药企业与消费品行业的合作

生物医药企业与消费品行业的合作，使得医药产品能够快速进入更广泛的消费者市场，推动了市场变革。

健康产品的联合开发：通过与消费品企业合作，生物医药企业将健康理念融入日常消费品中，开发功能性食品、保健品等健康产品。

生物医药企业与消费品企业共同进行品牌营销，利用消费品企业的渠道和市场资源，提升了医药产品的市场推广效果。

2. 生物医药企业与物流行业的合作

高效的供应链管理和全球分销是生物医药产品市场拓展的重要环节。生物医药企业与物流公司的合作保障了产品的高效流通和市场响应速度。

冷链物流：生物医药企业与冷链物流公司合作，解决了疫苗、抗体药物等生物制品在运输过程中的温度控制难题，确保了产品质量。

利用物联网和大数据技术，生物医药企业与物流公司共同优化了供应链管理，实现了智能化物流。

5.6.1.4 小结

跨界合作拓宽了生物医药企业的视野与格局，推动了营销策略和市场结构的深刻变革。通过与科技公司、金融机构、消费品行业、物流行业的广泛合作，生物医药企业不仅提高了研发和市场推广效率，还开创了基于大数据、人工智能、健康管理等新兴技术的新商业模式。随着跨界合作的深入，生物医药企业将在市场上获得更强的竞争力，推动整个行业向更加创新和高效的方向发展。

5.6.2 创新模式的探索与市场变革

生物医药产业的创新模式涉及多个层面，从营销策略到商业模式再到整体健康生态系统的构建。本小节将介绍这些创新模式及其对市场变革的具体影响。

5.6.2.1 全渠道营销模式的探索

1. **线上线下融合**

生物医药企业纷纷探索线上和线下渠道相结合的全渠道营销模式，利用数字化平台和传统渠道的优势，提升客户体验。

比如某制药公司创建了线上药物信息平台，患者可以通过该平台获取详细的药物信息和使用指导。同时，该制药公司还与线下诊所合作，提供面对面的咨询服务。

这种线上线下相结合的营销模式，为患者提供了全方位的服务，使患者不仅方便获取信息，还能得到专业的医疗建议，增强了品牌忠诚度。综合性的服务提高了客户对品牌的信任和依赖，增加了品牌的黏性。线上和线下渠道的无缝融合，扩大了产品的覆盖范围，提高了市场渗透率。

2. 个性化营销

利用精准医疗和大数据分析技术，生物医药企业能针对不同客户群体制定个性化的营销策略，大大提升了市场推广效果。

比如某制药公司通过基因检测数据，为不同患者群体提供个性化的药物推荐和健康管理方案。例如，对于特定基因型的乳腺癌患者，推荐最适合的治疗药物。

这种个性化的服务不仅提升了患者的治疗效果，也提高了产品的市场认可度和销售量。通过个性化数据分析制定的营销策略，提升了广告投放和市场推广的转化率。个性化服务提升了客户的满意度和忠诚度，促进了口碑传播和品牌推荐。

5.6.2.2 探索新的商业模式

1. 基于成果付费模式

一些生物医药企业与医疗机构和保险公司合作，探索基于疗效支付的新商业模式，将药物的支付与患者的治疗效果直接挂钩。

比如诺华制药在推广其 CAR-T 细胞疗法 Kymriah 时，与保险公司合作，实行基于疗效的支付方案。只有当患者在治疗后达到预期疗效时，诺华才能收到全额款项。

这种支付模式减轻了患者和保险公司的经济负担，提高了药物的市场接受度和市场份额。基于成果的付费模式将制药公司、医疗机构和保险公司之间的风险进行了合理分摊，促进了各方共赢。这种模式激励制药公司关注药品的实际疗效，推动了药物质量和效果的提升。

2. 订阅服务模式

生物医药企业开始探索订阅服务模式，通过定期提供产品和健康管理服务，建立长期的客户关系。

比如有些基因检测公司推出了订阅服务，用户每年支付一定费用，可以定期获得最新的基因检测分析和健康报告，包含饮食建议、疾病风险评估等。

这种持续服务模式增强了客户黏性，增加了客户的重复购买率和忠诚度。订阅模式提供了稳定的收入来源，有助于企业实现可持续增长。定期的服务和沟通，有助于客户关系的长期维持和深化。

5.6.2.3 健康生态系统的构建

1. **合作伙伴生态体系**

生物医药企业通过构建合作伙伴生态体系，与高校、科研机构、科技公司、保险公司和政府机构等多方合作，形成资源共享和协同创新的模式。

比如某制药公司通过构建健康生态系统，与各种合作伙伴联合，从研发、生产到市场推广，全链条协同创新。例如，与高校合作进行基础研究，与科技公司合作开发健康管理平台。

这种生态体系通过不同资源和能力的整合，实现了多方共赢，共同推进了医疗健康的创新发展。多方合作加速了技术和产品创新，提高了研发效率和市场反应速度。各方资源的整合和共享，降低了单个企业的研发和市场推广成本，优化了资源配置。

2. **社区健康管理**

生物医药企业通过整合医疗资源，与社区卫生服务中心合作，提供社区健康管理服务，提升市场渗透率和品牌影响力。

比如某制药公司与地方卫生部门合作，在社区健康中心推广其慢病管理产品和服务，包括免费的健康讲座、慢病筛查和管理指导等。

通过社区健康中心，该制药公司的产品和服务覆盖了更多的目标用户，尤其是基层医疗市场，有效提升了市场覆盖率。社区健康管理服务提高了品牌的曝光度和认知度，增强了消费者的信任。社区服务推动了慢病及其他健康问题的预防和管理，提高了公共健康水平。

5.6.2.4 小结

生物医药产业的创新模式探索，从全渠道营销、个性化营销，到新的商业模式及健康生态系统的构建，涵盖了行业的各个方面。通过这些创新模式，生物医药企业不仅提升了市场竞争力，还推动了行业的整体发展和变革。未来，随着科技不断进步和市场需求不断变化，生物医药产业的创新探索将会更加多样化，为医疗健康事业带来更大的进步和可能。

5.6.3 跨界合作与创新模式的案例分析

跨界合作与创新模式是推动生物医药产业发展的重要动力。本小结将分析几个典型的案例，以展示跨界合作在市场营销和业务模式上的创新应用和变革成果。

5.6.3.1 辉瑞与 IBM Watson 的合作

辉瑞是全球领先的制药公司，而 IBM Watson 在人工智能和大数据分析领域有着显著的优势。辉瑞与 IBM Watson 合作，利用 IBM Watson 的超级计算能力和人工智能平台进行癌症药物的研发。辉瑞使用 IBM Watson 的机器学习、自然语言处理和其他认知推理能力，进行免疫肿瘤学中的新药物识别、联合疗法和患者选择策略的研究。这项合作旨在加速辉瑞在肿瘤免疫学领域的研究进程。

5.6.3.2 强生与亚马逊 AWS 的合作

强生是世界领先的医疗健康公司，而亚马逊 AWS 则是全球顶尖的云服务提供商。强生与 AWS 合作，在其云平台上管理庞大的医疗数据，进行大数据分析以改进和创新医疗服务。AWS 提供的云计算能力，帮助强生更快速地处理和分析医疗数据，提升研究效率。通过这种合作，强生不仅能够提高医疗数据管理的效率，还能够通过数据分析推动新的医疗产品和服务的开发和市场推广。

5.6.3.3 小结

这些实际发生的跨界合作案例展示了跨界合作如何推动生物医药产业的创新和发展。这些合作通过结合科技力量、优化研发流程和改善患者健康管理，正在改变传统医药产业的模式，并创造新的商业和市场机会。通过跨界合作，生物医药企业不仅能够提高自身的技术能力和市场竞争力，也能够为患者提供更高质量的医疗服务和产品。

5.7 提升竞争力的战略部署

生物医药产业在快速发展的同时，市场竞争也日益激烈。为在此环境中保持和提升竞争力，企业必须进行战略性的部署和规划。以下是提升竞争力的几个关键战略部署。

5.7.1 技术创新与研发投入

技术创新与研发是生物医药产业核心竞争力的重要来源，直接影响企业的市场地位和可持续发展能力。本小节将从多个方面介绍如何通过技术创新与研发投入来提升生物医药企业的竞争力。

5.7.1.1 增加研发投入

1. 设立专门的研发基金

设立专门的研发基金，用于支持前瞻性项目和高风险高回报项目的创新研究。

支持前瞻性研究：专门的研发基金可以用于最前沿的科研领域，如基因编辑、细胞治疗和免疫疗法。这些领域尽管风险较高，但一旦取得成功，将会带来巨大的市场回报。

专项资金分配：根据项目的需求和创新潜力，动态分配研发资金，确保关键研发项目获得充足的资金支持。

2. 研发费用税收优惠

利用政府的税收优惠政策，最大化地利用研发费用。

政策利用：参与政府提供的研发费用加计扣除、高新技术企业税收优惠等政策，减轻企业研发投入压力。

资金返投：将税收减免的资金重新投入新的研发项目中，形成良性循环。

3. 加强与科研机构合作

通过与高校、科研机构的合作，引进尖端技术和前沿理念，拓展企业的创新能力。

联合实验室：与顶尖高校和科研机构合作建立联合实验室，开展基础研究和应用研究。

技术转移与引进：从学术界引进先进技术和研究成果，通过技术转移加快企业产品的研发速度。

5.7.1.2 建立创新研发体系

1. 模块化研发流程

将研发流程划分为若干模块，提高每个模块的独立性和效率。

流程分解：将药物研发过程分解成目标发现、验证、临床前研究、临床试验等独立模块，每个模块可并行推进。

阶段性评估：在每个研发阶段进行细致的评估和验证，确保每个阶段的研究数据和成果符合预期，从而降低整体项目的风险。

2. 虚拟研发团队

通过组织虚拟研发团队，整合跨国、跨领域的专家资源，增强研发实力。

全球合作：借助互联网和数字化技术，汇聚来自全球各地的顶级科学家和研究人员，组成跨国研究团队。

灵活调配：根据项目需求灵活调配团队成员，确保研发项目得到最专业的技术支持和资源配置。

5.7.1.3 技术平台建设

1. 大数据和人工智能

利用大数据和人工智能技术进行药物研发，提高研发效率和成功率。

数据挖掘与分析：利用大数据技术对海量临床数据进行挖掘和分析，识别潜在的药物靶点和治疗路径。

人工智能药物设计：利用人工智能算法进行药物设计和优化，加速候选药物的发现和筛选。

2. 基因组学与蛋白质组学

利用基因组学和蛋白质组学技术，推动精准医疗的发展，开发个性化治疗方案。

基因组学研究：通过基因测序技术，分析患者基因信息，识别与疾病相关的基因突变和变异，为个性化治疗提供科学依据。

蛋白质组学研究：利用蛋白质组学技术，研究蛋白质的结构和功能变化，为新药研发提供靶点和作用机制参考。

5.7.1.4 新型研发模式

1. 开放式创新

开放式创新是突破传统封闭式研发模式的一种方式，强调通过多元化的外部合作来推动内部创新。

外部合作：生物医药企业应积极寻找外部合作伙伴，与高校、科研机构、初创企业和其他行业伙伴进行合作，共享研究成果和技术。

内部激励机制：通过内部创新激励机制，鼓励企业内部人员积极参与开放式创新项目，形成企业整体研发氛围。

2. 多中心临床研究

多中心临床研究可以加快药物研发的进程，提高临床试验的科学性和可靠性。

多中心合作：与多个临床研究中心和医院合作，开展多地区、多人群的临床试验，提高数据的普适性和结果的可信度。

国际化研究：推动临床研究的国际化，获得多国监管机构的认可，为未来国际市场的推广奠定基础。

5.7.1.5 知识产权保护

1. 专利布局与管理

知识产权是生物医药企业的重要资产，对创新成果进行有效的保护和管理至关重要。

全球专利布局：根据研发成果，制定全球专利布局策略，确保在主要市场和潜在市场的知识产权保护。

专利组合管理：建立专利组合管理体系，对企业的专利进行系统管理和维护，提升专利的商业价值。

2. **知识产权风险防控**

有效的知识产权风险防控措施，能避免企业在技术创新过程中的法律纠纷和商业风险。

风险评估：在研发初期进行知识产权风险评估，避免侵权风险和专利纠纷。

法律支持：加强与知识产权法律专家和律师事务所的合作，提供专业的法律支持和保护。

5.7.2 加强市场拓展与业务布局

在生物医药产业，市场拓展与业务布局是提升企业竞争力的重要战略。本小节将从多元化市场布局和精准市场定位两个方面，展开介绍如何加强市场拓展与业务布局。

5.7.2.1 多元化市场布局

1. **拓展新兴市场**

新兴市场往往具有较大的市场潜力和成长空间，企业应积极布局这些市场。

（1）市场调研与分析。

宏观环境分析：了解目标市场的政治、经济、社会和技术环境，评估市场进入的可行性和潜在风险。

消费者需求调研：深入调研当地消费者的健康需求和消费习惯，制定符合市场需求的产品和服务方案。

（2）本地化策略。

本地化生产：在新兴市场建立生产基地，降低生产成本和供应链风险，确保产品供应的及时性和成本效益。

本地化营销：根据当地文化、语言和消费习惯，制定本地化的营销策略，提升品牌的亲和力和市场渗透率。

（3）合作伙伴关系。

寻找本地合作伙伴：与当地的医疗机构、分销商和政府机构建立合作关系，借助其市场资源和渠道，快速进入市场。

国际化品牌联姻：与当地有影响力的品牌进行合作，提升产品在当地市场的认知度和认可度。

2. **强化本土市场**

夯实和拓展本土市场是企业巩固市场基础、提升市场份额的重要举措。

（1）细分市场拓展。

高端市场：开发高端产品线，满足高收入人群和特定高端需求。

大众市场：推出性价比高的产品，覆盖更广泛的普通消费者群体。

（2）服务网络扩展。

扩大销售网络：在全国范围内建立分公司和办事处，拓展销售网络，提升市场覆盖率。

提升服务能力：加强售前、售中和售后服务体系建设，提高客户满意度和忠诚度。

3. **利用数字营销**

数字营销是拓展市场和提升品牌影响力的有力工具。

（1）建立数字营销平台。

官网及电商平台：建立和优化企业官网和线上电商平台，提供详细的产品信息和购买渠道。

社交媒体营销：利用微信、微博、抖音等主流社交媒体平台，进行品牌传播和产品推广。

（2）数据驱动营销决策。

用户行为分析：利用大数据技术分析消费者的行为和偏好，优化营销策略。

精准广告投放：通过程序化购买等技术精确定位目标客户群体，提高广告投放的转化率。

5.7.2.2 精准市场定位

1. 客户细分

细分客户市场，分别对不同细分市场制定有针对性的营销策略。

（1）基于需求的细分。

临床需求：基于不同疾病类型和治疗需求，细分市场并开发对应的药品和医疗解决方案。

健康管理需求：针对健康管理和预防需求，开发相关的健康产品和服务。

（2）基于人群的细分。

按年龄：开发适合不同年龄段的产品，如儿童药物、老人健康产品等。

按经济水平：针对高、中、低不同收入人群，提供多层次的产品和服务选项。

2. 个性化营销

个性化营销能够提高客户的满意度和忠诚度，使企业更具竞争优势。

（1）客户画像构建。

数据收集：收集客户的基本信息、购买记录、健康数据等。

画像分析：利用人工智能和大数据技术，对客户进行画像分析，精准掌握客户需求和偏好。

（2）个性化服务方案。

个性化产品和方案：根据客户的健康状况和需求，提供个性化的产品和医疗服务方案。

个性化沟通：通过精准的内容营销、电子邮件、短信等方式，与客户进行个性化沟通和互动。

3. 品牌战略管理

品牌建设对市场拓展和竞争力提升具有重要意义。

（1）品牌定位。

核心价值：明确品牌的核心价值和独特卖点，形成差异化的品牌形象。

品牌故事：讲述品牌故事，增强品牌的感染力和消费者的认同感。

（2）品牌传播。

整合营销传播：通过整合多种营销手段（广告、公关、促销等），进行系统化的品牌传播。

事件营销：策划和执行品牌事件和活动（如公益活动、健康教育讲座等），提升品牌的社会影响力和美誉度。

5.7.2.3 建立战略合作伙伴关系

1. 跨行业合作

跨行业合作能够为企业带来新的市场机会和发展空间。

与科技公司合作：通过与信息技术公司合作，开发智能健康管理系统和数字医疗产品。

与保险公司合作：与保险公司合作推出健康管理计划和保险产品，扩大客户覆盖范围。

2. 与医疗机构合作

加强与医疗机构的合作，提升市场信任度和专业形象。

学术合作：与知名医院和医学研究机构合作，开展临床研究和药物试验。

医疗资源共享：与医疗资源丰富的医院和康复中心合作，共同开发医疗服务和康复产品。

5.7.3 优化供应链管理与运营效率

5.7.3.1 构建高效供应链体系

1. 供应链整合

（1）垂直整合。

减少中间环节：通过收购或紧密合作的方式将供应链上游的原材料供应商和下游的分销商整合进企业内部，从而减少中间环节，提升效率。

提高供应链反应速度：加强与供应链各环节的协调，提升整体供应链的反应速度。

（2）横向整合。

共享资源：将同行业或相关行业的供应链资源进行整合，形成共享的仓储、物流和信息系统，减少重复建设和资源浪费。

提升协同效应：在供应链环节中，通过与其他企业的合作，提升整体效能和响应能力。

2. **智能化供应链**

（1）物联网应用。

实时监控和管理：通过传感器和物联网技术，实时监控原材料和产品在运输、仓储和配送中的状态，如温度、湿度等关键信息，确保药品质量。

供应链可视化：利用物联网实现供应链各环节的可视化管理，实时监测和调整各环节的运行状态。

（2）大数据分析。

需求预测：利用大数据技术对市场需求进行精准预测，提前安排生产和库存，降低库存成本和减少断货风险。

物流优化：通过大数据分析进行物流路径优化，缩短运输时间和降低成本，提高物流配送效率。

（3）人工智能。

智能调度：利用人工智能技术进行生产计划和物流调度的智能化管理，提升资源利用效率并减少浪费。

风险预测和管理：应用人工智能技术预测供应链中可能存在的风险，如原材料短缺和物流延误，并提前制定应对方案。

3. **供应链透明化**

（1）供应链追溯系统。

可追溯性：通过区块链技术和无线射频识别等技术，记录并追溯供应链各个环节的信息，从生产到配送，确保全程可追溯。

增强信任：透明的供应链管理不仅提升了内部管理效率，还增强了客户和合作方对产品质量和企业诚信的信任。

（2）实时数据共享。

数据共享平台：建立供应链数据共享平台，实现供应链各环节的数据实时共享，提升各环节协同和响应能力。

优化管理：通过实时数据共享和分析，优化供应链整体管理和决策。

5.7.3.2 提升运营效率

1. 精益管理

（1）流程优化。

流程标准化：使生产和管理流程标准化，减少人为操作带来的变异，提高流程的可控性和稳定性。

流程再造：识别和剔除不增值的流程环节，简化并优化流程，提高效率。

（2）全员参与。

员工培训：系统地培训员工，增强和提升员工的精益管理意识和技能，提高自主发现问题和解决问题的能力。

持续改进：建立持续改进机制，鼓励员工积极参与并提出改进建议，为企业的不断优化贡献力量。

2. 自动化生产

（1）自动化设备。

自动化生产线：引入自动化生产设备，实现生产过程的自动化和智能化，提高生产效率和产品质量。

（2）机器人应用。

智能仓储：应用自动引导小车等自动化设备进行仓储操作，提高仓储管理效率并减少人为错误。

生产机器人：引入工业机器人进行生产操作，提高各生产环节的自动化程度和精准度。

3. 信息系统集成

（1）ERP 系统：通过 ERP 系统，实现企业内部各类资源的集成管理，提升整体运营效率和数据一致性。

（2）MES系统：通过MES系统，实时监控和管理生产过程，提高生产效率并确保产品质量。

（3）SCM系统：通过SCM系统，实现供应链各环节的数据集成和优化管理，提高整体供应链的协调性和效率。

4. 优化生产计划和资源调度

（1）生产计划优化：利用先进的生产排程工具和算法，优化生产计划安排，提高生产资源的利用率和生产效率。

（2）资源调度优化：通过优化资源调度，提高设备、人员和物料的综合利用效率，避免资源闲置和浪费。

5. 质量管理

（1）全程质量控制：建立并实施全面的质量管理体系，从原材料采购、生产制造到销售服务，确保产品质量稳定可靠。

（2）持续质量改进：通过PDCA（计划—实施—检查—行动）循环，不断进行质量改进，提升产品质量和客户满意度。

6. 人才培养与管理

（1）员工培训：提供系统的技能培训和岗位培训，提高员工的专业能力和工作效率。

（2）激励机制：建立科学的绩效考核与激励机制，激发员工的工作热情和创新能力，提升整体运营效率。

5.7.4 推行可持续发展与履行社会责任

生物医药企业在追求经济利益的同时，需要重视推行可持续发展和履行社会责任。这不仅有助于企业的长远发展和市场竞争力的提升，还能够树立积极的企业形象，增强社会信任和品牌认同。本小节是生物医药企业在推行可持续发展与履行社会责任方面的一些具体措施和内容。

5.7.4.1 绿色生产与环境保护

生物医药企业应推行绿色生产理念，注重环境保护，切实履行社会责任，树立良好的企业形象。

1. **环保技术应用**

推广环保技术：利用清洁生产技术和污染防治技术，减少生产过程中对空气、水和土壤的污染。

绿色化学工艺：采用绿色化学方法，如高效无毒的催化剂和反应介质，减少有害物质的使用和生成。

废水废气处理：建设和改进废水废气处理设施，确保排放物符合环保标准。

2. **资源循环利用**

建立资源循环利用体系：构建闭环供应链，实现资源的循环利用，提高资源利用率，减少资源浪费。

再制造与再生：对生产过程中使用的材料和设备进行再制造和再生利用，提升资源的利用效率。

废物分类与处理：建立废物分级处理系统，提升废物回收利用率，推进循环经济。

3. **节能减排**

节能改造：对生产设备和工艺进行节能改造，降低能源消耗。

绿色能源利用：推广使用可再生能源，如太阳能、风能等，降低碳排放。

5.7.4.2 企业社会责任（CSR）

企业应积极履行社会责任，参与公益活动和社会建设，树立良好的企业形象，增强品牌影响力。

1. **公益项目**

健康教育与疾病预防：参与和支持健康教育项目和疾病预防活动，提升公众的健康意识和水平。

免费健康筛查：定期进行免费健康筛查，尤其是对贫困和边远地区，帮助预防和早期发现疾病。

紧急救援与灾害援助：在灾害发生时，积极参与紧急救援和灾害援助行动，为受灾人群提供药品和医疗设备支持。

2. **员工关爱**

职业发展与培训：提供系统的职业培训和发展计划，帮助员工提升职业技能和职业发展。

福利保障与支持：提供全面的福利保障，包括医疗、养老、住房等，营造良好的工作环境。

工作环境改善：关注员工的工作环境和职业健康，提供安全、健康的工作条件。

3. **社会公平与多样性**

平等就业机会：倡导多样性和包容性，消除性别、种族、宗教等方面的歧视，实现平等就业。

人权保护：尊重和保障员工、供应链各方的基本人权，推进人权友好型企业文化。

5.7.4.3 小结

通过推行可持续发展与履行社会责任，生物医药企业不仅在社会和市场上树立了良好形象，还创造了更多的社会价值和经济效益。绿色生产与环境保护可以减少对环境的负面影响，提升环保形象；而积极履行企业的社会责任，则能够增强品牌的社会认同感和美誉度，提升市场竞争力和客户忠诚度。通过全面系统的措施，生物医药企业将在推行可持续发展和履行社会责任方面迈向新的高度，实现企业长远的可持续发展目标。

5.7.5 提升品牌建设与市场影响力

品牌建设和市场影响力的提升是生物医药企业获得长远发展的重要保障。有效的品牌建设不仅能增强企业的市场竞争力和客户忠诚度，还能塑造积极的企业形象。本小节是有关提升品牌建设和市场影响力的内容。

5.7.5.1 品牌建设

品牌建设是企业在市场竞争中脱颖而出、赢得顾客忠诚的重要手段。生物医药企业可以通过明确的品牌定位、有效的品牌传播和丰富的品牌内涵来打造强大的品牌。

1. **品牌定位**

市场细分：根据市场需求进行品牌定位，找准目标客户群体，塑造差异化的品牌形象。

品牌特征塑造：定义品牌的独特价值主张，凝练品牌的核心文化和理念，形成市场上的差异化竞争优势。

2. **品牌传播**

（1）精准营销。

数字营销：利用网络和社交媒体等数字营销手段，扩大品牌的知名度和影响力。

内容营销：通过创作高质量的健康科普文章、视频和博客，提高品牌曝光度和客户黏性。

（2）媒体公关。

新闻发布会和行业会议：定期举办新闻发布会，向媒体展示企业最新的研发成果和项目进展，通过行业会议提升专业影响力。

媒体合作：与权威媒体合作，通过权威渠道发布信息，提升品牌的可信度和社会公信力。

（3）广告宣传。

多样化广告：通过电视、报纸、户外广告、线上推广等多渠道、多形式的广告宣传，提高品牌曝光度。

精准宣传：利用大数据和人工智能技术，针对特定人群进行精准营销，提高广告转化率和效果。

3. **企业的社会责任与形象**

社会责任报告：定期发布企业社会责任报告，展示企业在环保、公益、员工关爱等方面的具体行动和成效，提高社会认同感。

参与社会公益：积极参与各类公益活动，如健康教育、扶贫助教、灾害救助等，提升企业的社会形象。

5.7.5.2 市场影响力提升

提升市场影响力涉及市场洞察、产品创新、高效营销策略、客户关系管理等多个方面，确保企业在市场中的竞争优势和持续发展力。

1. **市场洞察**

市场调研：进行详尽的市场调研，了解市场需求、行业动态和竞争态势，为营销策略提供数据支持。

洞悉趋势：关注医疗行业的发展趋势和科技进步态势，提前布局潜力市场和新兴领域。

2. **产品创新**

研发投入：增加研发投入，鼓励科技创新，不断推出高质量、高附加值的新产品。

产品线扩展：在现有产品线的基础上，推出不同规格、不同适应症的产品，满足多样化的市场需求。

3. **高效营销策略**

精准营销：通过大数据分析和客户行为研究，定位精确的目标客户群，开展有针对性的营销活动。

整合营销传播：通过线上线下各类媒介整合营销传播，提升品牌的统一形象和影响力。

4. **客户关系管理**

多渠道服务：建立增值服务体系，通过电话、邮件、社交媒体、手机客户端等多渠道提供及时、专业的客户支持和服务。

客户反馈机制：建立完善的客户反馈和投诉处理机制，及时收集和解决客户意见和建议，不断改进产品和服务。

客户忠诚计划：通过会员俱乐部、积分奖励、专享服务等措施提升客户忠诚度，培养长期客户关系。

5.7.5.3 小结

在激烈的市场竞争中，生物医药企业需要通过对技术创新、市场拓展、供应链优化、可持续发展和品牌建设等多方面的战略部署，提升自身的竞争力和市场影响力。通过这些战略性举措，企业不仅能够在当前的市场环境中立于不败之地，更能够在未来的发展中持续保持领先的地位。

第6章

新质生产力推动生物医药产业的政策支持

6.1 国家层面的产业政策与规划

在生物医药产业，国家层面的产业政策和规划为行业发展提供了战略指导和政策支持。这些政策旨在提升行业创新能力，推进技术突破，增强国际竞争力。下面，我们介绍几项重要的国家层面的政策与规划。

6.1.1 《中国制造2025》规划

《中国制造2025》是一项致力于将中国转型为全球制造强国的中长期战略，其框架涵盖多个关键领域。生物医药作为战略性新兴产业之一，被予以特殊的重视。

1. **重点任务**

（1）增强自主创新能力：提升生物医药领域的研发水平，特别是重大疾病药物的创新。

（2）优化产业结构：促进生物医药产业从低端制造向高端创新的转型升级。

（3）产业链完善化：提升上游和下游产业的协同发展能力，加大对高端医疗设备、创新药物等的支持。

2. **政策支持**

（1）研发投入：加大财政预算，设立专项基金支持生物医药研发。

（2）税收优惠：通过企业所得税优惠、高新技术企业认定等形式，鼓励企业进行研发投入。

6.1.2 《“十四五”医药工业发展规划》

《“十四五”医药工业发展规划》中关于生物医药的主要强调内容可以概括为以下几个方面：

（1）创新驱动发展：该规划强调生物医药产业的创新能力和产业规模快速提升，提出到2025年，医药工业营业收入、利润总额年均增速保持在8%以上，到2035年，医药工业实力将实现整体跃升，创新驱动发展格局全面形成。

（2）产业链现代化：提升产业链稳定性和竞争力，补齐产业链短板，强化产业链优势，优化产业链区域布局，支持城市发展成为产业新动能的主要引擎。

（3）供应保障能力：增强供应保障能力，筑牢应急保障基础，提高常态保障水平，完善疫苗供应体系，提高疫苗应急研发生产能力。

（4）医药制造能力提升：推动医药制造能力系统升级，提高质量安全水平，推动产业数字化转型，促进全产业链绿色低碳发展。

（5）国际化发展：推动医药工业国际化发展全面提速，医药出口额保持增长，培育世界知名品牌，形成研发生产全球化布局的大型制药企业。

（6）重点任务：包括加快产品创新和产业化技术突破，提升产业链稳定性和竞争力，增强供应保障能力，推动医药制造能力系统升级等。

（7）发展目标：到 2025 年，主要经济指标实现中高速增长，前沿领域创新成果突出，创新动力增强，产业链现代化水平明显提升，药械供应保障体系进一步健全，国际化水平全面提高。

（8）生物医药产业发展定位：生物医药与新一代信息技术深度融合，以基因治疗、细胞治疗、合成生物技术、双功能抗体等为代表的新一代生物技术日渐成熟，为医药工业抢抓新一轮科技革命和产业变革机遇提供了广阔空间。

这些目标旨在推动生物医药产业的高质量发展，确保人民群众的生命健康需求得到满足，并为国家生物安全提供坚实的保障。

6.1.3 《“十四五”生物经济发展规划》

《“十四五”生物经济发展规划》明确了生物医药科技创新在推动经济社会高质量发展中的核心地位。规划中涉及的重点方向：

（1）面向人民生命健康的生物医药，包括药品、疫苗、先进诊疗技术和装备、生物医用材料、精准医疗、检验检测及生物康养等方向。

（2）面向农业现代化的生物农业，包括生物育种、生物肥料、生物饲料、生物农药等方向，以保障粮食等重要农产品的生产供给。

（3）面向绿色低碳的生物质替代应用，包括生物基材料、新型发酵产品、生物质能等方向，推动环境污染生物修复和废弃物资源化利用。

（4）加强国家生物安全风险防控和治理体系建设，提高国家生物安全保障能力。

6.2 地方政府的扶持政策与优惠政策

地方政府在支持生物医药产业的发展方面发挥着重要作用，通过一系列扶持政策和优惠措施，帮助企业提升创新能力，促进区域经济发展。以下是一些地方政府扶持政策与优惠政策的内容。

6.2.1 北京市

北京市作为中国的政治、文化和科技中心，在推动生物医药产业发展方面具有得天独厚的优势。北京市政府通过一系列扶持政策和优惠措施，持续推动生物医药产业的创新和高质量发展。

1.《“十四五”时期中关村国家自主创新示范区发展建设规划》

中关村示范区是中国首个国家级高科技园区，作为生物医药创新的重要阵地，在政策支持方面持续发力。对符合条件的生物医药企业提供研发费用加计扣除、高新技术企业所得税减免等政策，支持企业持续提升创新能力。设立“中关村创新券”，企业可用其支付科研院所的技术服务费用，降低创新成本。

2023年，创新券使用范围进一步扩大，涵盖更广泛的技术服务和中试环节。中关村内高新技术企业继续享受“即认定即享受”的税收优惠政策，从申报到享受政策更快速高效。

2. 北京市级财政支持政策

北京市政府通过财政手段大力支持本地生物医药企业的发展。设立“北京市医药健康产业投资基金”“首都卫生发展科研专项”“首都卫生发展脑重大疾病科研专项”等专项资金，各类专项资金覆盖生物医药研发、注册、临床测试等环节。对符合条件的生物医药企业给予贷款贴息政策，降低企业融资成本。

2023 年起，北京市政府逐步增加专项资金额度，重点支持抗癌药物、基因治疗等前沿领域。贷款贴息政策的覆盖面进一步扩大，包括企业技术改造、市场推广等多个业务环节。

此外，北京市出台了一系列政策，包括：

（1）《北京市加快医药健康协同创新行动计划（2024—2026 年）》。

该计划旨在推动医药健康产业更高质量、更高水平发展，包括发展目标、重点任务等，如强化创新策源、加强临床研究、激发数据要素价值、做优品种结构、推动产业能级跃升等。

通过一系列具体目标和任务，加快新质生产力的发展，推动医药健康产业成为北京创新发展的重要引擎，加速科学发现和技术突破，提升临床研究质量，推动数字化赋能，促进创新药械入院应用，丰富商业医疗保险体系，推动药品创新发展，促进医疗器械提质增效，深化京津冀医药产业协同发展，集聚领军企业，培育高成长性骨干企业，全方位引进培育国际人才，构建产业集聚联动发展格局。

（2）《北京市支持创新医药高质量发展若干措施（2024 年）》。

该措施包括提升创新医药临床研究质效、促进医药贸易便利化、加力促进创新医药临床应用、优化药品阳光采购挂网流程等。

通过一系列工作举措，加速医药健康产业创新，助力发展新质生产力，满足人民群众防病治病的需求，推动创新技术项目优先启动统一定价论证程序，优化药品进口通关抽样一体化服务，推动企业更广泛深入参与国际合作，推动创新医药临床应用。

（3）《北京市医疗器械产业提质升级行动计划（2024—2026 年）》。

该计划旨在推动医疗器械产业在京创新发展，包括加大资金支持力度、推动人才队伍建设、加强知识产权保护等。

通过资金支持、人才培养、知识产权保护等措施，推动医疗器械产业在京创新发展，提升医疗器械产业的质量和效益。

3. **人才引进与培养政策**

北京积极引进高层次人才，推动本地人才培养，为生物医药产业发展提供智力支撑。

“海聚工程”：针对全球优秀人才，提供优厚的科研启动经费、生活补贴、安家费用等。

“北京市科技新星计划”：支持本地优秀科研人员的发展，给予科研经费、培训机会，提高本地科研人才水平。

2023年新增多项吸引海外华人和留学生回国发展的专项人才计划，特别是针对生物医药领域的人才计划。加强与国际著名科研机构的合作，培养一批高水平的国际化科研团队。

4. 北京市属生物医药产业园区和基地支持

北京市设立了多个生物医药产业园区，为企业提供一站式服务和政策支持。

建设了包括北京经济技术开发区、昌平生命科学园、怀柔科学城等多个生物医药产业园区。为企业提供从注册、研发到生产、上市的一站式服务，包括政策咨询、资金申请、技术支持等。

北京经济技术开发区和昌平生命科学园的面积和设施逐步扩容，吸引更多生物医药企业入驻。各园区建立专业服务平台，整合政府、科研、金融等资源，提升一站式服务质量。

5. 北京生物医药科技创新平台

北京市设立了一系列科技创新平台，推动科研与产业的无缝对接。

依托国家生命科学实验室和各大高校院所，推动生物医药基础研究和前沿技术发展。鼓励企业与科研机构合作，开展联合研发和科技攻关。

2023年，新增多个科技创新平台，包括基因编辑、人工智能制药等新兴技术领域的专业平台。北京市推动科研机构与企业共建研究院和合作实验室项目数量明显增加。

6. 小结

综上所述，北京市通过一系列政策措施，从研发资金支持、税收优惠、人才引进到园区建设和科研合作等多方面入手，全方位推动生物医药产业的发展。这些政策不仅为企业提供了良好的创新环境和发展条件，也为实现生物医药领域的技术突破和产业升级提供了强有力的支持。在未来，北京市将在多个方面继续深化政策落实和创新服务，为生物医药企业打造更加美好的发展前景。

6.2.2 上海市

上海市是中国经济、金融和科技的中心之一，也是生物医药产业的重要基地。为推动生物医药产业的发展，上海市政府出台了一系列扶持政策和优惠措施，积极打造全球生物医药创新高地。

1. 上海科技创新中心建设

作为打造全球科技创新中心的重要组成部分，上海市政府对生物医药领域进行了重点布局，通过政策支持和资源整合，积极推动产业发展。

设立生物医药专项资金，支持重大技术突破和创新药物研发，提供从基础研究到产业化的全流程资助。在张江高科技园区和临港新片区等区域，出台系列优惠政策和措施，吸引优质生物医药企业和项目入驻。

2. 张江生物医药基地

张江生物医药基地是中国最大的生物医药产业集群之一，受到上海市政府的重点支持和关注。

为企业提供研发资助和创新奖励，支持新药研发、临床试验和高端医疗器械生产等环节。聚集众多生物医药企业和研发机构，形成涵盖基础研究、生产、市场的完整产业链。

3. 上海自贸区及临港新片区

上海自贸区及临港新片区通过一系列支持政策，为生物医药产业创新发展提供了良好的环境。

对在自贸区和临港新片区内的生物医药企业，提供企业所得税减免、高新技术企业认定优惠等政策。提供从注册、研发到生产、上市的一站式服务，优化审批流程，提高办事效率。

4. 高端人才引进与培养

上海市高度重视高端人才的引进和培养，通过一系列政策措施集聚人才资源，为生物医药产业发展提供智力支持。

实施“千人计划”“海聚英才”等高层次人才引进计划，为生物医药领域引进全球顶尖科学家和技术专家。支持本地高校和科研机构培养生物医药专业人才，提供科研经费、培训机会和职业发展支持。

5. **上海市属生物医药产业园区和基地**

上海市设立了多个生物医药产业园区，为企业提供良好的创新环境和政策支持。

建设了包括张江高科技园区、临港新片区、上海医药工业园等多个生物医药产业园区。为企业提供政策咨询、资金申请、技术支持等一站式服务，包括知识产权保护、市场推广等方面。

6. **小结**

综上所述，上海市通过设立专项资金、打造产业园区、支持科创板上市、引进高端人才以及优化政策，为生物医药产业的发展提供了全方位的支持。这些政策措施推动了生物医药产业的技术创新、产业升级和市场拓展，助力上海市进一步巩固其在全球生物医药领域的领先地位。在未来，上海市将持续深化政策落实和创新服务，为生物医药企业打造更加优质的发展环境，拓展更加广阔的市场空间。

6.2.3 广东省

广东省作为中国经济大省和改革开放的前沿阵地，凭借其优越的地理位置和政策支持，使得生物医药产业近年来发展迅速。省政府通过制定和实施一系列扶持政策与优惠措施，推动生物医药领域的创新和发展。

1. **粤港澳大湾区政策**

粤港澳大湾区是国家级战略规划，涵盖香港特别行政区、澳门特别行政区和广东省广州市、深圳市等多个重要城市，致力于打造世界级的生物医药创新集群。

促进粤港澳三地的科研合作与资源共享，共建国际一流的生物科技创新平台。为落户粤港澳大湾区的生物医药企业提供企业所得税优惠、高新技术企业认定优惠等。推动设立创新创业基地，为新兴生物医药企业提供创业辅导、资金支持和政策指导。

2. **广州国际生物岛**

广州国际生物岛是全球生物科技创新和产业化的重要基地，致力于推动生物医药产业的发展。

设立专项基金支持生物医药的基础研究和应用研究，促进重大科研成果的转化。提供面向高层次人才的科研启动资金、住房补贴、安家费及专项人才政策，吸引国际顶尖科学家和技术人员。给予企业税收减免、资金补贴、土地优惠等政策支持，降低企业运营成本。

3. **深圳市**

深圳市作为中国的创新城市，在生物医药领域也进行了大量布局，通过多种政策措施推动产业发展。

设立生物医药产业发展基金，支持企业研发、产业化和市场推广，为中小企业提供创业扶持。对生物医药企业实行一系列财税优惠政策，包括免征高新技术企业所得税、研发费用加计扣除等，发展了多个生物医药孵化器，提供研发设备、技术支持和创业服务，帮助初创企业成长。

4. **珠海市**

珠海作为粤港澳大湾区的核心城市之一，也在生物医药领域进行积极探索和布局。

出台《珠海市促进生物医药产业发展若干措施》，提供土地优惠、税收减免、资金支持等全方位政策。建设高水平的公共技术服务平台，为企业提供药物研发、检测分析等服务。注重引进和培养高层次生物医药人才，提供科研启动资金、税收减免等政策支持。

5. **东莞市**

东莞市近年来加大了对生物医药产业的投入，通过政策支持推动产业创新发展。

设立生物医药产业发展专项资金，支持创新药物和高端医疗器械的研发和产业化。提供税收优惠、融资支持等政策，鼓励企业落户和发展。打造生物科技产业园，聚集生物医药企业和科研机构，形成产业集群效应。

6. **佛山市**

佛山市将生物医药产业作为重点发展领域，通过政策扶持和产业园区建设，推动产业发展。

提供技改专项资金支持，帮助生物医药企业进行生产线改造和技术升级。设立生物医药产业基金，帮助企业解决融资难题，支持企业扩展业务。出台一系列优惠政策，包括税收减免、用地支持等，降低企业运营成本。

7. **小结**

综上所述，广东省通过设立专项资金、打造产业园区、出台优惠政策和引进高端人才等方式，全方位支持生物医药产业的发展。各市区结合自身优势，积极落实政策措施，推动生物医药领域的技术创新、产业升级和市场拓展。这些政策措施不仅提高了企业的创新能力和市场竞争力，也促进了全省生物医药产业的高质量发展。未来，广东省将继续深化政策支持和服务优化，为生物医药企业提供更加有力的发展环境和广阔的发展空间。

6.2.4 江苏省

江苏省凭借其雄厚的经济实力和良好的科技基础，成为我国生物医药产业的重要集聚地之一。江苏省人民政府通过一系列扶持政策和优惠措施，积极引导和推动生物医药产业的快速发展。

1. **江苏省科技发展专项政策**

江苏省人民政府设立科技发展专项资金，专门用于支持生物医药产业的创新和发展。

提供新药研发、临床试验、技术创新等方面的资助，鼓励企业自主创新。支持大学和研究机构的科研成果转化为实际生产力，为企业提供技术支持和对接服务。

2. **高层次人才引进计划**

江苏省通过实施高层次人才引进计划，集聚国内外优秀生物医药人才，为产业发展提供智力支持。

江苏省高层次人才培养计划（“333 工程”）：引进和培养顶尖科学家和优秀技术人才，提供科研资金、生活补助和住房保障。

“江苏特聘教授”计划：针对生物医药领域，引进顶尖学术带头人，提供优越的科研条件和薪酬待遇。

人才政策优化：进一步优化人才引进流程，简化手续，确保人才尽快融入科研和产业发展中。

3. **江苏省优势招商引资政策**

江苏省通过一系列招商引资政策，吸引国内外生物医药企业和项目落户，推动区域经济发展。

对于引进的重大生物医药项目，提供土地、资金、税收等方面的鼓励政策。建立项目审批绿色通道，简化审批流程，提供高效便捷的一站式服务。

4. **苏州工业园区政策**

苏州工业园区是中国和新加坡政府合作的旗舰项目，也是江苏省生物医药产业的重要阵地，通过一系列政策支持和优惠措施，吸引了众多生物医药企业落户。

设立药物研发专项资金，支持企业在药物发现、临床前研究和临床试验阶段的创新项目。提供资金支持和政策保障，鼓励本土生物医药企业进行海外并购，获取先进技术和产品。

5. **南京生物医药谷**

南京生物医药谷是江苏省内集科研、孵化、生产于一体的生物医药产业基地，提供了完善的配套服务和政策支持。

对入驻园区的企业给予财政补助，包括研发补贴、设备购置补贴和生产经营扶持资金。提供企业所得税、高新技术企业税收优惠等政策，减轻企业税费负担。

6. **泰州中国医药城**

泰州中国医药城是江苏省重点打造的生物医药产业园区，聚集了众多生物医药企业和科研机构。

提供先进的实验设施、研发设备和生产基地，为企业提供全方位的支持。设立专项资金、科技创新基金，提供税费优惠、知识产权保护等多方面政策支持。

7. **小结**

综上所述，江苏省通过设立专项资金、建设产业园区、优化税收政策、引进高层次人才等，多措并举推动生物医药产业的创新和高质量发展。各地结合自身优势，积极落实政策措施，推动生物医药领域的技术突破和产业升级，使江苏省形成了在全国范围内具有竞争力和影响力的生物医药产业集群。未来，江苏省将持续深化政策支持和服务优化，为生物医药企业提供更加优越的发展环境和广阔的发展空间。

6.2.5 河北省

河北省作为环渤海经济圈的重要组成部分，在生物医药产业领域采取了一系列政策措施，旨在推动产业的发展和技术创新。河北省人民政府通过积极的政策引导和资源配置，全方位支持生物医药产业的发展。

1. **京津冀协同发展政策**

河北省积极参与京津冀协同发展战略，与北京、天津协同合作，共享资源和研发成果，推动全区域生物医药产业一体化发展。

与北京、天津合作，共享科研设备、实验室资源及大型科研平台，推动区域内科技资源的互通和共享。河北省与京津两地在企业落户、科技研发等方面出台了一系列协同扶持政策，鼓励企业跨区域合作。京津冀三地正携手解决产业协同“堵点”和“卡点”问题，共同编制《推动 6 条重点产业链图谱落地的行动方案》，涉及氢能、生物医药、网络安全和工业互联网、高端仪器设备和工业母机、新能源和智能网联汽车、机器人 6 条重点产业链。河北省在生物医药产业链方面，已经推动了拜耳医药、阿斯利康等外资企业进一步加大在京津冀地区的投资，已有 70 余个优质项目落地，总投资额超 250 亿元。

2. **河北省生物医药创新示范区**

河北省政府设立了若干生物医药创新示范区，通过政策引导和资源配置，推动了生物医药产业的创新发展。

为示范区内企业提供研发资助和技术创新奖励，鼓励企业进行技术突破。打造完整的生物医药产业链，从基础研究、临床试验到市场推广提供全方位支持。致力于打造完整的生物医药产业链，从基础研究、临床试验到市场推广提供全方位支持。

3. **高层次人才引进与培养**

河北省通过“百人计划”等高层次人才引进项目，吸引国内外优秀生物医药人才，为产业发展提供智力支撑。

设立专项资金，提供科研启动资金、住房补贴、生活津贴等，吸引国际顶尖科学家和技术专家。支持本地高校和科研机构设立生物医药人才培养项目，提升本地科研实力，增加人才储备。

4. **石家庄国家级高新技术产业开发区**

石家庄高新区是河北省生物医药产业发展的重要载体，通过一系列政策推动产业聚集和技术创新。

设立专项资金，支持新药研发、临床试验等，促进科研成果转化和产业化。为入驻企业提供税费减免、研发费用加计扣除等优惠政策，降低企业运营成本。

5. **保定市生物医药产业基地**

保定市生物医药产业基地是河北省重点扶持的生物医药聚集区，通过政策支持和园区建设，推动产业快速发展。

保定市出台了《关于支持医药产业高质量发展的若干措施》，涵盖资金支持、技术转移、人才引进等方面。建设生物医药研发和生产的公共服务平台，为企业提供从研发到生产的全方位支持。

6. **唐山市生物医药产业园区**

唐山市生物医药产业园区是河北省新兴的生物医药产业聚集区，通过打造产业园区，提供全方位的政策支持和服务。

提供优质基础设施、孵化器、加速器等设施，支持企业的初创和成长。设立生物医药专项基金，支持企业的研发、生产和市场推广活动。

7. **小结**

综上所述，河北省通过实施一系列京津冀协同发展战略、设立高新区和产业基地、提供财政支持和政策优惠、引进高层次人才，积极推动生物医药产业的发展。随着各地特色政策的不断深入实施，河北省的生物医药产业在创新能力、产业规模和市场竞争力方面得到了显著提升，为未来的发展奠定了坚实基础。在未来，河北省将继续加强政策支持和服务优化，进一步推动生物医药产业的高质量发展。

6.2.6 山东省

山东省作为中国的经济大省之一，有着雄厚的工业基础和丰富的科研资源。近年来，山东省积极推动生物医药产业的发展，通过一系列政策和举措，产业发展取得了显著成效。

1. **山东省生物医药产业创新基地**

山东省在济南、青岛、烟台、潍坊等多地设立了生物医药产业创新基地，集聚科研、孵化和生产资源，支持企业创新发展。

建设具备先进科研设备和技术支持的创新基地，为企业的研发和产业化提供强有力的保障。提供从研发资助、贷款贴息、税费减免到市场推广的全方位政策支持。

2. **高层次人才引进与培养**

山东省高度重视生物医药领域的人才引进与培养，通过多种途径吸引和培育高层次生物医药人才。

人才引进计划：实施“泰山学者”计划、“齐鲁”系列人才工程等，吸引国内外顶尖科学家和优秀技术人才，提供科研启动基金、住房补贴、生活津贴等支持。加强与高校和科研机构的合作，设立生物医药人才培养专项计划，提升本地科研人员的水平。

3. **济南高新技术产业开发区**

济南高新技术产业开发区是山东省生物医药产业的重要载体，凭借良好的基础设施和政策支持，吸引了大量生物医药企业入驻。

提供研发资金和技术支持，设立生物医药专项资金，鼓励创新药物和高端医疗器械的研发。实行高新技术企业所得税优惠、研发费用加计扣除等扶持政策，降低企业税收负担。

4. **济南市长清区生物医药产业基地**

作为“扁鹊故里”的长清区正在加紧布局生物医药与大健康产业，致力于打造一流的生物医药产业基地。

2024 年，济南市长清区谋划确定的“2+2”产业体系，生物医药产业便是其中的一项核心产业。产业扶持政策涵盖资金支持、税费减免、人才引进等方面。建设先进的公共技术服务平台，为企业提供研发、检测和生产服务。促进与省内外高校、科研院所的合作，推动科技创新和成果转化。2023 年，长清区将医药产业作为主导产业予以重点培育，明确了生物医药、医疗器械两大主攻方向，规划了济南市生物医药产业园，为产业集聚储备了近3000 亩的发展空间，争取通过 3~5 年的努力，集聚形成百亿级的医药产业集群，基本建成山东省国际化医药生产基地。

5. 青岛生物医药产业园

青岛作为沿海开放城市，生物医药产业蓬勃发展，青岛生物医药产业园就是其中的代表性区域。

建设生物医药公共技术服务平台，提供药物筛选、质检分析、临床前研究等服务，支持企业创新。实施“蓝色精英”计划，吸引国内外高端生物医药人才，为其提供资金、住房、科研条件等支持。

6. 烟台医药产业园

烟台市医药产业园是山东省内重要的生物医药聚集区，拥有良好的资源优势并得到很好的政策支持，这促使生物医药产业得以快速发展。

园区提供从研发、孵化到生产的全流程服务，包括研发设施、技术支持和市场推广帮助。此外，烟台市设立了生物医药健康产业发展母基金，首期以 10 亿元资金打造了 74 亿元规模的子基金群，为生物医药产业项目落地提供资金支持。同时，烟台市政府还发布了《烟台市促进生物医药产业高质量发展的若干政策》，旨在鼓励创新，补齐短板，促进产业集聚，推动重大项目落地，全面提升核心竞争力。这些政策和资金支持为生物医药企业提供了强有力的帮助，促进了产业的快速发展。

7. 潍坊生物医药创新示范区

潍坊生物医药创新示范区通过政策支持和资源聚集，打造高水平的生物医药创新和产业化平台。

提供企业所得税减免、高新技术企业认定、研发费用加计扣除等优惠政策，促进企业发展。推动与高校和科研院所的合作，建立联合实验室和研发中心，共同攻关关键技术。

8. 小结

综上所述，山东省通过设立生物医药高新区、产业园区和创新基地，提供财政支持和税收优惠、引进和培养高层次人才，全方位促进生物医药产业的发展。各地结合自身优势，积极落实政策措施，推动生物医药领域的技术创新和产业升级，使得山东省在全国范围内成为具有竞争力和影响力的生物医药产业聚集地。未来，山东省将继续深化政策支持和服务优化，为生物医药企业提供更加有利的发展环境和广阔的发展空间。

6.3 政策对创新的激励与保障

为了推动生物医药产业的创新和发展，各地方及中央政府出台了一系列政策，其目的是为企业提供激励和保障，促进技术进步和科研成果转化。这些政策涵盖了资金支持、税收优惠、知识产权保护、人才引进等多方面内容，形成了一套较为完备的政策体系。

1. 资金支持与科研资助

资金支持是鼓励生物医药企业创新的直接手段，通过各级政府的财政投入，为企业的研发活动提供有力保障。

中央财政专项资金：如中国的“重大新药创制”科技重大专项，设立专项资金支持创新药物的研发。

地方政府专项基金：地方政府如山东省设立的生物医药发展专项资金，支持区域内的重点项目和高新技术企业。

创新券政策：部分地方推行创新券制度，中小企业可以凭创新券在科研院所和公共创新平台获得服务，降低研发成本。

多元化资金渠道：引入社会资本与政府合作，共同建立产业基金，支持早期和高风险的创新项目。

2. 税收优惠

税收优惠政策是降低企业运营成本、激励研发投入的重要手段，政府通过一系列措施减轻企业负担。

高新技术企业税收优惠：符合条件的企业享受的所得税优惠税率降低至15%。

研发费用加计扣除：企业在研发过程中实际发生的费用，可以按照一定比例在税前予以加计扣除，降低实际税负。

增值税退税政策：对符合条件的研发设备和实验材料实施增值税退税政策。

优惠政策覆盖拓展：创新药物上市后，企业还可享受税收优惠政策，延续税收优惠期，提高整体研发积极性。

3. **知识产权保护**

知识产权保护是激励创新的重要保障，通过完善的知识产权制度，保护研发成果的合法权益，增强企业创新的动力。

专利保护：加快生物医药领域专利申请审核进程，设立优先审查机制，确保创新成果及时得到保护。

知识产权运用和保护中心：在生物医药集聚地区设立知识产权运用和保护中心，为企业提供专业服务，保护知识产权。

强化侵犯知识产权的处罚措施：加大对侵犯知识产权行为的打击力度，确保研发成果不被侵权。

知识产权综合服务：山东省在济南和青岛建立了生物医药知识产权综合服务中心，为企业提供从申请、维权到运营的全方位服务。

4. **人才引进和培养**

生物医药产业的发展离不开高素质人才，通过政策吸引和培养专家，提供智力支持。

高层次人才引进计划：如“千人计划”“万人计划”等，引进海外高层次人才，通过提供科研启动基金、住房补贴及生活津贴等吸引优秀人才。

地方人才计划：山东的“泰山学者”计划、北京的“海聚工程”等地方计划，结合区域需求，提供针对性的人才引进政策。

本土人才培养：在国内高校和科研机构设立专项人才培养计划，提供研究课题资助，提升本土人才的科研能力及水平。

引进国际人才：2023年，越来越多的地方开通“人才绿卡”制度，简化海外高层次人才在华工作、生活的手续，为引进人才营造良好的环境。

培养项目扩展：依托国内顶尖高校，与国际一流大学和科研机构合作，设立联合培养项目，从博士到博士后的全链条培养机制逐步完善。

5. **科技创新平台的建设**

通过建立各类科技创新平台，为企业提供公共技术服务，降低创新成本，提升整体研发水平。

国家级科技创新平台：包括国家生物医药技术创新中心、国家生物医药产业化基地等，为企业提供大规模实验设备及专业技术支持。

地方科技创新平台：地方设立的各类技术服务平台，如山东省的生物医药公共技术服务平台，提供从药物筛选、质检分析到临床前研究的全流程服务。

企业孵化器和产业园：建立生物医药企业孵化器和加速器，为初创企业提供办公场地、资金支持及市场推广等服务。

6. **小结**

政策对生物医药产业的创新激励和保障在多个方面起到了积极作用。通过资金支持、税收优惠、知识产权保护、人才引进和培养以及科技创新平台的建设，政府为企业提供了强有力的政策支撑，助力整个产业的技术进步和市场竞争力提升。随着政策的不断完善和细化，生物医药产业在技术创新和产业化方面取得了显著成效，未来必将为经济增长和社会发展贡献更多力量。

第 7 章

生物医药产业中企业的新质生产力成本战略

重构

7.1 成本优化的基本原则

7.1.1 成本与质量平衡

在生物医药产业，要实现成本和质量的平衡并不容易，因为该行业本身对产品的安全性和有效性有极高的要求。以下是实现成本与质量平衡的几个关键措施和策略，使得企业在降低成本的同时保持甚至提升产品质量。

7.1.1.1 严格的质量控制体系

1. 质量管理体系建立与维护

GMP：确保所有生产过程都严格按照 GMP 标准进行，从原材料采购到生产工艺，每一步都需经过严格的质量控制。

质量管理标准认证：各国和国际认证如 ISO 9001、ISO 13485 等，能帮助企业建立起科学严密的质量管理体系。

2. 全过程质量监控

原材料质量控制：在原材料采购阶段进行严格的供应商审核，确保所有原材料符合质量标准。建立供应商管理系统，对供应商进行定期审查和评级。

生产过程质量监控：实时监控生产过程中的关键控制点（CCP），使用先进的过程分析技术（PAT）确保生产过程的稳定性和可重复性。

成品质量检测：在成品出厂前进行全面的质量检测和分析，确保产品符合法规和客户的要求。

3. 智能化质量管理

数据驱动的质量管理：利用大数据分析和人工智能技术，实时监控生产和质量数据，提前发现潜在问题。

物联网：通过物联网技术实现设备和生产线的实时监控，确保设备正常运行，避免因设备故障影响产品质量。

4. **质量源于设计**

原点控制：在产品设计阶段就将质量要求融入产品开发过程中，通过对生产过程、工艺参数、原材料特性等进行全面分析和控制来确保产品的高质量。

风险管理：进行全面的风险评估，确定关键质量属性（CQA）和关键工艺参数（CPP），通过控制这些参数实现质量的稳定性。

5. **质量文化建设**

质量文化：培养全员的质量意识，强调质量第一的企业文化，使每位员工都能认识到质量对企业生存和发展的重要性。

质量激励机制：通过绩效考核和奖励机制，激励员工主动发现和解决质量问题，推进质量改进措施。

7.1.1.2 先进的技术应用

连续制造技术：用先进的连续制造技术取代传统的间歇式生产方法，不仅可以提高生产效率，还能显著降低生产成本，同时确保产品的一致性和质量稳定。

自动化与机器人技术：在生产过程中引入自动化设备和机器人，减少人工操作，提高精密度和一致性，降低生产误差和废品率。

7.1.1.3 员工培训与意识提升

全员培训：定期进行全员质量意识和成本控制培训，包括生产操作规范、质量管理标准、设备维护等，提高员工的综合素质和技能水平。

专项培训：针对不同岗位的专业需求，开展专项培训，如研发人员的研发流程优化培训、生产人员的工艺改进培训等。

7.1.1.4 高效的供应链管理

1. **供应商质量管理**

选择优质供应商：对供应商进行严格的审核，选择质量体系完善、供应能力稳定的供应商，确保原材料质量可靠。

战略合作：与关键供应商建立战略合作关系，进行联合研发和质量管理，共同提升产品质量，控制成本。

2. **库存管理优化**

精准库存管理：运用物联网和大数据技术，进行精准的库存管理，避免过多库存导致的资源浪费和过少库存导致的影响生产的情况。

Just-in-time（JIT）：实施准时生产和准时供应，减少库存成本，提高供应链的响应速度和灵活性。

3. **运输与物流优化**

冷链管理：对于需要冷链运输的生物医药产品，采用先进的冷链物流技术，确保运输过程中的产品质量不受影响。

智能物流：通过物流信息系统实现运输过程的全程可视化，优化运输路径和缩减运输时间，降低物流成本。

通过上述措施，生物医药企业可以在确保产品质量的前提下，实现成本的有效控制和优化，从而在激烈的市场竞争中保持优势。

7.1.2 创新驱动

在生物医药产业中，创新不仅是驱动技术进步和治疗方案改进的重要力量，还是减少成本、提高效率和保持市场竞争力的关键因素。创新驱动涵盖了技术、业务模式和数字化转型等多个维度。以下介绍实现创新驱动的内容。

7.1.2.1 技术创新

1. **新药研发创新**

基因和细胞疗法：近年来，基因编辑技术和细胞疗法在生物医药领域获得了重大突破。这类创新技术不仅带来了更多治疗选择，还在一定程度上改善了研发效率和效果，降低了长期的治疗成本。

新靶点和生物标志物发掘：应用多组学技术（如基因组学、蛋白质组学、代谢组学）发现新的药物靶点和生物标志物，能够提高药物的研发成功率和治疗效果，减少研发过程中的浪费。

人工智能：使用人工智能技术辅助药物化合物筛选、临床试验设计与数据分析，能显著提高研发效率并缩短研发时间。

2. **生产技术创新**

连续制造：相较于传统的间歇式生产，连续制造能够提高生产效率、缩短生产周期，同时提升产品的质量和一致性。

生物反应器创新：使用一次性生物反应器和先进的过程分析技术监控系统，优化培养条件和工艺参数，提高生产效率和产品纯度，降低生产成本。

3D 打印技术：应用 3D 打印技术制造药物和诊疗设备，可以实现高度定制化，减少材料浪费。

7.1.2.2 业务模式创新

1. **外包和合作模式**

合同研究机构（CRO）：外包部分或全部的研发流程给专业的合约研究机构，可以减少固定成本，优化资源配置，提高研发效率。

合同制造机构（CMO）：合理利用合同定制生产模式进行生产，可以降低设备投资和维护成本，灵活应对市场需求变化。

2. **生态系统模式**

跨界合作：与高科技公司（如 IT 公司）、学术研究机构、医疗机构等建立战略联盟，进行跨界合作，共享资源和技术，进行联合创新。

开放式创新：通过开放式创新平台吸引外部创新资源和智慧，形成创新型生态系统。例如，设立创新孵化器或加速器等，助推创新项目的实施和发展。

3. **患者中心模式**

个性化医疗：基于基因组学和大数据分析，开发个性化医疗方案和精准治疗药物，提高诊治效果，减少不必要的治疗成本。

远程医疗和数字健康：结合物联网和远程医疗技术，提供远程诊断和治疗服务，提升医疗效率，降低医疗成本。

7.1.2.3 数字化转型

1. 数字研发

虚拟药物筛选：利用计算机模拟和分子建模技术进行虚拟药物筛选，加快药物发现过程，降低实验成本。

数字实验室：应用自动化设备和实验室信息管理系统，提高实验准确性和数据管理效率，降低人工操作出错率。

2. 智能制造

工业4.0：通过采用智能制造技术（如物联网、云计算、人工智能）实现生产过程的自动化和智能化，提升生产效率和灵活性，减少资源和能源消耗。

数字孪生：建立物理生产线的数字孪生，通过模拟和优化生产过程，实现对生产过程的精准控制和预测维护。

3. 大数据与人工智能

大数据分析：利用大数据技术进行市场分析、临床数据分析和供应链优化，提供基于数据的决策支持，提高企业响应市场变化的能力。

人工智能：在药物研发、临床试验、生产优化等环节应用人工智能技术，提高效率和准确性。例如，应用人工智能技术优化临床试验的患者招募和数据分析。

7.1.2.4 市场营销创新

1. 精准营销

客户关系管理（CRM）系统：利用客户关系管理系统收集和分析客户数据，进行精准营销，提升客户满意度和忠诚度，增加市场份额。

社交媒体营销：结合社交媒体平台和大数据分析，开展针对性强的社交媒体营销活动，快速传播品牌信息和药品信息。

2. 新商业模式

按结果付费：引入按治疗效果付费的商业模式，根据药物的实际治疗效果进行定价和收费，提高患者支付意愿和市场接受度。

订阅服务：为特定药物疗程（如长期用药）、健康管理服务等提供订阅服务，增加客户黏性和公司稳定收入。

7.1.2.5 组织管理创新

1. **创新文化建设**

鼓励创新：建立鼓励创新的企业文化和激励机制，激发员工的创造力和积极性，提倡跨学科、跨部门合作。

错误容忍：创建允许试错的创新环境，鼓励员工大胆尝试新思路和新技术，即使失败也能从中吸取教训，推动持续创新。

2. **扁平化管理**

组织结构调整：打破传统的层级管理模式，采用扁平化管理，使信息传递更快速、决策更高效，有利于灵活应对市场变化和技术变革。

跨职能团队：组建跨职能团队，促进研发、生产、市场等部门的紧密协作，快速整合资源推进创新项目。

通过技术创新、业务模式创新、数字化转型、市场营销创新以及组织管理创新，生物医药企业不仅可以在技术上实现突破，更能够在运营和市场上取得显著优势，实现真正意义上的全方位创新驱动。

7.1.3 全员参与

成本优化和创新在生物医药企业中不仅依赖于高级管理层的决策，更需要全体员工的共同参与和努力。只有通过全员参与，企业才能形成一致的成本意识和创新文化，实现可持续发展。以下是全员参与策略和措施。

7.1.3.1 企业文化与价值观建设

1. **建立共同的愿景与目标**

企业愿景：明确企业的愿景和使命，宣示成本控制与质量提升的重要性，使全体员工理解和认同企业的长远发展目标。

价值观传递：通过内部沟通和企业文化建设，传递“质量至上、成本控制、创新驱动”的价值观，形成统一的企业文化氛围。

2. **文化活动与宣传**

内部宣传：利用企业内网、公告板、企业杂志等多种渠道宣传成本控制和质量优化的成功案例和经验，形成全员学习和分享的氛围。

文化活动：定期组织文化活动，如团队建设、质量月、创新大赛等，激发员工参与的热情和积极性。

7.1.3.2 员工培训与发展

1. **系统化培训体系**

全员培训：针对所有员工，提供关于成本控制、质量管理、创新思维的基础培训，使每位员工具备基本的成本和质量意识。

专项培训：针对不同岗位的员工，提供专业的技能培训，如研发人员的创新方法培训、生产人员的精益生产培训、采购人员的供应链管理培训等。

2. **职业发展**

职业规划：为员工提供明确的职业发展规划，激励员工通过不断学习和提升，获得职业发展的机会。

在职教育：鼓励员工参加各种形式的在职教育，如研讨会、在线课程、专业认证等，提升专业素质和技能水平。

7.1.3.3 激励机制与参与平台

1. **绩效考核与激励**

绩效考核：建立科学的绩效考核体系，将成本控制、质量提升、创新成果等纳入员工的绩效考核指标中，通过量化评估，激励员工为企业目标努力。

奖励机制：设立专项奖励计划，如质量改进奖、创新奖、团队协作奖等，对在成本优化、质量提升和创新方面表现优秀的员工进行奖励。

2. **员工参与平台**

提案系统：建立员工提案系统，鼓励员工提出关于成本优化、质量改进、流程创新方面的建议，对于可行性高的提案给予奖励和实施机会。

跨部门团队：组建跨部门的项目团队或工作小组，针对特定的成本控制和质量改进项目进行合作，打破部门壁垒，促进资源整合和经验共享。

7.1.3.4 员工沟通与反馈机制

1. 有效沟通渠道

上下级沟通：建立开放式的沟通渠道，如定期例会、一对一访谈等，确保上下级之间的信息传递畅通，有效传达公司政策和员工反馈意见。

内部论坛：利用企业内部论坛或社交平台，促进员工之间的沟通和交流，分享经验和想法，形成知识共享和合作氛围。

2. 员工满意度调查

问卷调查：定期进行员工满意度调查，收集员工对工作环境、管理方式、激励机制等方面的意见和建议。

反馈机制：针对调查结果进行分析，并及时反馈给员工，制定改进措施，营造积极向上的工作氛围。

7.1.3.5 创新支持与资源配置

1. 资源配置与支持

创新资源：提供创新所需的资源支持，如研发资金、实验设备、技术支持等，确保员工在创新过程中能够得到充分的支持和保障。

时间支持：为员工的创新活动提供时间保障，如对创新项目的专门时间安排，鼓励员工在工作时间外进行创新思考和尝试。

2. 内部孵化机制

创新项目孵化器：设立企业内部的创新孵化器或加速器，为具有创新潜力的项目提供全方位支持，包括资金、技术、市场等方面。

项目评估：建立科学的创新项目评估机制，确保创新项目能够得到客观、公正的评估和资源分配。

7.1.3.6 行业最佳实践与标杆学习

1. 对标分析

行业对标：定期进行行业内外的对标分析，学习和借鉴同行企业在成本控制、质量管理、创新驱动方面的最佳实践，找到差距并制定改进方案。

跨行业对标：不局限于生物医药产业，与其他高科技行业进行对标，借鉴其在研发管理、生产优化、供应链管理等方面的先进经验。

2. **参观学习**

实地考察：组织员工参观行业内外的标杆企业，进行实地考察和学习，了解最新的技术和管理模式，提升员工的眼界和实践能力。

经验交流：举办或参加各类行业论坛和研讨会，进行经验交流和分享，提升企业整体的创新能力和管理水平。

通过以上全员参与的策略和措施，生物医药企业能够充分调动全体员工的积极性和创造力，形成强大的内部驱动力，不仅在成本控制和质量管理方面取得显著成效，还能不断推动企业的创新和发展。

7.1.4 持续改进

持续改进是一种基于不断优化的管理哲学和策略，旨在通过不断识别不足，提出改进措施并加以实施来持续提高企业的运营效率、质量水平和成本效益。持续改进在生物医药产业尤为重要，因为这个行业对产品质量、研发效率和生产成本有极高的要求。以下是持续改进策略和措施。

7.1.4.1 全过程的PDCA循环

1. **PDCA循环**

计划（Plan）：设定明确的改进目标，确定需要改进的具体领域，并制定详细的改进计划和时间表。需要收集和分析相关数据，评估当前流程的效率和效果。

执行（Do）：根据制定的计划，实施改进措施。确保相关部门和人员明确自己的任务和目标，并提供必要的资源和支持。

检查（Check）：监控和评估实施过程中的进展和效果，通过数据分析和绩效考核，评估改进措施是否达到预期目标。

改进（Act）：根据检查结果，进行必要的调整和优化，确保改进措施得到真正落实。同时，总结经验和教训，为下一循环的PDCA提供参考。

一个制药公司可以使用PDCA循环来改进其生产工艺。通过不断分析生产数据，发现瓶颈和浪费点，制定具体的改进措施，如优化设备利用率、减少生产中断等。

7.1.4.2 数据驱动的持续改进

数据收集：利用先进的传感器和物联网技术，实时收集生产、质量和运营相关的数据，形成全面的数据集。

数据分析：采用大数据分析和机器学习技术，深入挖掘数据中的规律和模式，识别出影响质量和效率的关键因素。

预测分析：运用预测分析技术，对未来的趋势和需求进行预测，提前制定应对措施和改进计划。

一个生物制药公司可以利用大数据分析技术监控生产过程中的关键控制点，通过预测分析预估可能出现的生产故障和质量问题，提前采取预防措施，提高生产线的稳定性和生产效率。

7.1.4.3 精益生产与六西格玛

1. 精益生产

消除浪费：全面识别生产过程中存在的浪费，包括时间、材料、人力等，通过采取措施如 5S 管理（整理、整顿、清扫、清洁、素养）来消除浪费。

价值流分析：对生产流程进行价值流分析，找到非增值活动并加以优化，提高整体流程效率。

看板与拉动系统：实施看板系统和拉动生产，依据实际需求进行生产，减少库存积压和生产过剩。

2. 六西格玛

DMAIC 方法论：采用 DMAIC（定义、测量、分析、改进、控制）方法，对生产和运营过程中存在的问题进行系统解决。通过严格的统计分析和过程改进，减少缺陷和变异，提高质量稳定性。

统计过程控制（SPC）：实施统计过程控制技术，对关键质量属性和关键工艺参数进行实时监控和控制，确保生产过程的稳定性和一致性。

7.1.4.4 内部审计

定期内部审计：建立系统的内部审计机制，定期对各部门和关键流程进行审计，识别出存在的问题进行改进。

过程审核：对生产和研发过程进行全面审核，确保各环节严格按照标准流程执行，发现并纠正偏离和不足之处。

跟踪改进：对审计发现的问题进行跟踪，确保改进措施的实施和有效性，形成闭环管理。

内部知识库：建立企业内部的知识管理系统，汇总和分享成功的改进案例和最佳实践，为所有员工提供参考和学习机会。

跨部门交流：组织跨部门的经验分享会和讨论会，促进不同部门之间的交流和借鉴，共同提升整体水平。

行业学习：积极参加行业协会和专业团体的活动，与同行企业进行经验交流和学习，及时了解行业内的最新技术和管理方法。

7.1.4.5 持续的员工参与和激励

1. 改进团队

跨职能团队：组建跨职能的过程改进团队，由不同部门的专业人员组成，针对特定的改进项目进行合作。

改进提案：鼓励员工提出改进提案，设立专项奖金和奖励计划，对优秀的改进建议进行表彰并加以实施。

2. 持续培训与发展

技能提升：提供持续的技能提升培训，提升员工的专业素养和改进能力，如精益生产、六西格玛等专业技能培训。

职业发展：为员工提供明确的职业发展路径和晋升机会，激发员工的工作热情和改进动力。

7.1.4.6 合作与创新驱动

1. 外部合作与联合研发

战略联盟：与高校、科研机构、行业领先企业建立战略联盟，共同研发新技术和新产品，分摊改进的成本和分享收益。

开放创新：通过开放创新平台，吸引外部专家和初创公司参与到企业的改进和创新中，激发相关各方提出更多的创意和解决方案。

2. **内部创新激励**

创新工作坊：定期组织创新工作坊，汇集来自不同部门的创新项目和想法，通过研讨和头脑风暴，寻找改进的突破口。

创新基金：设立企业内部创新基金，为具有潜力的改进和创新项目提供资金支持，加速项目落地和实施。

通过实施以上持续改进的策略，生物医药企业可以不断优化运营流程、提升产品质量、降低生产成本，形成可持续的竞争优势，并在激烈的市场竞争中立于不败之地。

7.1.5 数据驱动

在生物医药产业中，数据驱动已经成为现代企业管理和决策的核心策略。通过收集、分析和运用大数据，企业可以显著提升研发效率、优化生产流程、改进产品质量、降低运营成本，最终在市场中获得竞争优势。

7.1.5.1 数据基础设施建设

1. **数据收集与整合**

多源数据整合：收集来自不同源头的数据，包括实验室数据、生产线数据、临床试验数据、市场反馈数据等。通过数据仓库和数据湖技术将这些数据进行整合，实现全面的数据共享和利用。

物联网：部署物联网传感器，实时收集生产设备、环境条件、物流等各类实时数据，形成数据流。

2. **数据存储与管理**

云存储：利用云计算技术进行大规模数据存储，确保数据存取的高效性和安全性。云存储的弹性扩展能力可以适应不断增长的数据需求。

数据治理：制定完备的数据治理框架，确保数据的准确性、一致性和完整性，并遵循数据隐私和合规要求。

7.1.5.2 数据分析与利用

1. 高级数据分析

大数据分析：应用大数据技术处理和分析海量的结构化和非结构化数据，挖掘隐藏的规律和趋势，支持科学决策。

人工智能：采用人工智能技术，进行复杂的数据建模和预测分析，提高数据分析的深度和广度。

2. 实时数据监控与预测

实时数据监控系统：建立实时数据监控系统，对生产过程、质量控制点、物流等进行实时监控，及时发现并处理异常情况。

预测性维护：应用数据分析技术进行设备状态监测和预测性维护，减少设备故障和停机时间，提高设备利用率。

7.1.5.3 数据驱动的研发优化

1. 虚拟筛选与模拟

计算机模拟筛选：运用高性能计算和分子模拟技术，进行药物的虚拟筛选，从实验室初期筛选阶段就提高效率，降低成本。

数字孪生：在研发阶段使用数字孪生技术，模拟药物分子与细胞反应和在人体内行为，优化实验设计和流程。

2. 个性化医疗研发

精准医学：利用基因组学数据和多组学数据，开发个性化医疗方案和精准药物治疗，提升疗效和降低副作用。

生物标志物识别：应用大数据分析，识别疾病的生物标志物，提高诊断准确性和药物研发成功率。

7.1.5.4 数据驱动的生产优化

1. 智能制造

生产优化：利用数据分析和优化算法，对生产计划、工艺参数进行优化，提高生产效率和产品质量的一致性。

自动化与机器人：使用自动化设备和机器人，通过数据驱动的智能控制系统减少人工操作失误、提高生产精度。

2. **质量控制**

统计过程控制：实施统计过程控制，对关键质量参数进行实时监控和分析，确保生产过程的稳定性。

过程分析技术：采用先进的过程分析技术，对生产过程中的关键变量进行实时分析和控制，提高产品质量的一致性。

7.1.5.5 数据驱动的市场与销售

1. **市场分析**

市场趋势预测：利用大数据分析消费者行为、市场趋势和竞争动向，为市场营销战略制定提供科学依据。

精准营销：基于客户数据进行细分，开展精准营销活动，提高市场营销的效果和投资回报率。

2. **客户关系管理**

客户洞察：通过数据挖掘技术分析客户需求和偏好，提供个性化的客户服务和产品推荐，提升客户满意度和忠诚度。

反馈分析：收集和分析客户反馈，快速响应市场需求，改进产品和服务质量。

7.1.5.6 数据驱动的供应链和物流

1. **供应链优化**

需求预测：利用数据分析技术精准预测市场需求，优化库存管理和生产计划，减少库存成本和缺货风险。

供应链透明化：应用区块链和物联网技术，实现供应链的全程透明化和可追溯性，确保供应链的安全和合规。

2. **智能物流**

路径优化：通过物流数据分析优化运输路径和时间，提高物流效率，降低运输成本。

库存监控：利用物联网技术对库存进行实时监控，及时补充和调整库存，避免库存积压和缺货。

7.1.5.7 数据安全与合规

1. 数据隐私保护

数据加密：实施数据加密技术，确保数据在存储和传输过程中的安全性，防止数据泄露和未经授权的访问。

隐私合规：遵循相关法律法规和行业标准，如 GDPR、HIPAA 等，确保数据处理的合法合规性。

2. 数据安全管理

访问控制：建立严格的访问控制机制，确保只有授权人员可以访问敏感数据。

安全审计：定期进行数据安全审计，检测和修补安全漏洞，确保数据系统的安全和稳定。

通过上述数据驱动策略和措施，生物医药企业能够全面提升运营效率、质量水平和市场竞争力，实现数据驱动的智能化转型。不断借助先进的数据技术和分析手段，企业不仅能够在技术和管理上进行创新，还可以在激烈的市场竞争中保持领先地位。

7.1.6 环保与可持续发展

在现代生物医药产业，环保与可持续发展已成为企业长期竞争力和社会责任的重要组成部分。通过实施环保策略和可持续发展措施，企业不仅能减缓对环境的负面影响，还能降低运营成本、提升品牌形象，吸引更多的投资和客户。以下是环保与可持续发展策略和措施：

7.1.6.1 绿色产品设计与研发

1. 绿色科技研发

生态设计：在产品设计阶段考虑环保因素，使用可回收、可降解的材料，减少环境污染。

绿色化学：推广绿色化学技术，减少或消除有害化学物质的使用，降低化学废物的产生。

2. **减少动物实验**

替代方法：研发和应用免疫模拟器、3D 细胞培养、人类器官芯片等替代方法，减少动物实验，提升实验的伦理标准。

计算毒理学：利用计算毒理学方法，通过计算模型预测化合物的毒性，减少实际必要的动物实验次数。

7.1.6.2 清洁生产与废弃物管理

1. **清洁生产技术**

节水节能：改进生产工艺和设备，采用节水节能技术，减少水电能源消耗。实施节能减排项目，提升能源利用效率。

循环利用：在生产过程中，实现资源的循环利用，如冷凝回收、溶剂回收、废料再利用等，减少废弃物的生成。

2. **废弃物管理**

零废弃目标：制定“零废弃”计划，最大限度减少废弃物的生成，并将废弃物进行资源化处理。

分类管理：对不同类型的废弃物进行分类收集和处理，确保有害废弃物得到安全处理，减少对环境的危害。

7.1.6.3 绿色供应链管理

1. **绿色采购**

环保标准：制定供应商环保标准，优先选择符合环保标准要求的供应商，使用低碳、环保的原材料和包装材料。

供应商评估：定期对供应商的环保表现进行评估，鼓励供应商持续改进环保措施。

2. **供应链优化**

运输优化：优化物流运输路线和方式，减少燃油消耗和温室气体排放。推广使用电动或混合动力运输工具。

库存管理：采用智能库存管理系统，减少库存积压，降低货物因过期或损坏导致的资源浪费。

7.1.6.4 能源与资源管理

1. 可再生能源

绿色能源利用：推广太阳能、风能、生物质能等可再生能源的利用，减少对化石能源的依赖，降低碳足迹。

节能改造：对企业的能源系统进行节能改造，改进照明、空调等设备的能源效率，减少能源消耗。

2. 水资源管理

节水技术：采用先进的节水技术和设备，如循环冷却水系统、中水回用系统，减少水资源的消耗。

废水处理：实施高效的废水处理工艺，确保废水排放达到环保标准，并探索废水资源化利用的途径。

7.1.6.5 环境保护与生态恢复

1. 污染防治

污染源控制：对生产工艺中的污染源进行严格控制，如挥发性有机化合物排放治理、粉尘治理等，减少污染物的排放。

清洁生产审计：开展清洁生产审计，识别和改进生产过程中存在的环保问题，持续提升环保水平。

2. 生态恢复

生态补偿：对因生产活动而产生的对生态环境的负面影响进行补偿，如植树造林、恢复湿地等生态工程，恢复受损的生态系统。

环境监测：建立环境监测系统，对生产区域和周边环境的空气、水质、土壤进行实时监测，确保环境质量。

7.1.6.6 社会责任与员工参与

1. 企业社会责任

环保公益：积极参与和支持环保公益活动，与环保组织合作，开展垃圾清理、环保教育等活动，提升社会环保意识。

绿色社区：推动绿色社区建设，支持社区环保设施的建设和环保活动的开展，履行企业社会责任。

2. **员工环保参与**

环境教育：开展环境保护和可持续发展方面的员工培训，增加员工的环保知识，提升员工的环保意识。

员工参与活动：组织员工参与企业内部的环保项目和活动，如节能减排竞赛、环保义工活动等，提升员工的环保参与度。

7.1.6.7 环保技术创新

1. **绿色技术研发**

碳捕集与封存（CCS）：研发和应用碳捕集与封存技术，将生产过程中产生的二氧化碳进行捕集、压缩并安全封存，减少温室气体排放。

生物降解材料：开发和应用生物降解材料用于包装和生产，减少对环境的塑料污染和资源消耗。

2. **智能环保管理**

智能监控：建立基于物联网和大数据的智能环保监控系统，对生产过程中的各类环境因素进行实时监控和管理。

数据分析与预警：利用大数据分析技术，对环境数据进行深入分析和预警，实现早期预防和及时应对。

通过实施上述环保与可持续发展的策略和措施，生物医药企业可以实现绿色转型，减少对环境的负面影响，提升资源利用效率，实现可持续发展目标。同时，环保和可持续发展的举措还可以增加企业的社会认同感和品牌美誉度，吸引、增加更多的投资和合作机会。

7.2 成本驱动因素：研发投入、生产效率、供应链管理

在生物医药产业，成本驱动因素是影响企业运营效益和市场竞争力的关键环节。通过优化研发投入、提高生产效率和管理供应链，企业可以显著降

低成本，从而提升整体盈利能力。

7.2.1 研发投入

在生物医药产业，研发投入占据企业总成本的相当大一部分。研发过程从早期探索阶段到产品上市，耗时长、风险高、投入大。然而，通过创新研发模式、优化流程和技术应用，可以有效控制和降低研发成本。

7.2.1.1 高成本特征

1. **高额投入**

长周期：一个新药从实验室研究到临床试验，再到最终批准上市，通常需要10~15年的时间。

大规模投资：这种漫长的过程需要巨额的资金投入，通常估计在8亿到10亿美元之间。

2. **高风险性**

低成功率：在新药研发的不同阶段，项目的失败率均较高。实际上，仅有不到10%的候选药物能最终上市。

技术挑战：许多疾病的病理机制复杂且尚未完全研究透彻，这给药物研发增添了技术难度。

7.2.1.2 成本控制策略

1. **创新研发模式**

（1）开放式创新：由于研发成本高且单一企业难以独自承担全部风险，开放式创新模式应运而生。

企业可以与全球领先的学术机构、科研机构和企业进行合作，共享数据、技术和资源。通过联合实验室和跨国合作项目，共享研发成果，分摊研发成本和风险。

（2）合作研发：建立战略联盟，共同开发新药。

联合研发：与其他企业合作开展联合研发项目，分摊研发成本和风险。例如，合办一个特定疾病的药物开发项目。

外包研发：将部分研发工作外包给专业的合同研究组织，不仅可以集中资源进行关键项目的研发，还能利用外部专业力量提升研发效率。

2. **虚拟和模拟技术**

（1）计算机模拟：计算机模拟和分子建模技术可在药物筛选和优化阶段减少实际试验次数，从而节约时间和成本。

虚拟筛选：利用计算机模型对成千上万的化合物进行虚拟筛选，初步确定潜在的候选药物。

模拟药物反应：模拟药物与目标蛋白相互作用，可优化分子结构，提升药物效果和安全性。

（2）数字临床试验：利用数字临床技术，通过远程监控和虚拟技术进行临床试验。

远程患者监控：通过可穿戴设备和移动应用程序，实时监测患者健康数据，减少了传统临床试验中的大量人工干预和数据收集成本。

虚拟患者模拟试验：在临床试验的设计阶段，使用虚拟患者人群进行模拟试验，提前预测试验结果，优化试验方案。

3. **流程优化**

（1）精益研发：采用精益管理理念优化研发流程，减少浪费和冗余，提高研发效率。

价值流分析：分析各研发流程中的非增值活动，尽量减少不必要的步骤和重复实验。

快速迭代：通过快速原型和试验，早期确定潜力较高的候选药物，减少研发时间和资源浪费。

（2）项目管理：引入先进的项目管理工具和方法，如敏捷研发等，提升研发进度和资源配置效率。

敏捷研发：应用敏捷研发方法，将大规模的研发项目分解为多个小型可管理项目，按阶段推进。

项目跟踪与监督：使用实时项目管理平台，随时跟踪项目进展，及时调整资源分配和目标。

4. **大数据与人工智能**

（1）精准医疗：基于大数据和人工智能，开展精准医疗研究，提高研发成功率。

大数据分析：通过分析大量临床试验数据、病人数据和基因组数据，识别潜在的药物靶点和生物标志物。

机器学习：利用机器学习算法预测药物效果和毒副作用，优化药物组合和剂量设计。

（2）预测分析：利用预测分析工具改进研发决策。

预测项目成功率：应用数据模型预测不同药物项目的成功率，优化资源配置。

市场需求预测：分析市场数据和趋势，预估新药的市场表现和潜在收益，调整研发策略。

通过上述策略，生物医药企业可以有效控制研发投入、降低成本，提高研发效率和成功率，实现更高的经济效益。结合现代科技与创新管理，企业能够在激烈的市场竞争中保持优势，并持续推动医学和健康领域的进步。

7.2.2 生产效率

在生物医药产业，提高生产效率是降低成本和提升竞争力的关键途径。通过智能制造技术、自动化系统、精益生产、资源利用和优化工艺参数等策略，企业可以显著提升生产效率，降低生产成本，确保产品质量。

7.2.2.1 生产的高成本特征

1. 高技术要求

先进设备：生物制药生产过程需要高技术含量的设备和复杂的工艺，这些设备投资巨大。

严格规范：药品生产的每个环节必须严格遵守 GMP，这增加了质量控制和合规管理的成本。

2. 生产效率低下的因素

手工操作：传统手工操作工艺效率低，且容易产生人为错误。

工艺复杂：生产工艺复杂且多变，容易产生过程波动，对生产效率产生影响。

7.2.2.2 成本控制策略

1. **自动化技术**

（1）智能制造：推广使用自动化生产线和智能设备，通过机器人、传感器和人工智能技术，实现生产过程的自动化和智能控制。

机器人技术：在生产线上部署工业机器人，进行精确的操作和搬运，提高生产线的自动化水平和效率。例如，在灌装和包装环节使用机器人，大幅提高速度和精度。

智能传感器：应用智能传感器实时监测生产过程中的关键参数，如温度、压力、湿度等，确保生产过程的稳定性和一致性。

物联网：利用物联网技术实现设备联网和数据共享，形成智能生产网络，优化资源配置。

（2）先进过程控制系统：引入先进过程控制系统（APC），实现对关键生产参数的实时监控和优化。

实时监控：通过系统实时监视生产设备和工艺参数，及时发现和纠正偏差，确保生产过程稳定进行。

自动调整：系统根据实时数据自动调整工艺参数，优化生产过程，减少人为干预和错误。

2. **生产工艺优化**

（1）精益生产：应用精益生产工具和方法，持续改进生产流程，提升生产效率。

价值流图（VSM）：通过绘制价值流图，识别和消除非增值活动，优化生产流程，提高效率。

5S 管理：实施 5S 管理（整理、整顿、清扫、清洁、素养），营造整洁的生产环境，减少浪费和操作失误。

看板系统：通过看板管理，优化生产计划和物料流动，减少库存和在制品，提高生产效率。

（2）优化工艺参数：通过实验设计（DOE）和统计过程控制（SPC）等方法，优化生产工艺参数，提高产品质量和生产效率。

实验设计：进行实验设计，系统地优化和控制关键工艺参数，减少生产过程中的波动和不确定性。

统计过程控制：实施统计过程控制，实时监控关键质量参数，及时发现和纠正偏差，确保过程稳定和产品质量一致性。

3. **资源利用**

（1）节能减排：推广节能减排技术和设备，减少能源和资源消耗，降低环保成本。

节能设备：采用高效节能设备，如冷却系统、压缩空气系统、变频器等，降低能耗。

绿色能源：推广使用可再生能源，如太阳能、风能、生物质能等，减少对化石能源的依赖，降低碳排放。

（2）废物管理：实施废物资源化管理，回收和再利用生产过程中的副产品和废弃物，降低废物处理成本。

资源化利用：通过技术改进，将生产过程中的废弃物进行资源化处理，如废液回收、废气净化等，减少废物排放。

循环经济：推广循环经济理念，构建生产废弃物回收利用体系，实现废弃物循环利用，减少环境负担和成本。

4. **数字化转型**

（1）数据驱动决策：利用大数据和数据分析技术，优化生产决策和流程，提高生产效率。

实时数据分析：通过实时监控和数据分析，识别生产过程中的瓶颈和问题，及时调整和优化生产计划。

预测性维护：利用数据分析和机器学习技术，对设备进行预测性维护，减少设备故障和停机时间，提高设备利用率。

（2）数字孪生：建立生产设备和工艺流程的数字孪生模型，实现虚拟仿真和优化决策。

虚拟仿真：通过数字孪生技术，模拟生产过程中的各个环节和参数，进行虚拟仿真和优化，提高生产效率和质量。

优化决策：基于数字孪生的仿真结果，优化生产决策和资源配置，提高生产效率和响应速度。

通过采取上述策略，生物医药企业可以有效提高生产效率，降低生产成本，确保产品质量和合规性。这不仅有助于提升企业的市场竞争力，还可以实现可持续发展目标，创造更大的经济效益和社会价值。

7.2.3 供应链管理

在生物医药产业，供应链管理是影响企业成本、效率和市场竞争力的重要因素。一个高效、灵活和可持续的供应链可以显著降低成本，提高产品供应的可靠性和响应速度。以下介绍了供应链管理的新策略和实践。

7.2.3.1 供应链的高成本特征

1. 全球化供应链

跨国采购和运输：生物医药产业往往需要依赖全球各地的原材料和中间产品，这导致跨国运输费用和时间成本较高。

复杂的监管环境：不同国家和地区的监管要求不同，增加了合规和认证的成本。

2. 复杂性和不确定性

多级供应链：生物医药供应链涉及研发、生产、分销多个环节，每个环节都可能影响整体效率和成本。

不确定因素：自然灾害、政治变动、市场波动等不确定因素都可能对供应链产生重大影响。

7.2.3.2 成本控制策略

1. 供应链优化

（1）需求预测。

大数据和人工智能技术：利用大数据和人工智能技术进行市场需求预测，提高供应计划的准确性，减少库存成本和缺货风险。

历史数据分析：分析销售数据、市场趋势和季节性需求，精准预测未来需求。

机器学习模型：通过机器学习模型实时更新和优化需求预测结果，提高预测的准确性和及时性。

（2）供应商管理。

供应商评估：建立供应商评估和管理体系，选择可靠的供应商，优化采购流程，降低采购成本。

多源采购：与多家供应商建立合作关系，减少对单一供应商的依赖，降低供应中断风险。

长期合作：通过签订长期合作协议，确保供应稳定，获得更优惠的价格和更有利的条款。

（3）供应链可视化。

实时追踪：利用物联网技术，对供应链各环节进行实时追踪，提高透明度和响应速度。

全程监控：使用 IoT 设备追踪货物位置、环境条件和运输状态，确保供应链的透明和高效。

数据共享：建立供应链数据共享平台，各方实时共享供应链信息，提升协同合作效率。

2. **物流管理**

（1）运输优化。

智能物流系统：应用智能物流系统，优化运输路线和方式，减少运输时间和成本，提高物流效率。

线路优化：利用算法优化运输路线，降低运输成本，减少运输时间。

运输模式：结合智能物流系统，选择最适合的运输模式，如公路运输、航空运输、水路运输等，优化运输成本和效率。

（2）仓储管理。

自动化仓储：使用自动化仓储系统，优化库存管理和仓库运营，提高存货利用率和周转率。

自动化设备：部署自动化分拣系统、货架机器人等，提高仓储操作效率。

智能库存管理：通过 RFID 标签和传感器，实时监控库存情况，减少库存积压和缺货风险。

3. **风险管理**

（1）供应链可视化。

实时监控：建立供应链可视化系统，实现全程监控和实时管理，及时识别和应对供应链风险。

可视化平台：利用大数据和人工智能技术，建立供应链可视化平台，实时监控各环节运行状态，预测潜在问题。

风险预警：通过实时数据分析和风险建模，提前识别和预警供应链中断风险，确保及时采取应对措施。

（2）应急预案。

多层应急机制：制定详细的供应链应急预案，确保在突发事件中能够快速反应，保证供应链的连续性和稳定性。

冗余策略：建立关键物料和产品的安全库存，确保应对突发需求。

模拟演练：定期进行供应链应急演练，检验和完善应急预案，提高应急响应能力。

4. **环境与可持续发展**

（1）绿色供应链。

环保标准：制定环保标准，选择符合环保要求的供应商和物流服务提供商，推动绿色供应链建设。

绿色采购：优先采购环保材料和产品，减少对环境的影响。

低碳运输：采用节能环保的运输工具，减少碳排放。

（2）循环经济。

资源再利用：推行循环经济理念，回收利用生产和物流过程中产生的废弃物和副产品，降低资源消耗和环境负担。

包装回收：设计环保可回收包装材料，减少废弃物产生。

废弃物管理：建立废弃物回收利用体系，实现废弃物资源化再利用。

通过采取上述策略，生物医药企业可以有效优化供应链管理，降低成本，提高效率和响应能力。这不仅有助于提升企业的市场竞争力，还可以实现可持续发展目标，创造更大的经济效益和社会价值。

7.3 价值链重组与利润最大化策略

在生物医药产业，价值链重组与利润最大化策略是提升企业竞争力、优化内部资源配置以及实现可持续发展的关键举措。通过重新评估价值链中的各个环节，企业可以发现并排除低效或非增值环节，从而优化业务流程，提升利润率。

7.3.1 价值链重组的必要性

在生物医药产业，对价值链进行重组是企业保持竞争力和实现可持续发展的关键。价值链重组可以帮助企业在快速变化的科技、市场和监管环境下应对多变的挑战。以下探讨价值链重组的驱动因素及作用。

7.3.1.1 驱动因素

1. **市场需求变化**

复杂的市场动态是价值链重组的重要驱动因素之一。新疾病的不断涌现和传统疾病谱的变化要求企业在产品开发和供应链管理上更加灵活和高效。同时，基因组学和精准医疗的快速发展促使个性化医疗需求增加，这需要产品在生产和配送环节具备更高的定制化能力。此外，现代客户期望快速响应和按需供应的趋势要求企业在整个价值链上具备敏捷性。

2. **技术进步**

技术进步驱动了价值链重组。数字化转型和新技术的应用，如大数据分析、人工智能和区块链技术，使企业能够更好地理解市场需求、优化研发流程和提升生产效率。自动化技术和智能制造系统的引入显著提高了生产线效率和产品质量，而虚拟试验和仿真技术则加速了药物开发过程并降低了研发时间和成本。

3. **竞争压力**

在竞争压力不断增大的背景下，传统药品专利到期和新兴生物科技公司的崛起迫使现有企业不断改进其价值链以保持竞争力。此外，高昂的研发成本和日益严格的价格控制政策也促使企业必须持续优化其成本结构。

4. 全球化和合规要求

全球化和合规要求也是价值链重组的重要驱动因素。全球化经营带来了复杂的供应链管理挑战，包括物流、关税和监管合规等问题。不同国家和地区的市场和监管要求不同，这需要企业在价值链上具备灵活调整能力。随着各国药品监管政策日趋严格，企业需要确保其在研发、生产和分销各环节的合规性，以满足高质量和安全标准的要求，从而提升产品的一致性和可靠性。

7.3.1.2 价值链重组的作用

1. 提高运营效率

价值链重组能帮助企业优化生产流程、消除低效环节及更好地配置资源，可以大幅提高企业的生产效率。同时，利用端到端可视化和数据驱动决策，提升供应链管理的透明度和协同性，为企业带来更高的运营效率和敏捷性。

2. 降低运营成本

通过全面的成本分析和优化手段，企业可以实现规模效应，降低单位产品的成本。通过优化供应商网络和智能物流系统，企业可以实现多源供应和运输效率提升，从而减少采购成本和物流成本。

3. 增强市场竞争力

灵活响应市场需求是企业增强市场竞争力的关键。通过定制化生产和按需供应，企业可以满足不同市场和客户的特定需求，提高客户获得感和忠诚度。此外，通过敏捷的研发和生产体系，企业可加快产品迭代和新产品引入速度，从而提升市场占有率。基于数据分析和市场细分的精准营销策略，以及个性化的客户服务和支持体系，都能显著提升客户体验和品牌形象。

4. 支撑可持续发展

价值链重组还能支撑企业的可持续发展。通过采用绿色制造技术和工艺，企业可以减少资源消耗和环境污染，实现环境友好型经营和可持续发展。此外，推动废弃物资源化和循环利用，建立循环经济模式，进一步降低生产对环境的负面影响。严格遵守各国法律法规并履行社会责任，提升企业社会形象和社会信任度，通过支持社区公共卫生和教育项目，增强企业与社会的连接。

7.3.2 价值链重组策略

价值链重组策略是企业提高竞争力和实现可持续发展的重要手段，尤其是在生物医药产业中，优化和重构价值链能带来显著的运营效率提升、成本降低以及市场反应能力的增强。以下是价值链重组策略，可以帮助企业应对现代生物医药产业的复杂需求和不断变化的环境。

1. 重新评估价值链

（1）全面诊断和创新引入。

进行全面的价值链诊断是重组的首要步骤。企业应对研发、生产、供应链和市场营销等环节进行审查，识别低效或非增值环节。通过应用关键绩效指标（KPI），企业可以基于数据对各环节的效率和贡献进行评估，从而做出数据驱动的改进决策。创新和新技术的引入，如自动化生产线、人工智能和大数据分析等，可以显著优化各环节，提高精准性和效率。

（2）自动化与人工智能。

引入自动化技术和人工智能系统，可提升生产环节的效率和准确性。自动化生产不仅能提高产量，还能确保产品的一致性和质量。人工智能系统可以辅助研发，提高新药开发的成功率，同时优化生产计划和供应链管理。

（3）数字化转型。

通过大数据对市场进行洞察和预测分析，可改进企业产品开发与市场策略。建立数据驱动的管理体系，通过实时数据分析优化各业务环节，提升企业决策的准确性和效率。

2. 精益管理

（1）精益生产与供应链优化。

采用精益制造原则，通过消除浪费、持续改进等方法，优化生产流程，提高效率，降低成本。六西格玛方法也能减少生产过程中的变异，提升产品质量和一致性。优化供应链，通过严格的供应商评估和整合，确保供应链的稳定性和灵活性。同时，采用智能物流工具，提高物流管理的效率，降低运输和库存成本。

（2）图表和看板管理。

利用可视化工具，如图表和看板管理，实时监控生产和供应链各环节的状态，快速发现并解决问题。可视化管理工具还能帮助企业保持对目标和指标的持续关注，确保对其进行持续改进。

（3）流程审计和优化。

定期进行流程审计，识别并消除低效环节。通过持续优化，企业可以不断提升生产和管理的效率。

3. **战略联盟与外包**

（1）合作研发与生产外包。

通过与学术机构、科研组织和其他企业合作进行联合研发项目，共享资源和技术，降低研发风险和成本。可以将部分研发任务外包给专业机构，集中自身资源于核心研发领域，增强创新能力。生产外包也能提升灵活性和效率，通过合同生产模式灵活应对市场需求波动和生产能力不足的问题。还可以进行全球化生产布局，利用全球资源和成本优势，将部分生产基地设立在成本较低、技术力量较强的地区，提高整体运营效率和效益。

（2）创新生态系统。

培养和参与跨行业的创新生态系统，与多领域的合作伙伴共同发展和创新。通过跨行业合作，企业可以获取新的视角和技术，推动自身的技术进步和产品创新。

（3）知识共享与协同创新。

建立知识共享平台，与合作伙伴共同解决研发和生产中的难题，提升整体创新效率和效果。

4. **市场策略调整**

（1）精准营销和产品组合优化。

通过大数据和市场分析，精确划分患者群体，制定差异化营销策略，以提高市场推广的精准性和效果。数字化营销工具（如社交媒体、电子商务平台等）的应用，可以更高效地触达目标客户。通过优化产品生命周期管理，提高现有产品线的市场竞争力和盈利能力。同时，根据市场需求和技术发展趋势，及时引入新产品或调整产品组合，满足市场多样化需求。

（2）个性化客户体验。

提供个性化客户服务，提高客户满意度和忠诚度。通过客户反馈和数据分析，持续优化客户体验，提升市场竞争优势。

（3）品牌建设与管理。

加强品牌建设，提升企业形象和市场认知度。通过有效的品牌管理策略，建立和维护企业的竞争优势。

5. **降本增效策略**

（1）成本控制与绩效管理。

定期进行成本审计，通过全面的成本分析，识别不必要的开支和浪费，制定节约措施。通过扩大生产规模，实现规模经济效益，降低单位产品成本。建立科学的绩效管理体系，通过考核激励机制提高员工效率和生产能力，确保激励措施能够鼓励持续改进和创新。

（2）智能优化工具。

采用智能优化工具和软件（如 ERP、MES 系统），实现资源的最优配置和管理。智能优化工具可以帮助企业实时监控和调整生产和运营策略，以应对需求变化和市场波动。

（3）灵活制造与敏捷供应链。

建立灵活的制造系统和敏捷供应链模式，以快速响应市场变化和客户需求。通过灵活制造系统和敏捷供应链，企业可以减少库存和物流成本，同时提升市场响应速度和效率。

6. **增值服务与国际化扩展**

（1）增值服务与客户关系。

提供患者教育和支持服务，提高患者依从性和治疗效果，增强其品牌忠诚度。通过打造高效的售后服务体系，提升客户满意度和口碑效应，建立长期稳定的客户关系。

（2）智能互动平台。

建立患者互动平台，提供咨询、交流和反馈渠道，提升患者体验和参与度。通过智能互动平台，企业可以更好地了解患者需求，优化产品和服务。

（3）全球市场拓展。

制定多样化的市场进入策略（如合资、并购），快速进入新兴市场。根据当地市场环境和文化特点，进行本地化运营，提高市场接受度和品牌影响力。通过制定全球合规管理策略，确保产品和服务符合各地法律法规要求，争取获取各地区的认证和标准认可，提升产品在国际市场的竞争力。

（4）多元化产品线。

针对不同市场需求，开发和推广多元化的产品线，以满足全球各地不同的需求。通过多元化产品线，企业可以扩大市场覆盖面，提升整体竞争力。

7.3.3 利润最大化策略

在生物医药产业，实现利润最大化不仅需要优化价值链和提高运营效率，更需要全面的战略和管理方法。以下将介绍最新的利润最大化策略，它有助于企业在多变的市场环境中稳步增长。

1. 创新驱动与产品差异化

（1）创新与研发投资。

增加研发投资，推动技术创新，开发新药品和治疗方法。通过与高校及科研机构合作，共享前沿科技，提升创新能力。利用知识产权保护，确保创新成果的市场独占期，提高产品附加值。

（2）产品差异化策略。

通过精确的市场研究，了解患者需求和市场趋势，开发具有独特优势和差异化的新药及疗法。采用差异化定价策略，根据产品的独特价值制定合理的价格，提高利润率。通过品牌战略和独特市场定位，塑造产品的高端形象，吸引特定市场的高价值客户群体。

（3）协同开发与专利收购。

与其他企业或科研机构进行协同开发，分摊研发成本，提升新产品上市速度和市场适应性。采取专利收购策略，通过收购其他公司的专利权，快速丰富产品线，提高技术储备和市场竞争力。

（4）早期市场介入。

通过早期市场介入策略，在产品开发的初期，积极与监管机构和关键意见领袖进行沟通和协作，确保产品迅速获得市场认可和推广。

2. 战略营销与市场扩展

（1）精准进行市场定位与细分。

通过大数据分析和市场调研，精确定位目标市场和客户群体。针对此细分市场，制定有针对性的营销策略，提高市场渗透率和销售转化率。

（2）多渠道推广。

采用多渠道营销策略，包括线上/线下活动、数字营销、社交媒体以及专业展会等，提高品牌曝光度和市场覆盖面。通过数字化平台和社交媒体，开展互动营销，增强客户参与感和忠诚度。

（3）拓展国际市场。

制定全球市场拓展策略，进入新兴市场和发达市场。采用本地化营销和运营方式，适应不同市场的文化和需求，提高市场接受度和销售额。

（4）品牌建设与声誉管理。

通过持续的品牌建设和声誉管理，提升企业和产品的市场知名度和美誉度。积极参与行业活动和公益事业，提升品牌形象和市场口碑。

（5）数字化营销工具。

利用数字化营销工具（如 CRM 系统、社交监听和绩效分析）管理和优化市场营销活动，提高资源使用效率和营销效果。通过精准投放广告和开展营销活动，提高目标客户的触达率和转化率。

3. 动态定价与服务收入

（1）动态定价策略。

根据市场需求、竞争状况和产品生命周期，采用动态定价策略，调整产品价格以使收入最大化。利用大数据分析和预测模型，实时调整定价策略，灵活应对市场变化。

（2）增值服务与客户体验。

提供增值服务（如患者教育、健康管理和咨询服务），提升客户体验和忠诚度。通过打包服务和产品，增加客户的购买频次和购买总金额。

（3）会员制与订阅服务。

实施会员制和订阅服务，为客户提供专属优惠和服务，增加客户黏性和持续收入来源。通过会员积分和奖励计划，鼓励客户推荐和长期使用企业的产品和服务。

（4）定制化健康方案。

根据客户的个性化需求，提供定制化的医疗和健康管理方案，以提高客户满意度和终身价值。

（5）预付计划与长期合同。

通过预付计划和长期合同锁定客户，提高现金流稳定性和客户忠诚度。结合健康保险和福利计划，争取机构客户和大宗订单。

4. 资源优化与成本控制

（1）供应链优化。

通过优化供应链管理，减少库存成本和供应风险，提高运营效率。采用全球采购策略，选择最优供应商降低采购成本。建立灵活的供应链体系，快速响应市场需求变化。

（2）自动化与智能生产。

引入自动化生产设备和智能制造系统，提高生产效率，降低人力成本和生产过程中的浪费。利用先进的工厂管理系统（如 MES）优化生产流程和资源配置。

（3）财务管理优化。

通过精细化财务管理，提高资金使用效率和财务透明度。实施成本控制策略，定期进行成本分析和优化，减少不必要的开支和浪费。

（4）减少浪费与提升效率。

采用精益生产和六西格玛管理方法，持续改进生产和运营过程，减少浪费，提高效率。定期进行绩效评估和流程优化，保持企业整体执行力和竞争力。

（5）合同谈判与风险管理。

在合同谈判中争取更优的条款和条件，降低供应链和合作风险。建立健全的风险管理体系，提前识别和应对市场和运营中的潜在风险。

5. **人才管理与组织优化**

（1）高效的人才管理。

培养和吸引高端研发和管理人才，建立专业化团队，提高企业整体竞争力。通过培训和职业发展计划，提升员工技能和工作效率。

（2）绩效激励机制。

建立科学合理的绩效考核和激励机制，鼓励员工创新和高效工作。通过绩效奖金和股权激励，增强员工的归属感和工作动力。

（3）组织结构优化。

优化组织结构，提高决策效率和执行力。减少管理层级，推行扁平化管理，提升信息传递速度和决策响应速度。

6. **合规管理与质量控制**

（1）严格的合规管理。

遵循各国法规和行业标准，确保产品和服务符合法规要求，降低合规风险。设立合规管理部门，定期进行内部审查和外部审计，保持合规性的持久性和有效性。

（2）质量管理体系。

建立全面的质量管理体系，确保产品的高质量和一致性。通过持续改进和利用质量控制工具（如 ISO、GMP），来提高产品质量和生产过程的可靠性。

（3）风险管理与危机应对。

建立健全的风险管理和危机应对机制，提前预防和快速应对突发事件，降低企业运营风险。通过定期模拟演练和培训，提升员工和组织的危机处置能力。

（4）客户反馈与改进。

通过客户反馈和市场分析，持续改进产品和服务质量，提升客户满意度和市场竞争力。

以上策略为生物医药企业提供了一套全面的利润最大化框架，不仅能提升企业的运营效率和市场竞争力，还能确保其在合规和质量管理方面的持续改进，从而在激烈的市场竞争中实现长期稳健增长。

7.4 成本战略成功案例分析

在生物医药产业，成功的成本战略不仅能帮助企业有效地降低成本，还能提升其市场竞争力和可持续发展能力。以下是辉瑞制药公司与中国知名企业恒瑞医药在成本战略方面的成功案例，本节重点探讨它们在技术创新投资与人才培养方面的经验，以及应对新质生产力挑战的策略与措施。

辉瑞制药公司

辉瑞是全球领先的制药公司之一，通过一系列的成本战略实现了显著的成本节约和竞争力提升。以下是具体的成功实践和案例分析：

1. 技术创新投资与人才培养

辉瑞在技术创新方面投入巨大，特别是在研发领域。这类投入帮助辉瑞不断推进新药开发，从而确保其在市场上的领先地位。

辉瑞在全球范围内建立了多个研发中心，例如位于康涅狄格州的 Groton 研发中心和位于上海的中国研发中心。这些研发中心专注于创新药物的研发，通过共享全球研发资源和技术平台，提高新药研发的效率和成功率。例如，上海研发中心主要聚焦于抗生素、抗病毒药物及传统中药的现代化研究，体现了辉瑞对新兴市场需求的重视。

为了吸引和保有顶尖的研发人才，辉瑞实施了一系列的人才培养和激励措施，包括提供有竞争力的薪酬和福利、职业发展机会，以及参与国际性重大科研项目的可能性。辉瑞还与全球知名学术机构和研究组织合作，建立联合实验室和研究项目，为人才培养和技术合作搭建平台。

通过设立内部创新奖项和项目支持，辉瑞鼓励员工提出创新想法和建议，并提供资源支持这些创新项目的实施。这种创新文化的营造，激发了员工的创造力和积极性，形成了推动企业持续创新的内生动力。

2. 应对新质生产力挑战的策略与措施

辉瑞通过引入工业 4.0 技术，推进生产智能化和自动化。例如，在其位于弗吉尼亚州 Chesterfield 的生产基地，辉瑞采用物联网和大数据分析技术，实现了制造过程的全面数字化和智能化管理，提升了生产效率和产品质量。这些智能生产设备和系统，使辉瑞在疫情期间能够快速响应市场需求，扩大生产规模，确保疫苗的供应。

辉瑞的供应链优化策略包括构建敏捷供应链体系、采用全球多源采购策略，以及通过先进的供应链管理工具（如 SAP 系统）实现端到端的供应链可视化管理。这种敏捷和透明的供应链使辉瑞能够快速应对市场变化，降低采购成本和物流费用，提升供应链效率和可靠性。例如，辉瑞在全球范围内建立了多个生产基地和分销中心，以确保供应链的稳定性和高效性。

辉瑞在生产运营中贯彻可持续发展理念，通过提高能源利用效率、减少碳排放和废弃物循环利用，降低环境成本，提升企业的社会形象。例如，辉瑞位于爱尔兰 Ringaskiddy 的生产基地，采用了风力发电和废水处理技术，每年节省了数百万美元的能源成本，并大幅减少了 CO_2 排放量。

辉瑞通过战略合作和外包策略，优化成本结构。例如，在 2015 年，辉瑞与印度的 Aurobindo Pharma 进行合作，让该公司承担辉瑞部分仿制药的生产任务，利用 Aurobindo Pharma 在生产成本和技术上的优势，实现了显著的成本节约。这些合作不仅节省了大量的研发和生产成本，还提高了运营的灵活性和专注度，使辉瑞更专注于核心业务和创新。

辉瑞积极推动企业的数字化转型，通过大数据、人工智能和云计算技术，优化研发和营销流程。在新冠疫情期间，辉瑞进一步拓展了远程医疗平台的应用，通过数字化手段提供个性化的健康管理服务，提升客户黏性和满意度。

辉瑞还通过与全球主要健康保险公司和支付方建立合作关系，推出基于实际效果付费的创新支付模式。这种结果导向的支付模式，不仅提高了企业的市场竞争力，还在一定程度上控制了成本，提高了药物的可及性。

恒瑞医药

恒瑞医药是中国领先的创新型制药企业，通过一系列的成本战略，极大地提升了竞争力，实现了卓越的成本效益。以下是恒瑞医药在技术创新、人才培养及应对新质生产力挑战方面的具体案例：

1. 技术创新投资与人才培养

恒瑞医药高度重视技术创新。2020年，恒瑞医药的研发投入达到49.89亿元人民币，占总营收的18%。这一高比例的研发投入，使得恒瑞医药具备了强大的创新能力，连续多年推出多个创新药品。

恒瑞医药在2024年的研发投入仍然位居中国药企前列。具体而言，2024年上半年，恒瑞医药的创新药收入达到了66.12亿元人民币，同比增长33%，占经营性收入的一半左右。在2023年，恒瑞医药自主研发的PD-1抑制剂卡瑞利珠单抗（艾瑞卡©）联合阿帕替尼（艾坦©）（“双艾”组合），获批用于晚期肝细胞癌一线治疗，这是中国首个获批的用于治疗晚期肝细胞癌的PD-1抑制剂与小分子抗血管生成药物组合。卡瑞利珠单抗是恒瑞医药自主研发的人源化PD-1单克隆抗体，于2019年5月获批上市。到了2023年，卡瑞利珠单抗已在中国获批第9个适应症。

恒瑞医药在中国多地布局研发中心，包括连云港、上海和成都等地，专注于肿瘤、麻醉、心血管药物及造影剂的研发。这些中心通过协同创新与知识共享，极大地提升了研发效率和创新成果的转化能力。

为了吸引和保有优秀的研发和技术人才，恒瑞医药实施了一系列的人才激励和培养措施，包括设立科研基金、提供学术交流机会、推动国际合作和提供职业晋升通道等。恒瑞医药还与国内外知名高校和科研机构合作，开展联合研究和人才培养计划。

恒瑞医药通过设立创新孵化项目和内部创业平台，鼓励员工提出创新想法并给予资金、技术和资源支持。这种措施大大激发了员工的创造力和积极性，推动了企业内部的持续创新。

2. 应对新质生产力挑战的策略与措施

恒瑞医药在自动化和智能制造方面的投入显著提升了生产效率和产品质量。例如，在江苏连云港的生产基地，恒瑞医药引入了全自动化生产线和智能仓储系统，通过物联网和大数据技术实现对生产过程的实时监控和优化，生产效率显著提高。

恒瑞医药采用先进的供应链管理系统，实现了供应链的端到端数字化管控。通过数据分析和预测，恒瑞医药能够及时调整产能和物流安排，降低了库存成本和物流费用，显著提升了供应链的响应速度和灵活性。

恒瑞医药在绿色生产和环保方面也进行了积极探索。在生产过程中，恒瑞医药采用了先进的废水处理和废气净化技术，减少了环境污染和资源浪费。此外，通过能源管理系统的优化，恒瑞医药大幅降低了能耗成本，为可持续发展提供了保障。

小结

辉瑞和恒瑞医药通过一系列的技术创新投资和人才培养措施，结合智能制造、供应链优化、数字化转型和可持续发展策略，不仅成功地实现了成本控制和利润最大化，还在激烈的市场竞争中保持了强大的竞争优势。通过借鉴这些成功案例，其他生物医药企业可以在应对新质生产力挑战中找到适合自己的路径，从而实现可持续发展和盈利能力的提升。

第8章

新质生产力对生物医药产业未来发展的展望

8.1 预测未来的技术趋势和市场走向

随着科技的迅猛发展，生物医药产业将迎来一系列重大创新与变革。以下是对未来技术趋势和市场走向的预测。

8.1.1 个性化医疗

个性化医疗是一种依据患者个人基因组、环境和生活方式等信息，量身定制诊断和治疗方案的医疗模式。它摒弃了“一刀切”的医疗方法，通过精确了解每个患者的疾病特征，制定最适合的治疗策略，提高治疗效果并减轻副作用。以下是个性化医疗的内容和最新进展：

8.1.1.1 基因组学和精准医疗

1. 基因测序技术

现代基因测序技术，如下一代测序（NGS），使得读取人类基因组信息的速度飞速加快且成本大幅降低。个人全基因组测序（WGS）和全外显子测序（WES）能够使科学家们全面了解个体的基因组成，揭示与疾病相关的遗传变异。这些信息是精准诊断和个性化治疗的基础。

2. 肿瘤基因组学

肿瘤的个体化治疗已成为精准医疗领域的先锋。通过肿瘤基因组图谱计划（如 The Cancer Genome Atlas，TCGA），科学家们识别了多种肿瘤突变和驱动基因。基于这些基因信息，医疗团队可以选择最有效的靶向药物，避免无效治疗。例如，针对表皮生长因子受体（EGFR）基因突变的非小细胞肺癌，使用特定的 EGFR 抑制剂靶向治疗，显著提升了患者的生存率。

3. 液体活检

液体活检利用简单的血液样本检测循环肿瘤 DNA（ctDNA），实现非侵入性、实时监测肿瘤的基因变异。这种技术不仅能辅助早期癌症筛查，还能动态监测治疗效果和检测复发病情。

8.1.1.2 药物基因组学

1. 基因-药物反应

药物基因组学研究不同基因型个体对药物的反应差异。某些基因变异会影响药物的代谢、分布和作用机制。例如，CYP450 酶系中的 CYP2D6 基因变异会影响抗抑郁药、抗精神病药和一些止痛药的代谢速度。通过基因检测，医生可以预测患者的药物反应，优化治疗药物的剂量和种类。

2. 防治药物副作用

某些基因变异与药物不良反应密切相关。采用药物基因组学检测，可以预测和预防潜在的药物副作用。例如，HLA-B×5701 基因变异与阿巴卡韦（抗 HIV 药物）的过敏反应相关。检测该基因型可以避免药物引发的严重过敏反应。

8.1.1.3 临床应用和技术进展

1. 个体化癌症治疗

许多癌症治疗已进入个体化时代。肺癌、乳腺癌、黑色素瘤等领域中，基于具体基因突变的靶向治疗和免疫疗法已经成为标准治疗模式。例如，乳腺癌中 HER2 阳性的患者，可以使用抗 HER2 的单克隆抗体药物（如曲妥珠单抗、帕妥珠单抗）进行治疗。

2. 慢性病管理

糖尿病、高血压等慢性病管理中，个性化医疗也显示出巨大的潜力。通过基因和代谢组学检测，医生可以识别对特定药物响应较好的患者群体，开展个性化饮食和运动干预，优化疾病管理。

3. 生殖健康和产前筛查

在生殖健康领域，个体化医疗正逐渐普及。通过胚胎植入前遗传学诊断（PGD），可以避免遗传病的传递。产前基因筛查（如 NIPT）通过母体血液检测胎儿的遗传异常，可以在妊娠早期发现唐氏综合征等遗传病。

8.1.1.4　数据整合与人工智能

1. 生物信息学与数据分析

个性化医疗的实施依赖于大量数据的准确分析。生物信息学技术可以整合和分析基因组、转录组、蛋白质组和临床数据，从中揭示出关键生物标志物和病理机制。例如，利用机器学习算法，可以从患者数据中识别出有效的预测模型，提高精准诊断和治疗的能力。

2. 人工智能辅助诊疗

人工智能在个性化医疗中的应用越来越广泛。人工智能系统可以分析基因组数据和病史资料，辅助医生制定个性化治疗方案。

8.1.1.5　社会与伦理挑战

1. 数据隐私与安全

个性化医疗需要处理大量的个人健康数据，如何保障这些数据的隐私与安全是一个重要的挑战。因此，需要制定严格的法律法规和技术标准，防止数据泄露和滥用。

2. 伦理问题

在个性化医疗实施过程中，一些伦理问题值得关注。例如，基因检测可能揭示患者家族的遗传病风险，如何在保障患者知情同意的同时，保护其家属的知情权和隐私权，这是一个复杂的问题。

8.1.1.6　小结

个性化医疗通过整合基因组学、药物基因组学、大数据和人工智能技术，正在变革我们的医疗方式。虽然面临诸多技术、伦理和社会挑战，但其在提高治疗效果、减轻副作用、优化疾病管理等方面的巨大潜力，使其成为未来医疗发展的主流方向。保持技术和政策的不断创新，将使个性化医疗在普及应用中更加完善和成熟。

8.1.2　人工智能与大数据

人工智能与大数据的结合正以前所未有的速度和规模改变着生物医药产

业的面貌。从药物研发、诊断和治疗到患者管理和公共卫生，这些技术被广泛应用，极大提高了医疗效率和效果。以下介绍人工智能与大数据在生物医药领域中的应用及其最新进展：

8. 1. 2. 1 药物研发与发现

1. **人工智能驱动的药物发现**

人工智能算法，尤其是深度学习模型，在生物分子识别和药物发现中展示了巨大的潜力。人工智能可以通过分析大量化合物数据和生物反应数据，预测哪些分子结构具有潜在的药物活性，从而大幅缩短药物筛选周期。

2. **虚拟筛选与合成生物学**

人工智能和机器学习结合大数据，可以进行虚拟筛选，快速筛查数百万个化合物库，识别潜在的药物候选物。在合成生物学领域，人工智能帮助设计和优化生物分子合成路径，发现与微生物合成相关的基因组合，通过生物工程手段生产新的药物分子。

8. 1. 2. 2 临床诊断与治疗

1. **医学影像分析**

人工智能特别擅长图像识别和分析，它在医学影像分析中的应用已经非常普及。深度学习模型能够自动读取并分析 X 光片、CT 扫描、MRI 等医学影像，提示病变区域，提供诊断建议。例如，Google 的 DeepMind Health 团队开发的人工智能能够在乳腺癌筛查中达到与人类放射科医生相媲美的水平，并显著提高早期乳腺癌检测的准确性。

2. **基因组数据分析**

人工智能在基因组数据分析上的应用使得基因组学研究和临床诊断更为高效。通过分析患者的基因组数据，人工智能可以发现与疾病相关的基因突变以及潜在的治疗靶点。例如，利用人工智能算法，可以更快、更准确地进行全基因组测序解析和致病基因定位，支持罕见病诊断和精准医疗。

8.1.2.3 患者管理与个性化医疗

1. 电子健康记录分析

人工智能能够从大量的电子健康记录中挖掘出宝贵的临床信息。通过自然语言处理（NLP），人工智能能够识别和提取非结构化数据中的有用信息，识别出患者的疾病模式和风险因素。例如，利用 NLP 技术从电子健康记录中提取出值得关注的诊断结果和治疗历史，为临床决策提供支持。

2. 个性化治疗方案

人工智能可以根据患者的基因组数据、病史和生活方式等信息，推荐个性化的治疗方案。结合大数据分析和机器学习，人工智能能预测患者对不同药物的反应，帮助医生选择最适合的治疗策略。例如，PathAI 的平台结合病理图像和人工智能算法，为癌症患者制定最佳的个性化治疗方案，提高治疗效果。

8.1.2.4 疾病预测与公共卫生

1. 疾病暴发预测

人工智能和大数据在传染病的流行预测中显示出巨大潜力。通过分析全球范围内的疾病数据、气候数据、人口流动信息等，人工智能可以实时预测疾病暴发的可能性。例如，*EBioMedicine* 发表了一项中国科学家应用自适应人工智能模型和多源数据，预测重庆市流感活动度的研究。

2. 公共卫生策略优化

人工智能可以优化公共卫生策略，通过模拟不同干预措施的效果，帮助决策者制定最佳的公共卫生政策。例如，使用人工智能进行流感疫苗接种策略的优化，可以提高接种率并最大限度地限制流感传播。

8.1.2.5 药物安全与治疗效果监测

1. 不良反应预测

人工智能模型通过学习大量医疗数据，可以预测药物的潜在不良反应。通过整合基因组数据、电子健康记录和临床试验数据，人工智能可以在药物上市前识别出不良反应风险，提高药物的安全性。

2. **治疗效果监测**

人工智能系统能够实时监控患者的治疗效果，通过可穿戴设备和传感器收集患者的生理数据，分析治疗进展并提供反馈。例如，通过远程监控慢性病患者的血糖、血压等生理指标，人工智能可以动态调整治疗方案，提升治疗效果。

8.1.2.6 新兴技术与未来展望

1. **边缘计算与物联网**

边缘计算与物联网的结合进一步推动了大数据在生物医药中的应用。可穿戴设备和智能医疗设备实时采集患者的健康数据，并将这些数据传输到边缘计算设备进行即时分析，为患者和医生提供实时健康监控和决策支持。

2. **多组学数据融合**

未来的发展趋势是融合基因组学、转录组学、代谢组学、蛋白质组学等多组学数据，通过人工智能进行整合分析，提供全方位的个性化医疗服务。例如，整合多组学生物标志物，人工智能可以更准确地预测疾病风险和治疗反应。

8.1.2.7 小结

人工智能与大数据的结合在生物医药领域中展现出无穷的潜力。它们不仅加速了药物研发，提高了诊断和治疗的精度，还改善了患者管理和公共卫生政策的制定。尽管这条路上仍存在技术、伦理和监管方面的挑战，但持续的创新和跨学科合作将确保人工智能和大数据在医疗健康中的应用不断完善和成熟，最终为人类创造更健康和智能的未来。

8.1.3 再生医学与组织工程

再生医学与组织工程是生物医学工程中一个快速发展并极具潜力的领域，旨在替换、修复或再生人体组织和器官，恢复其正常功能。这一领域结合了干细胞生物学、材料科学、生物工程和分子生物学的最新进展，推动了许多创新性的治疗方法。以下是再生医学与组织工程的内容及其最新进展。

8.1.3.1 干细胞技术

1. 干细胞类型

胚胎干细胞（ES 细胞）：拥有多项分化能力和自我更新能力，可以分化成体内的任何类型的细胞。然而，其应用面临伦理争议和可能的免疫排斥问题。

诱导性多能干细胞（iPS 细胞）：通过重新编程成体细胞获得，免疫排斥问题较少且规避了伦理问题。这种技术已经被广泛应用于疾病模型建立和个性化治疗。

成体干细胞：包括骨髓中的造血干细胞和间充质干细胞，这些细胞已经被用于多种临床治疗，如骨修复和血液再生。

2. 干细胞临床应用

再生修复：干细胞被用于修复受损的组织和器官，如心脏病后的心肌修复、脊髓损伤后的神经修复等。最近的研究显示，将干细胞注射到心脏病患者体内，能够促进新心肌细胞的生成，改善心脏功能。

组织再生与工程：干细胞也被广泛用于组织工程中，生成复杂的器官和组织，如肝、肾、皮肤等，来进行移植或替换受损组织。例如，研究团队已成功利用干细胞生成功能性肝祖细胞，并通过生物支架技术构建了人工肝脏模型。

8.1.3.2 3D 生物打印

1. 技术原理

3D 生物打印技术通过逐层打印生物材料和细胞，构建三维组织和器官结构。这一技术利用计算机辅助设计（CAD）指导打印过程，确保材料和细胞的精确排列。

2. 最新进展

组织建模：科学家们已经利用 3D 打印技术生成了包括皮肤、软骨和血管在内的多种组织模型。这些模型不仅可以用于药物测试，还可以用于创伤和烧伤治疗。

器官打印：虽然完整的功能性器官打印还在研究阶段，但一些基础研究已取得突破性进度。例如，科学家们利用 3D 生物打印技术构建了具有复杂血管网络的微心脏模型，展示了这一技术在未来器官移植中的潜力。

打印材料：新型生物墨水开发是推动 3D 生物打印的重要因素。研究者们正在探索多种天然和合成材料，如细胞外基质蛋白、水凝胶和纳米材料，以优化打印材料的生物相容性和力学性能。

8.1.3.3 再生医学中的基因编辑

1. **CRISPR-Cas9 技术**

CRISPR-Cas9 技术凭借其高效性和精确性，成为再生医学中的一项革命性工具。研究人员利用 CRISPR-Cas9 技术修复有遗传缺陷的细胞，通过体外修复和扩增，生成健康的细胞用于治疗。

2. **基因疗法与细胞工程**

通过结合基因编辑和细胞再生技术，科学家们可以设计出更有效的再生治疗方案。例如，研究团队利用 CRISPR-Cas9 技术修复 iPS 细胞中的致病基因，成功生成健康的血管细胞，用于治疗遗传性血管病变。

8.1.3.4 生物支架与材料科学

1. **生物支架的作用**

生物支架为细胞提供生长和组织化的平台，是再生医学的重要组成部分。生物支架的设计需要考虑生物相容性、降解速率和力学性能。

2. **材料创新**

天然材料：胶原蛋白、壳聚糖、明胶等天然材料因其优异的生物相容性被广泛用于支架制造。这些材料可以通过化学修饰和交联改进其性能。

合成生物材料：聚乳酸、聚己内酯和聚乙二醇等合成材料在支架制造中也占有一席之地。它们的力学性能可调，且降解产物对体内环境友好。

自组装材料：最近，引入的纳米结构材料和自组装技术使得生物支架具有更复杂的功能，如可控释放生物因子、增强细胞黏附和加速组织再生。

8.1.3.5 临床应用与挑战

1. 组织工程皮肤

组织工程皮肤是再生医学中较为成功的领域之一。该技术利用患者自身细胞和生物支架培养生成皮肤，已被用于治疗严重烧伤和慢性创伤。

2. 软骨修复

利用干细胞和3D生物支架生成的软骨可用于治疗关节炎和软骨损伤。最新的研究表明，合成纳米材料和生长因子的结合，可以显著提升软骨修复的效果。

3. 临床挑战

免疫排斥：即使是使用自体干细胞生成的组织，在新环境中的免疫排斥问题依然是挑战。研究者们正在探索免疫调控方法，以提高器官移植成功率。

支架降解和整合：支架的降解速率需与新组织的生成速度相匹配，同时应避免降解产物引发炎症反应。优化支架材料性能和结构设计是亟待解决的问题。

8.1.3.6 小结

再生医学与组织工程通过融合干细胞技术、3D生物打印、基因编辑和材料科学，正在不断革新医疗方法，使医疗方法向替换和修复人体组织器官的目标迈进。尽管在实际应用中仍面临技术和伦理上的多重挑战，然而随着技术的不断进步和跨领域合作的发展，这一领域有望在未来为更多患者带来切实的治疗希望。

8.1.4 生物传感器和远程医疗

生物传感器和远程医疗是现代医学中迅速发展的两大重要技术领域。它们共同推动了医疗行业从传统医院护理模式向个性化、便捷化、实时监控的方向转变。以下是生物传感器和远程医疗的内容及其最新进展。

8.1.4.1 生物传感器

生物传感器是一种能够将生物信号转化为电信号或其他形式信号的装置，被广泛应用于疾病诊断、健康监测和环境监控等领域。以下介绍生物传感器的组成及其最新应用。

1. **组成部分**

生物识别元件：由能识别特定分子的生物材料（如酶、抗体、核酸和细胞等）组成，负责特定生物信号的识别。

转化器：将生物识别元件的反应转化为电信号，该部分决定了传感器的灵敏度和准确度。

信号处理系统：负责放大、过滤和处理电信号，并通过显示器、手机或计算机呈现结果。

2. **最新应用**

糖尿病监测：以葡萄糖传感器为代表的连续血糖监测系统（CGM），能够实时监测患者的血糖水平，帮助糖尿病患者更好地控制病情。CGM设备已经被广泛应用，并且其新一代产品进一步提高了准确性和舒适性。

癌症早期检测：新型生物传感器，可以通过识别血液中特定的肿瘤标志物，实现癌症的早期筛查。例如，研究人员开发了一种基于纳米粒子的生物传感器，能够高灵敏度地检测血液中的微量癌细胞外囊泡（EVs），可用于肺癌的早期诊断。

感染性疾病检测：快速诊断感染性疾病成为生物传感器的重要应用领域。便携式的核酸检测设备，如CRISPR-Cas13a系统，结合生物传感技术，能实现快速、准确的病毒检测。

3. **未来发展方向**

基于纳米技术的生物传感器：利用纳米材料（如石墨烯、纳米金属颗粒）增强传感器的灵敏度和选择性，开发新的检测方法。

多功能传感器：集成多种生物识别元件，实现多指标同时检测，提高诊断效率。

无创传感器：发展皮肤贴片或可穿戴设备，实现无创或微创的健康监测，提高患者依从性。

8.1.4.2 远程医疗

远程医疗利用信息通信技术提供远程诊断、治疗和健康管理服务，极大地改善了医疗资源的分配和利用，特别是在偏远和医疗资源匮乏的地区。以下介绍远程医疗的细分领域及其最新进展。

1. 远程诊断与咨询

视频会诊：通过视频通话，医生可以远程为患者提供医疗咨询和诊断服务。在新冠疫情期间，视频会诊应用广泛，帮助患者减小聚集和交叉感染风险。

移动健康应用：智能手机，移动健康（mHealth）应用可提供健康监测、疾病管理和健康咨询服务。

2. 远程监护与管理

可穿戴设备：智能手表、腕带等可穿戴设备具备心率、血氧、睡眠等多项监测功能，可将数据实时传输到云端，医生可以远程监控患者的健康状态。

远程患者监护系统（RPM）：结合可穿戴设备和生物传感器，RPM 系统可以实时监护患者病情变化，尤其适用于慢性病患者。解放军总医院为危重病人建立绿色通道，全天候服务心脏病患者，使心电远程监护进入“3A”时代，即任何时间（Anytime）、任何地点（Anywhere）、任何人（Anyone）。其结论权威、使用简便、反应快速、经济实用，沟通方式具有多样性，服务内容具有广泛性，数据维护具有长期性。

3. 远程手术与机器人辅助

远程机器人手术：利用 5G 等高速通信技术，实现远程控制手术机器人，为远程手术带来可能。例如，2023 年 2 月，浙江大学医学院附属邵逸夫医院和新疆兵团阿拉尔医院合作，完成了全球首例 5G 超远程国产机器人肝胆手术。

辅助诊疗机器人：利用人工智能和机器人技术，开发智能辅助诊疗设备，辅助医生进行精准操作。例如，康复机器人和辅助检查机器人在康复治疗和影像检查等方面展示了广阔的应用前景。

4. **数据整合与人工智能辅助诊疗**

大数据与健康档案：远程医疗平台整合患者的健康档案、电子病历和实时监测数据，通过大数据分析提供个性化的健康管理建议。

人工智能辅助诊断：云端人工智能系统分析患者数据，为医生提供诊断支持，如健康平台通过 NLP 技术分析电子健康记录数据，为肿瘤患者提供个性化的治疗方案。

5. **远程心理健康服务**

在线心理咨询：通过在线平台提供心理咨询和治疗服务，特别是在新冠疫情期间，在线心理健康服务需求激增。

数字疗法（Digital Therapeutics，DTx）：利用数字化互动技术进行心理健康干预和治疗，例如，有研究显示通过虚拟现实和增强现实技术进行暴露治疗，可以有效治疗恐惧症和创伤后应激障碍（PTSD）。

8.1.4.3 小结

生物传感器和远程医疗的结合是医疗技术发展的重要方向，为实现精准、个性化和无创的医疗服务提供了广阔的前景。尽管在实际应用中仍然面临技术、安全和伦理等方面的挑战，但其潜在的医疗效益使其成为未来医疗的重要组成部分。持续的技术创新和跨领域合作，将推进这些技术在临床实践中的应用，为患者带来更优质和便捷的医疗服务。

8.1.5 生物制药与生物技术药物

生物制药与生物技术药物代表了现代药物研发的最前沿，涉及利用生物技术手段开发和生产的药物。这些药物包括单克隆抗体、重组蛋白、疫苗、细胞治疗和基因治疗等。以下介绍生物制药与生物技术药物及其最新进展。

8.1.5.1 单克隆抗体

1. **原理与类型**

单克隆抗体（mAbs）是一类具有高度特异性的抗体，能够靶向特定的抗原。根据其来源和制作方式，单克隆抗体可以分为鼠源性、嵌合型、人源性和完全人源化抗体。

2. **临床应用**

癌症治疗：单克隆抗体在癌症治疗中应用广泛，如用于治疗乳腺癌的曲妥珠单抗和治疗淋巴瘤的利妥昔单抗。这些抗体通过靶向癌细胞表面的特定抗原，抑制肿瘤生长和促进免疫系统攻击癌细胞。

自身免疫性疾病：抗体药物如阿达木单抗和英夫利昔单抗能用于治疗类风湿性关节炎、克罗恩病等自身免疫性疾病，靶向并中和炎症因子 TNF-α，减轻炎症反应。

新冠疫情中的应用：中和抗体如再生元的 REGN-COV2（由卡西瑞单抗和伊德单抗组成）能用于新冠病毒（SARS-CoV-2）的治疗，通过阻断病毒 S 蛋白与宿主细胞 ACE2 受体的结合，阻止病毒进入细胞。

3. **新型抗体药物**

双特异性抗体（BiTEs）：双特异性抗体能够同时靶向两种不同的抗原，如用于治疗急性淋巴细胞白血病的博纳吐单抗（ALL），其一端连接 CD3（T 细胞表面），另一端连接 CD19（B 细胞表面），从而引导 T 细胞杀死癌变的 B 细胞。

抗体药物偶联物（ADCs）：抗体药物偶联物通过化学方法将小分子药物（毒素）与单克隆抗体连接，将抗体药物靶向运输到癌细胞并释放毒素以杀死癌细胞。例如，T-DM1（Trastuzumab Emtansine）是由曲妥珠单抗与微管蛋白抑制剂 DM1 结合而成的抗体药物偶联物，主要用于治疗 HER2 阳性乳腺癌。

8.1.5.2 重组蛋白

1. **原理与生产**

重组蛋白由基因工程技术生产，通过将目标蛋白的编码基因插入细菌、酵母或哺乳动物细胞，进行蛋白质表达与纯化。

2. **临床应用**

激素替代：如重组人胰岛素用于治疗糖尿病，重组人生长激素用于治疗生长激素缺乏症。

血因子替代：如重组凝血因子 VIII 和 IX，用于治疗血友病。

酶替代疗法（ERT）：如阿葡糖苷酶 α 用于治疗庞贝病，艾度硫酸酯酶 β 用于治疗亨特综合征，替代患者体内缺失或不足的酶。

3. **未来发展方向**

长效药物：优化分子结构，延长其在体内的半衰期，减小给药频率。如通过聚乙二醇化（PEGylation）或融合 Fc 段，来延长蛋白药物的效应时间。

新型递送系统：发展新型纳米递送系统，提高药物稳定性和靶向性，降低免疫原性和副作用。

8.1.5.3 疫苗

1. **传统疫苗与核酸疫苗**

传统疫苗：包括灭活疫苗、减毒活疫苗、蛋白亚单位疫苗和多肽疫苗。它们通过传统的培养、灭活和纯化等工艺生产，已成功预防多种传染病，如麻疹、乙肝等。

核酸疫苗：mRNA 疫苗和 DNA 疫苗代表了疫苗领域的前沿技术。以 mRNA 疫苗为例，Pfizer-BioNTech 的 BNT162b2 和 Moderna 的 mRNA-1273 可有效预防新冠病毒感染的成功示例，通过合成 mRNA 编码抗原蛋白，注射入体内后翻译产生抗原，诱导特异性免疫应答。

2. **未来发展方向**

多价疫苗：能够同时提供针对多种病原体的保护。通过基因工程优化和载体设计，实现一剂疫苗诱导对多种病原体的免疫。

个性化癌症疫苗：利用患者肿瘤抗原的特异性，开发个性化的癌症疫苗，增强免疫系统识别和杀伤癌细胞的能力。

8.1.5.4 细胞治疗

1. **自体与异体细胞治疗**

自体细胞治疗：采用患者自身细胞，经过体外扩增和改造，重回体内起到治疗作用。如自体软骨细胞植入用于修复关节软骨损伤。

异体细胞治疗：使用健康供体的细胞，经过处理后用于治疗患者疾病。如异体干细胞移植用于治疗血液病和免疫缺陷病。

2. **CAR-T 细胞治疗**

原理：CAR-T 细胞疗法是将患者的 T 细胞进行体外改造，使其表达嵌合抗原受体（CAR），特异性识别肿瘤抗原并杀死肿瘤细胞。

临床应用：CAR-T 细胞疗法已被批准用于治疗某些类型的血液癌症，如 Kymriah（用于治疗急性淋巴细胞白血病）和 Yescarta（用于治疗复发或难治性大 B 细胞淋巴瘤）。

8.1.5.5 基因治疗

1. **原理与类型**

基因治疗通过修复、替换或调节患者基因组中的有缺陷或表达异常的基因，以治疗遗传性疾病和某些类型的癌症。常用的基因治疗方法包括病毒载体（如腺病毒、腺相关病毒）、非病毒载体（如脂质纳米颗粒）和基因编辑技术（如 CRISPR-Cas9）。

2. **临床应用**

遗传性疾病：Luxturna 是首个被批准的腺相关病毒基因治疗药物，用于治疗 RPE65 基因突变导致的遗传性视网膜疾病。Zolgensma 是一种基因替代疗法，用于治疗 I 型脊髓性肌萎缩症（SMA）。

肿瘤治疗：基因治疗还在癌症治疗中展示出广泛的应用前景，利用基因编辑技术修改肿瘤细胞或免疫细胞的基因，增强其抗肿瘤能力。

8.1.5.6 生物制药生产与监管

1. **生物制药生产**

生物反应器与细胞培养技术：现代生物制药依赖于高效的生物反应器与细胞培养技术。先进的生物反应器可以实现大规模、高密度的细胞培养，可显著提高生产效率。

纯化与质检：生物制药的纯化过程包括多步的过滤和色谱技术，确保最终产品的纯度和安全性。质检环节则包括完整性测试、效力测试和安全性测试。

2. **监管合规**

FDA 和 EMA 等监管机构：生物制药的研发和生产严格遵循各国监管机构如美国 FDA 和欧洲 EMA 的规定。这些机构负责审批和监管生物制药的临床试验和市场销售，确保药品的安全性和有效性。

GMP 和药物非临床研究质量管理规范（GLP）标准：生物制药生产必须符合 GMP 和 GLP 标准，确保产品的质量和一致性。

8.1.5.7 小结

生物制药与生物技术药物的发展正在彻底改变着我们对疾病的诊断和治疗方式。通过整合基因工程、细胞生物学和现代生物技术，这些药物为许多之前无法治疗的疾病提供了新的治疗选择。尽管在研发和生产过程中面临诸多技术和监管挑战，但持续的创新和科学进步将使生物制药领域更加成熟，为患者带来更多救治机会和更大希望。

8.1.6 全球市场走向分析

当前，全球市场在多重因素交汇的影响下，正呈现出复杂多变的走向。以下从宏观经济、科技创新、行业趋势和地缘政治等多个维度对市场走向进行分析。

8.1.6.1 宏观经济趋势

1. **全球经济复苏与挑战**

疫情后复苏：随着新冠疫情逐渐得到控制，全球经济复苏的步伐加快。然而，不同地区的复苏速度存在显著差异。发达经济体在财政和货币刺激政策的支持下较快复苏，而部分新兴市场和发展中国家仍面临较大压力。

通胀压力：全球供应链中断和需求回升引发了通胀压力。能源价格、原材料成本和物流费用的上涨进一步推高了商品和服务价格。各国央行可能会采取紧缩货币政策以应对通胀，这将影响市场流动性和投资环境。

全球债务水平：各国政府为应对疫情采取了大规模财政刺激措施，导致全球债务水平大幅上升。在低利率环境下，偿债压力相对较小，若利率上升，债务负担将对经济增长构成威胁。

2. **中国经济增长与改革**

经济增速放缓：中国经济增速逐步放缓，从高速增长阶段转向高质量发展阶段。制造业升级、技术创新和国内消费增长成为经济发展的新动能。

双循环战略：中国提出的“双循环”战略，强调国内国际双循环相互促进。国内循环以扩大内需、科技创新和产业链自主可控为重点，国际循环则通过“一带一路”倡议等加强国际合作与贸易。

绿色发展与碳中和目标：中国承诺将力争于2030年前实现碳达峰、努力争取于2060年前实现碳中和。绿色经济和可持续发展成为政策重点，新能源、环保产业和生态经济迎来了重要的发展机遇。

8.1.6.2 科技创新与产业升级

1. **数字经济**

人工智能技术：人工智能技术在各行业得到广泛应用，推动了智能制造、智能医疗、自动驾驶和金融科技的发展。人工智能技术的进步提高了生产效率，催生了大量新型业态和商业模式。

5G与物联网：5G网络的普及加速了物联网的发展，实现了更高的连接密度和更快的数据传输速度。智能家居、智慧城市和工业互联网等新兴应用场景逐步落地，推动了产业变革。

区块链技术：区块链技术在金融、供应链、版权保护和数据安全等领域的应用不断扩大。去中心化金融（DeFi）和不可替代代币（NFT）等创新应用为区块链带来了新的商业价值。

2. **绿色科技与可再生能源**

新能源：风电、太阳能和氢能等可再生能源产业快速发展。储能技术、智能电网和分布式能源系统的创新推动了清洁能源的广泛应用。全球多个国家和地区加大了对可再生能源的投资，力求实现能源转型和碳减排目标。

电动汽车（EV）：电动汽车市场呈现爆发式增长，传统汽车制造商和新兴EV企业加大对电动车的研发和生产投入。电池技术的进步和充电基础设施的完善是推动电动汽车普及的重要因素。

绿色建筑与智能制造：绿色建筑材料、节能环保技术和智能制造设备的应用，有助于提升资源利用效率，减少碳排放和环境污染。建筑行业和制造业正在积极向绿色低碳转型，从而实现可持续发展。

8.1.6.3 行业趋势与市场机遇

1. 医疗健康

生物制药和基因治疗：生物制药和基因治疗技术的发展，为癌症、遗传性疾病和免疫系统紊乱等重疾的治疗带来了新希望。创新药物和个性化治疗方案成为新热点，吸引了大量资本和研发投入。

远程医疗和数字健康：远程医疗和数字健康技术的普及，推动了医疗服务模式的变革。可穿戴设备、智能医疗器械和健康管理平台的应用，改善了患者的医疗体验，提升了医疗服务水平。

心理健康：由于社会节奏加快的影响，心理健康问题日益受到重视。在线心理咨询、数字疗法和心理健康应用市场快速增长，为大众提供了更便捷的心理健康服务。

2. 金融科技

数字支付与金融普惠：数字支付技术的普及，为金融服务的普惠性提供了技术支持。支付宝、微信支付和 PayPal 等数字支付平台，在全球范围内扩展业务，促进了金融普惠和跨境支付的发展。

去中心化金融（DeFi）：去中心化金融基于区块链技术，提供包括借贷、交易、保险和衍生品在内的多种金融服务。DeFi 生态系统快速扩展，带来了新的金融创新和风险管理挑战。

数字货币：央行数字货币（CBDC）正在多个国家进行试点和推广。中国的数字人民币（e-CNY）已经进入应用阶段，提升了金融体系的效率和安全性。

3. 教育与培训

在线教育：在线教育市场受到技术进步的推动，迅速扩展。视频授课、在线辅导和教育应用为学生提供了灵活便捷的学习方式。

职业技能培训：数字化转型和产业升级增加了对高技能人才的需求。职业技能培训市场呈现快速增长态势，STEM 教育、编程培训、数据科学和数字营销等领域受到广泛关注。

8.1.6.4 地缘政治与全球市场

1. 中美关系

科技与贸易摩擦：中美两国在科技和贸易领域的竞争和摩擦，影响了全球市场和供应链格局。两国在半导体、新能源和人工智能等高科技领域的博弈，将对全球市场带来深远影响。

经济合作与竞争：虽然中美之间存在摩擦，但在气候变化、公共卫生等全球挑战方面，也存在合作的空间。中美关系的走向将直接影响全球经济和市场稳定。

2. 区域合作与多边贸易

RCEP 与 CPTPP：《区域全面经济伙伴关系协定》（RCEP）和《全面与进步跨太平洋伙伴关系协定》（CPTPP）的签署，推动了亚太区域的经济一体化，带来了新的市场机会和贸易便利化。

欧盟与英欧关系：英国脱欧对欧洲市场的影响逐步显现。欧盟内部深化一体化，加强数字经济和绿色经济合作，同时与英国建立新的贸易和合作伙伴关系。

3. 地缘政治风险

地缘冲突与供应链安全：中东、东欧和南海等地区的地缘政治紧张局势，对全球供应链和市场稳定构成威胁。企业需要加强供应链风险管理，确保原材料和产品的供应安全。

全球疫苗分配与公共卫生合作：疫苗的全球分配不均问题，对部分发展中国家的经济复苏构成挑战。国际社会需要加强公共卫生合作，共同应对未来的疫病威胁。

8.1.6.5 小结

全球市场在宏观经济、科技创新、行业趋势和地缘政治的多重影响下，呈现出复杂多变的发展走向。各行业和区域市场应对挑战的同时，都在寻找新的机遇。理解市场走向，抓住关键趋势，将有助于各类经济实体在不确定性中获得发展的主动权。持续的技术创新、政策支持和国际合作，将是推动市场稳步前行的重要力量。

8.2 对社会健康和医疗体系的影响

全球范围内，社会健康和医疗体系正经历重大变革。技术创新、人口老龄化、突发公共卫生事件以及政策和经济环境变化等因素，对社会健康和医疗体系带来了深远的影响。以下是对这些影响的介绍，涵盖最新的趋势和变化。

8.2.1 技术创新对医疗体系的影响

技术创新正在彻底改变医疗体系，为患者带来前所未有的便利、效率和精确度。以下从多个方面介绍技术创新对医疗体系的最新影响。

8.2.1.1 远程医疗和数字健康

1. 普及与效益

便捷性与覆盖面：远程医疗通过视频咨询、数字健康平台和移动应用，使医疗服务覆盖面大大扩展，尤其是在偏远地区。患者不必长途跋涉就能获得医疗咨询和诊断，节省了时间和成本。

疫情中的应用：新冠疫情期间，远程医疗需求激增。在疫情期间，远程医疗服务平台用户数量飙升，提供的视频咨询、远程诊断和健康监控服务显著缓解了医疗资源紧张问题。

互联互通与数据共享：电子健康档案的普及使得患者数据可在不同医疗机构之间共享，进而可提供连续性和综合性的医疗服务。通过整合数据，医生能够更全面地了解患者的病史和治疗情况，作出更准确的医疗决策。

2. 数据整合

健康监测：智能手表和远程监测设备提供实时健康数据，使医护人员能够持续监控患者的健康状况，及时调整治疗方案。例如，智能手表等设备能够监测心率、血氧饱和度等健康指标，有助于及早发现健康问题。

数字化医疗记录：EHR 系统和电子处方（e-prescription）缩减了纸质记录的烦琐和错误，使得信息检索和分析更加快捷。

8.2.1.2 人工智能与机器学习

1. 临床决策支持

诊断精准化：人工智能和机器学习在医疗影像分析中展现出强大的能力，能够迅速而精准地识别出异常和疾病。例如，Google 的 DeepMind AI 系统在乳腺癌影像诊断中的表现已超越人类专家。

个性化医疗：人工智能可以分析大量患者数据，提供个性化治疗建议。IBM 的 Watson Health 通过大数据和人工智能技术，为医生提供癌症治疗方案参考，显著提高了癌症治疗的效果。

患者管理：通过分析患者行为和健康数据，人工智能可以预测健康风险，帮助医护人员进行预防性干预。

2. 自动化与效率

手术机器人：手术机器人在复杂手术中发挥重大作用，提高了手术的精确度和安全性。微创手术能减轻病人疼痛和缩短病人的术后恢复时间，提升了治疗效果。

智能护理：智能药箱、监护系统和自动化配药机提高了医院日常护理的效率和准确性。药物配送机器人减轻了护士的负担，使其能够集中精力做好病患护理。

8.2.1.3 基因疗法与个性化医疗

1. 基因编辑

突破性进展：CRISPR-Cas9 等基因编辑技术的发展，使得治疗遗传性疾病、某些类型的癌症乃至艾滋病等成为可能。例如，全球首例通过 CRISPR 技术治愈的免疫疾病标志着基因编辑疗法进入了临床应用的新纪元。

伦理与监管：虽然基因编辑技术应用前景广阔，但也带来了伦理和监管方面的挑战。确保技术的安全性和伦理的合规性是基因编辑技术未来发展过程中的重要关注点。

2. **个性化医疗**

精准医疗：基于患者的基因信息和生物标志物，制定个性化治疗方案成为可能。例如，癌症的精准医疗使得治疗方案能够精确到患者的肿瘤基因图谱，提高了治疗效果和患者的生存率。

CAR-T 细胞疗法：CAR-T 细胞疗法通过基因改造患者的 T 细胞，使其能够识别并攻击癌细胞。这一疗法在特定类型的白血病和淋巴瘤治疗中取得了显著成效，未来有望扩展至其他类型的癌症治疗。

8.2.1.4 物联网与可穿戴设备

1. **实时健康监测**

连续监测：可穿戴设备，如智能手表和健康手环，能够实时监测心率、血压、血氧等健康指标，提供连续的健康监控。这样的设备可帮助患者及早发现潜在的健康问题，例如心脏病发作前的异常心率变化。

健康数据整合：物联网技术使得家用医疗设备连接网络，数据更容易整合和分析，可提供全面的健康档案。例如，智慧医疗设备可以自动上传患者的数据到云端，医生可以实时查看和分析。

2. **患者参与**

增强患者互动：健康数据的可视化和反馈增强了患者的健康意识和主动性。通过应用程序和智能设备，患者能够更直观地了解自己的健康状况，积极配合治疗。

个性化健康建议：基于持续健康数据的分析，系统可以提供个性化的健康建议，例如运动和饮食方案，提高了患者的健康管理水平。

8.2.1.5 大数据与健康信息学

1. **数据驱动决策**

人口健康管理：大数据分析能够识别个体和群体的健康趋势和风险因素，帮助医疗体系制定和优化公共健康策略。例如，流行病预测系统使用大数据分析流感传播趋势，提前采取预防措施。

资源优化：通过分析医院运营数据，大数据技术可以帮助医院优化医疗资源配置，提高运营效率。

2. **临床研究加速**

药物研发：大数据分析加速了药物研发过程，通过分析海量临床数据，识别潜在的药物靶点和疗效。

个性化医疗研究：聚合和分析基因数据、病历数据和环境数据，帮助推进个性化医疗的研究与应用。例如，在精准医学研究的框架下，大数据使研究人员能够发现特定基因突变与某些疾病的关联，实现更精准的疾病分类和治疗。

8.2.1.6 小结

技术创新正在全方位地改变着医疗体系，无论是远程医疗、人工智能、基因疗法还是物联网设备，每一项技术都在提升医疗服务的质量和效率。这些技术的应用不仅能够改善患者的治疗体验，还能够提高医疗资源的利用率，推动医疗体系向更加高效、精准和个性化的方向发展。尽管技术创新带来了前所未有的机遇，但也伴随着伦理、隐私和监管方面的挑战。如何平衡技术进步与社会责任，是决定未来医疗体系持续发展的重要因素。

8.2.2 人口老龄化对社会健康的影响

人口老龄化是全球性的问题，给社会健康和医疗体系带来了深远影响。老龄化社会面临的挑战不仅涉及医疗健康方面，还涉及经济、社会保障、家庭结构等多方面。以下探讨人口老龄化对社会健康的各种影响。

8.2.2.1 健康需求的变化

1. **慢性病的增加**

疾病谱的变化：老年人更容易患上慢性疾病，如高血压、糖尿病、心脏病和癌症等。因此，医疗体系需要专注于慢性病的预防、管理和治疗，以应对老年人健康需求的变化。

多病共存现象：随着年龄增长，老年人往往罹患多种疾病，这种多病共存现象对医疗服务提出了更复杂的要求。综合治疗和个性化护理成为必要，医疗机构需具备综合管理多种疾病的能力。

例如，日本作为全球老龄化最严重的国家，面临着大量老年人患有心血管疾病和代谢综合征的问题。日本政府通过推广健康体检和慢性病管理，来有效应对这一问题。

2. **精神健康问题**

孤独症和抑郁症：老年人因退休、失去伴侣或社交圈子缩小，容易罹患孤独症和抑郁症。精神健康问题成为老年健康的重要组成部分，需要专业的心理支持和社区关怀。

认知障碍：老年痴呆症（阿尔茨海默病）发病率随着人口老龄化快速增长。这不仅对患者本身产生了巨大影响，也对其家庭和看护者造成了沉重的经济和心理负担。

8.2.2.2 医疗服务的需求压力

1. **医疗资源的紧张**

床位与设施：老年人群体对住院和长期照护的需求增加，导致医院床位和护理设施供不应求。医疗机构需要增加老年护理床位和专业照护设施，以满足老年患者的迫切需求。

医疗负担：老年人口的快速增长带来了巨大的医疗开支。各国政府和医疗机构必须考虑如何在医疗服务价格和成本之间取得平衡。应对老龄化引起的医疗负担问题，需要有效的医疗资源配置和健康政策支持。

2. **医护人员的需求**

护理人员短缺：老龄化社会对护理人员的需求增加，同时护理工作本身的高强度和低薪酬特点导致护理人员短缺。需要通过提升护理人员待遇、开展和提供培训和技术支持来缓解这一问题。

职业倦怠：长时间工作和高压力环境导致的职业倦怠在医护人员中普遍存在。改善工作环境、提供心理支持和建立适当的奖励机制是解决医护人员职业倦怠的有效措施。

3. **长期护理需求**

社区护理：老年人更倾向于在家中或在社区环境中接受照护。社区护理服务的发展，可以帮助老年人保持独立生活，减少住院和进入长期护理机构的压力。例如，台湾推行的社区整合照护计划，通过社区健康中心提供护理和健康管理，显著改善了老年人口的生活质量。

智能护理技术：智能家居和护理机器人等技术的发展，为家庭护理提供了支持。例如，日本的养老机器人和智能家居系统提高了老年人居家生活的便利性和安全性，减轻了家庭护理的压力。

8.2.2.3 经济与社会保障压力

1. 社会保障的压力

养老金体系压力：随着老年人口的增加，养老金的支付压力逐渐上升。各国政府需要不断调整社保政策，以确保养老金体系的可持续性。

医疗保险支出增加：老年人的医疗需求更为频繁且费用更高，这增加了医疗保险体系的支出。需要推进医保支付方式的改革，如结合商业保险和社会医疗保险，来分摊医疗费用。

2. 劳动力市场的变化

劳动力减少：随着老年人口的增加，劳动年龄人口比例下降，对经济增长潜力产生不利影响。为了缓解劳动力减少的问题，许多国家延长了退休年龄，并引入更多的自动化和人工智能技术来提高生产效率。

工作环境的适应：随着工作年限的延长，企业需要调整工作环境，提供灵活的工作时间和适当的岗位配置，以适应老年员工的工作需求。

3. 家庭结构的变化

代际照护：老年人需要更多的家庭照护。然而，现代家庭结构变得小型化和核心化，照护责任在少数家庭成员间分摊，给家庭带来显著的经济和心理压力。

单身老年人：随着离婚率上升和晚婚现象增加，单身老年人口比例上升。单身老年人更容易面临健康和经济问题，需要社会提供更有针对性的支持和服务。

8.2.2.4 政策与社会应对策略

1. 健康政策

预防性健康管理：政府和社会组织需要大力推广预防性健康管理，通过健康教育、预防性体检和慢性病管理，减少老年人的疾病负担和医疗支出。

多层次养老服务体系：建立多层次、覆盖广泛的养老服务体系，包括家庭照护、社区照护和专业机构照护，满足老年人多样化的需求。

2. 社区与社会支持

社区照护网络：构建完善的社区照护网络，通过社区健康中心和志愿者服务，提供老年人日常照护和心理支持。

社会参与与老年人赋权：鼓励老年人积极参与社会活动，增强他们的社会联系，有利于老年人的心理健康。比如，促进老年人继续教育和志愿服务，提高老年人的社会参与度和自我价值感。

8.2.2.5 小结

人口老龄化对社会健康和医疗体系的影响是深远和多层次的。随着老年人口的增加，慢性病管理、精神健康、医疗资源的压力以及社会保障和经济负担等问题日益凸显。为了应对这些问题，各国政府和社会应采取综合措施，包括加强预防性健康管理、发展多层次的养老服务体系、完善社区和家庭支持网络以及推动社会保障政策改革。利用这些措施，可以提升老年人的生活质量，减轻社会健康和医疗体系的压力，实现全社会的健康可持续发展。

8.2.3 突发公共卫生事件对社会健康和医疗体系的影响

自2019年底新冠疫情暴发以来，全世界的社会健康和医疗体系因疫情受到了深远的影响。疫情不仅揭示了现有医疗系统的脆弱性和不足，还推动了许多科技创新和系统改革。以下从多方面分析疫情对社会健康和医疗体系的影响。

8.2.3.1 公共卫生系统的建设与应急响应

1. 突发公共卫生事件的应急机制

应急响应能力：新冠疫情暴露出许多国家在突发公共卫生事件应急机制方面的不足。疫情初期，医疗物资严重短缺，医院接收能力不足，许多国家仓促制定应急响应计划。疫情推动了各国的应急体系建设，提高了医疗机构在紧急情况下的应对能力。

例如，中国在疫情暴发之初，迅速建设了火神山和雷神山两座医院，用以应对激增的病例情势。这种快速响应模式为其他国家提供了宝贵经验。

全球合作：疫情强调了全球公共卫生合作的重要性，世界卫生组织（WHO）等国际机构在信息共享和疫情控制方面扮演了重要角色。然而，各国在应对措施上的协调仍面临挑战，需要进一步加强全球公共卫生治理。

2. 疫苗开发与疫苗接种

疫苗研发速度：新冠疫情期间，疫苗研发速度创下历史新高。mRNA 疫苗技术的应用是一个突破，从病毒基因测序到疫苗问世仅用一年多时间。辉瑞和莫德纳的 mRNA 疫苗迅速获得紧急使用授权，成为抗击疫情的关键工具。

疫苗接种计划：大规模疫苗接种计划在疫情控制中起到了至关重要的作用。然而，全球疫苗分配不均，许多低收入国家和地区在获取疫苗上存在困难，催生了“疫苗民族主义”的问题。这凸显了加强全球疫苗生产和分配机制的重要性。

3. 疫情数据监测与数据共享

实时数据收集与分析：疫情期间，数据的实时收集与分析在疫情管理中起到了关键作用。通过数据监测，我们可以有效追踪疫情发展趋势、监控病例增长态势并评估防控措施的效果。

数字工具：各国政府和机构推出了多种数字工具，如接触者追踪应用和健康码系统，帮助控制疫情传播。这些工具在提高数据获取速度和准确性方面发挥了重要作用。

8.2.3.2 医疗资源的分配与管理

1. 医疗资源的紧缺

医院承载力：疫情期间，全球多个国家的医疗体系面临巨大的压力，重症监护病房（ICU）床位、呼吸机和其他医疗资源极度短缺。

应对策略：各国采取了紧急措施，如增设方舱医院、临时医疗设施以及国家对口支援等。医院通过延期非紧急手术、扩大 ICU 容量和增加一线医护人员来应对疫情冲击。

2. 医护人员的工作负荷和精神健康

工作压力：一线医护人员在疫情期间工作强度显著增加，极端的工作环境和长时间高强度的工作导致职业倦怠、焦虑和抑郁症状上升。许多医护人员面临防护设备不足和疾病暴露的风险，对其身心健康产生严重影响。

支持措施：增加心理支持和专业辅导、合理配置工作时间和提供防护物资是缓解医护人员压力的重要举措。政策制定者和医院管理者均需关注医护人员的身心健康，建立长效支持机制。

8.2.3.3 远程医疗与数字健康的快速发展

1. 远程医疗的普及

需求激增：疫情期间，远程医疗需求急剧增加。患者不愿或不能前往医院的，通过视频咨询和在线医疗平台进行诊断和治疗成为常态。远程医疗提供了便捷、安全的医疗服务，减少了病毒传播风险。

技术平台：多种远程医疗平台和应用软件得以推广。这些平台提供的视频咨询、电子处方、远程监控等服务，极大地为患者和医护人员提供了便利。

政策推动：疫情推动了各国政府放宽远程医疗的法规限制，医疗保险公司也逐步覆盖了远程医疗服务。

2. 数字健康和移动健康应用

健康管理：数字健康应用程序帮助用户进行日常健康监测和管理。

远程监控：远程监控设备，如血压计、血氧仪和智能手表等，实现了患者与医护人员之间的数据共享和实时监测，提供了及时的健康反馈。例如，COVID-19 患者可以通过远程监控设备在家中进行自我监测，减少了不必要的医院访问。

8.2.3.4 医疗体系的结构性改革

1. 疫情推动的医疗改革

医保体系调整：疫情揭示了医疗保险体系的不足，促使许多国家调整医保政策，扩大覆盖范围和支付项目。例如，中国进一步推进医保制度改革，加快三医联动（医疗、医保、医药）改革步伐，提升全民医保水平。

初级卫生保健的重要性：疫情期间，初级卫生保健体系的重要性日益凸显。社区卫生中心和基层医疗机构在疫情监测、健康教育和基本医疗服务方面发挥了关键作用。例如，新加坡的初级卫生保健模式通过家庭医生制度，成功缓解了医院的压力。

2. 提高医疗系统的韧性

医疗供应链管理：疫情初期，医疗物资短缺暴露了全球供应链的脆弱性。为了提高供应链的韧性，各国纷纷加快本地化生产和供应链多元化，确保在紧急情况下的医疗物资供应。

弹性医疗系统：建设弹性医疗系统，包括建立区域医疗资源储备、优化医疗资源调度和增强跨地区医疗支援能力，提升应对突发公共卫生事件的能力。案例方面，如德国的区域医疗集群，在疫情期间有效整合了区域医疗资源，分担和缓解了医疗压力。

8.2.3.5 社会健康与大众心理

1. 心理健康问题的增加

心理压力：长时间隔离和保持社交距离的措施，导致许多人出现心理压力和孤独感。抑郁、焦虑等心理健康问题显著增加，对社会健康产生不利影响。

心理支持：提供心理健康支持和咨询服务，增加公众对心理健康问题的认识和干预措施，是政府和社会的重要责任。

2. **健康行为的改变**

生活方式转变：疫情改变了人们的生活方式，居家办公和线上教育成为常态，饮食、运动习惯发生变化。人们对健康的关注提升，促进了在线健身和健康饮食的普及。

公共卫生教育：疫情推动了公共卫生教育的发展，通过宣传和教育，增强公众的健康意识和防疫知识，如勤洗手、佩戴口罩和保持社交距离等。

8.2.3.6 小结

新冠疫情对社会健康和医疗体系带来了多方面的深远影响。疫情暴露了健康体系的许多脆弱点，同时也推动了技术创新、公共卫生系统改革和健康政策调整。远程医疗和数字健康的发展提升了医疗服务的可及性和效率，医疗资源的分配和管理措施也有了显著改进。尽管疫情带来了巨大的挑战，但也为各国医疗体系的韧性建设和社会健康水平的提升提供了契机。未来，全球应进一步加强公共卫生合作、完善医疗体系结构和提高社会健康意识，以应对可能的公共卫生危机和满足不断变化的健康需求。

8.2.4 政策和经济环境对医疗体系的影响

政策和经济环境在医疗体系的运作和发展中起着至关重要的作用。政策决定了医疗服务的提供方式和质量，而经济环境则影响了医疗资源的分配和健康服务的可及性。下面从多角度探讨政策和经济环境对医疗体系的影响。

8.2.4.1 医疗政策对医疗体系的影响

1. **医疗保险政策**

全民医保制度：全民医保制度旨在通过政府资助和强制保险覆盖，实现所有公民都能获得基础医疗服务的目标。这大大降低了个人的医疗费用负担，改善了公共健康。

私人保险和公共保险相结合：一些国家采取私人保险和公共保险相结合的模式，以更全面地覆盖不同收入人群。

2. **定价和报销政策**

药品与医疗服务定价：政府对药品和医疗服务的定价政策直接影响医疗

成本和医疗服务的可及性。合理的定价政策有助于控制医疗费用，提高药品的可负担性和可及性。

医保报销政策：医保报销政策对患者医疗服务的获取产生重大影响。不同国家和地区采用不同的医保报销模式（如按服务付费、按人头付费和按病种付费等），这些模式直接影响着医院和医生的收入及其行为。

3. **公共卫生政策**

疾病预防与健康促进：政府的公共卫生政策包括疾病预防、健康教育和健康促进等方面，这些政策的实施可以减少疾病的发生和传播，提升全民健康水平。例如，美国在预防接种方面的政策，通过大规模的疫苗接种计划，有效控制了传染病的传播。

应急响应与疫病控制：政府在紧急公共卫生事件中发挥关键作用。新冠疫情期间，各国通过实施封锁、检测和隔离政策，控制了疫情的蔓延。中国的“动态清零”政策在遏制病毒传播方面取得了显著成绩。

4. **健康立法和监管**

医疗法规与标准：政府通过制定法规与标准，保障医疗服务的质量与安全。例如，国家卫生健康委联合国家中医药局发布了《关于开展全面提升医疗质量行动（2023—2025 年）的通知》，该通知旨在深入推进健康中国建设，深化医药卫生体制改革，全面提升医疗质量安全水平。确保了医疗设备的质量和安全性，保护了患者的权益。

监督与评估机制：政府设立专门的监督与评估机制，确保医疗机构和医务人员提供高质量的服务。

8.2.4.2 经济环境对医疗体系的影响

1. **医疗体系的资金来源**

政府拨款和预算：政府预算是公共医疗体系的主要资金来源。经济环境和财政收入直接影响政府在医疗上的投入。例如，经济衰退期间，许多国家削减了公共医疗支出，影响了医疗服务的提供和质量；反之，经济繁荣时期，政府可在医疗基础设施建设上投入更多资源，保证了公共卫生政策的实施。

私人投资：私人医疗和制药企业也为医疗体系提供了资金支持。商业保险公司、私人医院和制药企业的投资增加了医疗服务的多样性和技术创新。

2. **医疗服务的成本与价格**

医疗服务价格：经济环境影响医疗服务的成本与价格。高昂的医疗费用限制了低收入人群的医疗服务可及性。例如，美国的医疗费用高于许多其他发达国家，导致部分居民难以负担医疗费用。

药品价格：药品研发和生产成本对药品价格有直接影响。经济发展水平和市场竞争情况也决定了药品的最终价格。改革药品定价机制和增加仿制药的市场供应，有助于降低药品价格，提高低收入人群医疗服务的可及性。

3. **医疗资源的分布**

城乡差距：经济环境导致城乡间医疗资源分布不均。农村和偏远地区往往医疗资源匮乏，缺乏先进的医疗设备和专业的医护人员。中国通过推行医联体和远程医疗等措施，逐步缩小城乡医疗资源分布差距。

区域差异：不同地区的经济发展水平和政府投入的差异，也导致医疗资源分布不均。例如，印度的城市医疗系统相对发达，但乡村地区医疗资源匮乏，政府正通过多种渠道改善这一状况。

4. **医疗技术创新**

研发投入：经济环境决定了医疗技术研发的投入力度。经济发达国家可以投入更多的资金进行医疗科技创新和药品研发。例如，美国的医疗研发投入占全球领先地位，推动了生物技术和新药研发的快速发展。

技术应用：新技术的应用受到经济环境的影响。先进医疗设备和技术的引进需要大量资金，经济发达国家更容易引进和应用高新技术。例如，英国的 NHS 系统通过财政支持，引进了大量先进医疗设备和信息系统，提高了医疗服务效率。

8.2.4.3 政策和经济环境交互影响

1. **政策驱动经济效应**

健康经济学：政府通过健康政策推动经济发展，如促进医疗产业的升级和创新，带动经济增长。例如，中国的“健康中国 2030”战略，通过全面深化医疗改革，促进健康产业发展，带动经济增长。

医疗改革政策：医疗改革政策可以通过提高医疗服务效率和降低医疗成本，对经济产生积极影响。例如，荷兰的医疗改革政策通过引入市场机制，提高了医疗体系的效率和服务质量。

2. **经济推动政策变革**

经济环境变化：经济环境变化推动政策调整。经济危机时期，政府往往削减公共支出，包括医疗支出；经济繁荣时期，政府可在医疗体系建设上投入更多资源。例如，2008 年全球金融危机后，多国政府不得不削减医疗预算，但在经济复苏后，又逐步恢复和增加了医疗投资。

民营化与市场化：经济环境变化推动了公共医疗的民营化和市场化改革。政府通过引入市场竞争机制，提高了医疗服务的效率和质量。

8.2.4.4 小结

政策和经济环境对医疗体系的影响是多方面的，且相互之间复杂紧密相关。医疗政策决定了医疗服务的提供方式和质量，通过医保制度、价格和报销机制、公共卫生政策和健康立法等方面，影响着全民健康水平。经济环境则通过资金来源、医疗服务成本与价格、医疗资源分布和技术创新等多个方面，直接影响医疗体系的可持续发展。政策和经济环境的交互影响不仅塑造了当前医疗体系的运行模式，也决定了其未来发展的方向。各国在制定和实施医疗政策时，需要综合考虑经济环境，以建设高效、公平、可持续的医疗体系为目标，提升全民健康水平。

第 9 章

结论

9.1 新质生产力对生物医药产业的重要意义

在生物医药产业中，新质生产力的概念涉及生产效率与产品质量的双重提升。而在当前快速发展的科技和提高的市场需求背景下，新质生产力的意义更为深远。具体来说，新质生产力对生物医药产业的重要意义主要体现在以下几个方面：

1. **推动技术进步与应用**

新质生产力的提升依赖于各类先进技术的深度应用，包括生物技术、基因编辑技术、大数据分析、人工智能、物联网和区块链技术等。例如，CRISPR 基因编辑工具的发展加速了精准医疗的进程，使得某些遗传疾病的治愈成为可能。而通过大数据分析和人工智能技术，显著缩短了药物研发周期，并能快速筛选出候选化合物，提高了研发的成功率和效率。

2. **改善生产流程与效率**

生物医药产业传统的生产模式通常面临烦琐、耗时和高成本的问题。引入连续制造、3D 打印、生物反应器优化等现代化生产技术，可以显著提升生产效率。例如，连续制造技术的采用可以缩短生产时间和减少浪费，同时提高产品的一致性和稳定性，这对于敏感的生物制品尤为重要。

3. **确保产品质量与安全**

产品质量与安全是生物医药产业赖以生存的根基。新质生产力通过自动化和智能化装备的应用，对生产过程进行实时监控和数据采集，能够实现全流程质量控制。借助于传感器、物联网和先进的数据分析工具，企业可以实现从原材料到成品的全程追溯，及时发现问题并进行调整，确保产品的高品质和高安全性。

4. **降低生产成本**

新质生产力还意味着生产成本的优化和降低。在确保产品质量的前提下，运用智能制造和精益生产方式，可以大幅减少物料浪费和能耗。例如，通过优化供应链管理，企业可以更好地预测市场需求，避免产能过剩或短缺，减少库存成本。同时，自动化设备的使用能减少对人力的依赖，降低人工成本。

5. **促进可持续发展**

随着全球环保意识的提升，生物医药产业也越来越重视绿色生产和可持续发展。新质生产力的提升包含了对环保技术的应用，如绿色化学、节能减排和废弃物处理技术等，减少生产过程中对环境造成的不良影响。通过采用更加环保的生产工艺和材料，生物医药企业不仅能响应环保政策的要求，还能提升品牌形象和社会责任感。

6. **提高市场响应速度**

在市场需求快速变化的背景下，新质生产力使企业能够更灵活、更快速地响应市场需求。通过数字化和智能化管理，企业可以实时捕捉市场变化的数据，并迅速调整生产计划和策略，满足患者和医疗机构的需求。例如，在突发公共卫生事件中，具备高新质生产力的企业能够更快速地生产和供应疫苗、药物和其他相关医疗物资，为抗击疫情作出重要贡献。

7. **促进差异化竞争**

新质生产力的提升帮助企业在激烈的市场竞争中实现差异化竞争和保持领先地位。通过不断创新和优化产品，企业能够推出具有独特优势和高附加值的产品，满足不同细分市场的需求。例如，个性化医疗产品的发展，使得患者能够获得定制化的治疗方案，从而提高治疗效果和患者的满意度。

综上所述，新质生产力在生物医药产业中具有重大的现实意义和战略价值。它不仅推动了技术进步和效率提升，还确保了产品质量和安全，优化了生产成本，促进了可持续发展，提升了市场响应速度，并助力企业赢得差异化竞争。未来，随着新质生产力的不断提升，生物医药产业将迎来更加快速和高效的发展，为人类健康事业作出更大的贡献。

9.2 持续创新和合作的重要性

在当今高度动态和复杂的生物医药产业中，持续创新和合作是推动行业发展的核心动力。这两个要素密切相关，互相促进，共同决定了行业的繁荣与技术进步。

9.2.1 持续创新的重要性

1. **驱动技术进步和突破**

持续创新是生物医药产业技术进步的源泉。无论是新药开发、基因治疗、细胞治疗，还是个性化医疗，技术的每一次进步都离不开持续的创新。例如，mRNA 技术的成功应用，使新冠病毒疫苗的快速开发成为可能，大幅度缩短了传统疫苗研发的周期。此外，前沿领域如纳米医学、合成生物学和人工智能驱动的药物发现，也都依赖于持续创新。

2. **满足多样化的医疗需求**

随着全球人口老龄化和各种新疾病不断涌现，医疗需求变得越来越多样化和复杂。这需要生物医药产业不断推出新的治疗方法和药物，以应对不断变化的疾病谱。例如，针对癌症的免疫疗法、精准医疗和新型抗体药物等，都是通过持续创新来满足特定疾病群体的治疗需求。

3. **提升市场竞争力**

在竞争激烈的市场中，企业若要保持领先地位，必须不断进行产品和技术创新。创新不仅可以带来爆款产品，还可以使企业在市场中建立差异化优势，赢得更多的市场份额。

9.2.2 合作的重要性

1. **资源共享与互补**

生物医药产业的创新过程往往需要庞大的资金投入和多学科知识的融合。单个企业或机构往往难以独立承担这样的任务。因此，跨组织的合作成为必要。例如，大学、科研机构、医院和企业之间的合作可以整合各自的优势，形成强大的创新合力。合作可以实现资源的共享与互补，加速技术研发和创新产品的上市。

2. **加快技术转化**

加强合作，可以加速科学发现向实际应用的转化。企业与高校和科研机构的合作，可以快速将实验室内的研究成果转化为市场上的产品。例如，许多成功的生物医药公司都通过与学术界的合作，将基础研究成果迅速应用于临床试验后进行市场推广，从而实现商业化。

3. **风险分摊与管理**

生物医药研发的高风险性，需要有效的风险管理。通过合作，企业可以共担研发风险，分摊研发成本。例如，制药公司可以与生物技术公司合作进行早期研发，减少独立研发的风险。还可以借助不同合作方的风险管理经验和能力，提高风险管理的整体水平。

4. **推动国际化发展**

生物医药产业具有高度的国际化特征。国际合作能够帮助企业拓展全球市场，获取更多的市场机会。在全球化背景下，企业通过合作，可以快速进入新的市场区域，满足当地的医疗需求。

9.2.3 持续创新与合作的实际案例

1. **创新药物联合开发**

多家大型制药公司和生物技术公司的联合开发项目已经证明了持续创新与合作的巨大价值。例如，辉瑞和 BioNTech 公司的合作，成功开发了首批 mRNA 疫苗，迅速响应了全球 COVID-19 疫情，展示了持续创新与合作的巨大潜力。

2. **公私合作**

政府与私营企业之间的合作也为推动生物医药创新提供了重要途径。例如，苏州市政府投资基金与头部创投机构合作，在苏州设立医疗投资基金，累计投资 45 家苏州医药企业，总投资额超过 10 亿元，培育了一批明星企业。

9.3 成本战略对生物医药发展的重要性

在生物医药产业，高额的研发和生产成本一直是企业实现可持续发展的主要挑战之一。因此，制定和实施有效的成本战略对于企业提升竞争力和实现可持续发展至关重要。

9.4.2 加强多学科融合

1. 融合生物学、医学与工程学

未来的生物医药创新需要跨越多个学科的界限，集成生物学、医学和工程学的知识和技术。例如，生物工程技术与医学成像技术的结合，可以开发出更精确的诊断工具；基因编辑技术与细胞工程技术的融合，可以带来革命性的治疗方案。

2. 促进新兴技术的协同应用

将包括纳米技术、合成生物学和量子计算在内的新兴技术与传统的医学、生物学技术相结合，可以加速新药研发和新疗法的推广。例如，纳米药物递送技术可以显著提高药物的靶向性和疗效，而合成生物学则可以通过设计和构建新型生物系统，实现创新药物的生产。

9.4.3 优化产业政策环境

1. 加强知识产权保护

知识产权保护是生物医药创新的重要保障。政府应当加大知识产权的保护力度，支持企业的创新活动。制定更加完善的知识产权保护法律法规，鼓励企业积极投入研发，提高整个行业的创新水平。

2. 制定产业激励政策

政府应当制定针对生物医药产业的扶持政策，例如税收优惠、研发补贴和产业基金等，为企业提供更多的资源支持。与此同时，还应建立健全的风险投资体系，吸引更多的社会资本投入生物医药产业。

9.4.4 注重人才培养与交流

1. 构建多层次的人才培养体系

生物医药产业的创新依赖于高素质人才的支持。因此，构建多层次的人才培养体系非常重要。政府、企业和高校应合作构建完善的人才培养机制，从基础教育、大学教育到职业培训和继续教育，全面提高从业者的专业素质和创新能力。

2. 促进国际交流与合作

在全球化背景下，国际交流与合作是推动生物医药产业发展的重要途径。通过国际合作，可以引进国外先进的技术和管理经验，同时也可以促进本土企业走向国际市场。因此，企业应积极参与国际学术和产业交流，建立国际合作网络。

9.4.5 加强药品和医疗器械的市场监管

1. 建立健全的市场监管体系

为了确保药品和医疗器械的安全性和有效性，需要建立健全的市场监管体系。政府应加强对药品和医疗器械的审查、检验和追溯管理，严厉打击假冒伪劣产品，确保市场上销售的产品符合高质量和高安全性的标准。

2. 提高公众信任度

透明、公正和合规的监管措施有助于提高公众对生物医药产品的信任度。建立和强化信息公开制度，让公众了解药品和医疗器械的研发、生产、销售全过程，使公众对产品的信任建立在透明和可靠的信息基础上。

9.4.6 关注伦理和合规

1. 强调研究过程中的伦理审查

在生物医药研究过程中，伦理审查是必不可少的一环。政府和企业应对涉及人类和动物的所有实验进行严格的伦理审查，确保研究过程遵循公平、尊重和非伤害原则。例如，基因编辑研究必须在法律法规和伦理准则的框架下进行，以免造成不可逆转的社会和生物风险。

2. 强化合规管理制度

合规管理是确保企业依法经营的重要保障。生物医药企业应建立完善的合规管理制度，以确保所有行为符合法律法规和行业标准。例如，制定和实施如 GMP 和 GLP 等标准，确保产品质量和生产过程的合规。

通过综合上述各方面的发展策略和措施，未来生物医药产业有望实现更高质量、更高效益、更可持续的发展。持续的技术创新、紧密的合作、多学科的融合、完善的政策支持、充足的人才储备、严格的市场监管以及坚守的伦理和合规，是生物医药产业进一步发展的基石。在这些方面共同作用下，生物医药产业将不断迎来突破性进展，为全球健康事业作出更大贡献。

第 10 章

结语

重

构

10.1 核心观点与实施建议

新质生产力涵盖了生产效率和产品质量的综合提升，是生物医药产业未来发展的关键所在。只有不断提高生产力，企业才能在激烈的市场竞争中保持强劲的竞争力。

1. **持续创新**

创新是生物医药产业的命脉。通过技术创新，如基因编辑、个性化医疗和人工智能，企业可以开发出更有效的药物和治疗方案。同时，管理创新和流程优化同样重要，这包括研发管理、生产管理以及供应链管理的不断改进。

2. **成本控制**

在高昂的研发和生产成本背景下，有效的成本控制战略可以帮助企业提高利润率和市场竞争力。通过优化研发流程、实施智能制造、精益生产和供应链管理，企业可以显著降低成本，提高效率和效益。

3. **市场敏锐度**

在快速变化的全球市场中，企业必须具备高度的市场敏锐度。通过大数据分析和人工智能，企业可以更准确地预测市场需求，快速调整产品开发和市场策略，满足不同区域的消费者的需求。

4. **多学科融合与合作创新**

生物医药产业迫切需要多学科的融合和开放的合作生态系统。企业、政府、科研机构和高校之间的紧密合作，可以加速技术转移和创新成果商业化，推动行业整体进步。

10.2 积极响应新质生产力的挑战

1. **构建开放合作的创新生态系统**

我们呼吁行业内各方积极响应新质生产力的挑战，构建开放合作的创新生态系统。企业、政府、科研机构和高校之间应加强交流与合作，形成创新

9.3.1 研发成本控制

1. **优化研发流程**

生物医药企业的创新和发展高度依赖于大量的研发投入。然而，研发过程复杂且具有高失败率。为了有效控制研发成本，企业需要优化研发流程。例如，采用先进的科学计算和模拟技术，在早期筛选中提高化合物和靶点匹配的准确性，减少资源浪费。

2. **加速临床试验**

临床试验是新药研发中耗资最大、时间最长的阶段。采用智能化临床试验管理系统（CTMS）、电子数据采集（EDC）和虚拟临床试验（虚拟病患），可以提高数据采集和分析的效率，降低试验成本。此外，精准选择合适的试验中心和受试者，也能显著缩短试验周期，减少费用支出。

9.3.2 生产成本控制

1. **引入智能制造**

传统的生物医药生产通常依赖人工操作，效率较低且易产生误差。智能制造技术的引入，如自动化生产线、工业机器人和物联网设备，有助于提升生产效率，减少人为错误和资源浪费。例如，部署全自动化的包装流水线，可以显著提高生产速度，降低人工成本。

2. **实施精益生产**

精益生产强调消除一切不增加价值的元素。通过优化生产流程、减少不必要的库存、提高设备利用率和缩短生产周期，企业可以大幅降低生产成本。精益生产的核心是持续改进，通过员工的建议和参与，不断优化生产环节。

9.3.3 供应链优化

1. **采购成本管理**

原材料和中间体的采购是影响整体生产成本的重要因素。通过与供应商建立紧密合作关系，企业可以通过规模采购获得更优惠的价格。此外，采用多元化供应策略和全球采购，可以降低单一供应源风险，确保原材料的稳定供应和成本的控制。

2. **物流和仓储优化**

高效的物流和仓储管理可以显著降低成本。通过采用先进的物流管理系统（LMS）和仓储管理系统（WMS），企业可以优化运输路线和仓储空间，减少库存积压和运输成本。例如，冷链物流的优化可以确保生物制品在运输过程中的质量，同时降低冷链设备的能耗。

9.3.4 产品生命周期管理

1. **产品开发周期管理**

合理管理产品的生命周期，从市场需求调研、研发设计到生产销售和市场退出，每个阶段都需要精细的成本控制。例如，通过引入生命周期管理软件，企业可以全面监控产品各阶段的成本和收益，实现全生命周期的成本优化。

2. **通过改进和扩展产品线降低成本**

持续改进现有产品，不仅能提高产品竞争力，还能通过使用标准化零部件、提高生产效率来降低成本。此外，开发和推出新品种，可以通过共享研发和生产资源，分摊固定成本，降低单位产品的成本。

9.3.5 应用新兴技术

1. **大数据与人工智能**

大数据与人工智能技术的应用，可以极大提高生物医药研发和生产的效率，进一步降低成本。通过数据挖掘和机器学习模型，可以优化药物筛选和临床试验设计，提高成功率，减少无效研发支出。此外，利用人工智能优化生产排程和供应链管理，可以进一步降低生产和运营成本。

2. **区块链技术**

区块链技术在生物医药供应链中的应用，可以提高透明度和追溯能力，减少欺诈和假药流通，提高供应链效率。例如，构建区块链供应链管理系统，可以实现生产、运输和销售各环节的信息共享和验证，从而降低管理成本和提高效率。

9.3.6 政策和监管环境适应

1. 合规成本降低

严格的政策和监管环境对于生物医药产业至关重要，但也增加了企业的合规成本。通过优化企业的合规管理体系和流程，采用合规数据管理与分析工具，企业可以降低合规成本。例如，自动化的药品监管数据提交系统可以缩短手动填写和审核的时间，降低人工费和时间成本。

2. 政府支持与激励政策

企业应积极争取政府的支持与激励政策，如科研经费资助、税收优惠和产业扶持基金等。这些政策可以显著降低企业的研发和生产成本，提高盈利能力和市场竞争力。

9.4 对未来生物医药产业发展的思考

随着科技的飞速发展和全球健康需求的不断变化，未来的生物医药产业将迎来前所未有的机遇和挑战。在这种复杂且动态的环境中保持竞争力和可持续发展，具有重要的现实意义。以下介绍对未来生物医药产业发展的一些思考。

9.4.1 推动数字化转型

1. 应用大数据和人工智能

大数据和人工智能在生物医药领域的潜力巨大。通过大数据分析，企业可以更好地理解疾病机制、患者群体和市场需求，从而优化药物研发过程。人工智能则可通过机器学习和深度学习算法，提高药物筛选、临床试验设计和病患管理的效率和效果。例如，人工智能可以用于预测药物与受体的相互作用，提高新药研发的成功率。

2. 构建智能制造系统

智能制造是生物医药产业发展的重要方向。通过实施工业 4.0 技术，企业可以实现高度自动化和数字化的生产流程，提高生产效率和产品质量。例如，智能化的生产设备和机器人可以实时监控生产线状态，进行自主调整和维护，降低人工成本和缩短生产停机时间。

合力，共同推动行业健康发展。例如，通过建立产业联盟或创新中心，可以整合各方资源和优势，加速技术转移和成果转化。

2. **增强产业政策扶持**

政府在推动新质生产力提升过程中扮演着重要角色。我们呼吁政府出台更多有利于生物医药产业创新和发展的政策，提供研发资金支持、税收优惠政策和市场准入便利条件。同时，政府应加强知识产权保护，为企业创新提供坚实保障。

3. **关注人才培养与发展**

人才是推动新质生产力提升的核心要素。我们呼吁行业加大人才培养力度，通过校企合作、职业培训和国际交流等途径，培养一批具有创新精神和实践能力的高素质人才。企业应为创新型人才提供良好的工作环境和发展平台，激发其创造力。

4. **健全市场监管与质量控制**

同时，健全的市场监管体系和严格的质量控制也是新质生产力提升的重要保障。我们呼吁各方共同建立健全的市场监管体系，确保药品和医疗器械的安全性和有效性。企业应严格按照相关法律法规和标准进行生产，确保产品质量和市场信誉。

5. **推动绿色发展与可持续性**

在追求新质生产力的同时，企业还需关注绿色发展与可持续性。通过采用环保技术和工艺，减少生产过程中的能源消耗和环境污染，实现绿色生产与可持续发展。

新质生产力是生物医药产业未来发展的核心动力。通过持续创新、有效实施成本控制和提高市场敏锐度，企业能够在竞争中脱颖而出，实现可持续发展。在此过程中，行业各方应积极响应新质生产力的挑战，构建开放合作的创新生态系统，推动行业健康发展。让我们共同努力，为全球健康事业作出更大的贡献。